文化創意產業
之個案與故事

周德禎　主編

周德禎　賀瑞麟　朱旭中　李欣蓉
施百俊　林思玲　陳運星　葉晉嘉　著

五南圖書出版公司 印行

再版序言

　　臺灣文創已走了好長一段路了。回首 2004 年行政院發表《文化白皮書》，提出對文化創意產業的官方定義之際，我們便在屏東教育大學提出籌設文創系的計畫，2005 年即開辦臺灣高教第一個文創系（初名臺灣文化產業經營學系，後更名文創系），至今快 15 年了。

　　這些年來文創的發展有很顯著的成長，根據 2018 年文化部《臺灣文化創意產業發展年報》統計，2017 年文創產業營業額爲新臺幣 8,362 億元，就業人口 26 萬，占全國就業人數比重爲 2.29%。雖然營業額向未破兆，但是就業人口有長足的增加。就業機會的增加，意味著文創產業日趨成熟，人才需求殷切。相較於學系剛開辦時，師生們摸索著披荊斬棘尋找出路，現在專業人才已有更多地方可以發揮。我們從地方政府與社區對文創的重視和投入，也可看出文創的蓬勃發展，例如：最近宜蘭縣文創市集促進會和宜蘭市公所合辦「蘭城歲月」系列活動，一方面輔助微型創業者，一方面推廣宜蘭的生活美學；還有像雲林縣的媽祖文化節，推出媽祖文創商品；其他如湖口老街百年角樓推出頗具特色的茶文創等。

　　至於未來文創產業的展望如何呢？我認爲在千絲萬縷的可能發展中，有兩個面向是應加強注意的。第一是和國際接軌。臺灣文創在本地的發展已經很有基礎，接著需要拉高自身的高度，用國際化的眼界與本土文化同步接軌，提高臺灣原創藝術家在國際上的能見度。臺灣團隊可以接地氣地整合外國當地團隊，重用當地人士，建立多面觀察思考行動的國際化團隊，同時，不要以封閉的角度去揣測國際市場想看的東西，而是要有信心地展示具有臺灣底蘊的特色，方能打動人心，使臺灣文創得以登上國際舞臺。

　　第二個面向是文創與公益結合。在 2011 年寫《文化創意產業理論與實務》一書的時候，我曾經提出一個問題：文創產業究竟要以商業成功為重呢？還是人文關懷為重？在初期篳路藍縷，以啓山林的時候，大多數人的主張都是文創產業必須以商業為重，理由是沒有維持個人生計或企業存活的能力，如何奢言其他？這些年過去，我有一些觀察和體悟，如果一味只談利益掛帥，文化的溫潤消磨殆盡，剩下的只是在商言商，那麼這個類別的產業也失去獨自存在的意義。我也發現有一些喜歡文創的青年們，開始想把文創與公益結合，以彰顯他們對人、對物、對土地、對環境的珍惜。這眞是一個難能可貴的發展，在資本主義過度物化人類的時候，才俊之士能朝向人文關懷接近，將會給這世界帶來一股清流。

　　本書新增的第 2 章〈創意的再現：紀錄報導型電視節目「大愛全紀錄」〉，即是呈現一個具有國際視野的公益型文創案例。在這裡，「文化」是指臺灣人「以愛、以善為寶」的文化，「創意」是指攝影鏡頭不偏執、不濫情地再現災難的現場。大愛電視臺整合國外志工，記錄報導世上受難者的處境，向華人世界發聲，呼籲即使非我同胞也熱切伸出援手，把愛心集結起來救助難民，希望苦難降至最低。這個案例，足以令人深省。

　　最後，感謝讀者的喜愛，五南出版公司的支持，本書得以再版。也感謝我們屏東大學文創系教師團隊鍥而不捨的努力，本書各章都做了內容的更新。我們以這本新修訂的書，祝福臺灣文化創意產業欣欣向榮，發展無可限量！

周德禎

2019 年初夏於高雄

序 言

　　我們這個文創教育團隊在 2011 年 6 月首度出版了《文化創意產業：理論與實務》一書，頗獲大家好評，很快的在 2012 年更新再版。後來很多關心文創的朋友問我們，是否能夠更深入一點，再出一本文創個案分析的書，以進一步探討目前臺灣文創產業發展過程中所遇到的各種議題，眼前這本書就是因應這樣的追問，所萌發的創作動機。

　　回顧臺灣文化創意產業發展這一頁起起伏伏的歷史，官方面向來看，從 1995 年文建會首先提出「文化產業化、產業文化化」的構想，隨後「文化產業」便成為社區總體營造的核心概念。在這開始的年代，灑播一些寬廣而良善的種子，帶起臺灣一代人不再存著向外遷逃的心態，而把眼光拉回到關注自己所處社區的事物，第一次意識到身邊的環境，雖然瑣細卻不荒涼，縱使稀微卻未嘗不可觀。

　　2002 年，政府提出《挑戰 2008：國家發展重點計畫（2002-2007）》明確提出「文化創意產業」的名稱，希望以產業鏈的概念形態，重新定義文化產業的價值，企圖開拓創意領域，結合人文與經濟，以發展兼顧文化積累與經濟效益的產業。但是在這個陳義過高的年代，只能說是宣稱要在文創上著力，然而在理解個中三昧和落實推動上還有些不著邊際。2003 年行政院成立跨部會「文化創意產業推動小組」，2004 年發表《文化白皮書》，為臺灣文化創意產業下了官方定義，但是對於產業範疇的劃定在往後幾年還是不斷變動。

　　2009 年行政院通過《創意臺灣─文化創意產業發展方案》，選定六大旗艦產業優先發展，但是適逢世界性金融海嘯鋪天蓋地而來，文創產業在 2008、2009 年受經濟不景氣因素影響，一片蕭條。2010 年起政府推動文創的步伐稍微加快，《文創法》1 月通過，8 月正式施行，這才確立文創產業

共有 15 個類別和 1 個其他類別。2012 年主管文創業務的單位「文建會」的時代結束,「文化部」正式成立,《臺灣文創產業發展年報》開始有系統的發行,一些產業數據得以逐步建立。整體而言,政府主導的文化創意產業發展,有想法但是實踐上卻是緩慢的。

然而從民間面向來看,試著打造自己界定的文創產業,在臺灣民間,腳步從未停止過。

新竹南寮有一位風箏達人,他經常製作別具巧思、匠心獨運、五彩繽紛、形狀奇特的風箏,在南寮的天空中飛舞著。有一天有一位民眾跟他說:「謝謝你的風箏,我終於使大陸的客人看到了臺灣的美麗。」

電視製作人王偉忠先生曾經說:「北京好看不好玩,臺北好玩不好看。」那麼,什麼東西好看?什麼東西好玩?我覺得規模龐大、歷史悠久、氣象萬千、渾然天成,輕而易舉的就好看了;底蘊深厚、耐人尋味,把玩品味起來後勁十足,自然就好玩了。

臺灣多元的自然與人文環境,以及豐富的地方特色,是發展文化創意產業好玩的重要基地,它凝聚民間活力,又有著美學經濟價值。在高雄地區僻處玉山山脈南邊山腳下,石灰岩惡土地質的閩南村落內門鄉,每當農曆 2 月 19 日當地信仰中心紫竹寺為慶祝觀音菩薩生日,全鄉 18,000 鄉民有 8,000 人會組成 50 隊陣頭護駕繞境,於是社區人聲鼎沸,地方熱鬧非常,這是他們流傳 300 年的珍貴文化傳統。而搭配廟會產生的辦桌文化,點綴上鄉內盛產的鮮紅、嫩粉、純白的火鶴花,真是美食色香味俱全,特產花卉琳瑯滿目,的確令人流連忘返。內門鄉培養出來的大廚師在臺灣頗負盛名,最近一部在臺灣賣座很好的電影《總舖師》,正是在敘說一個廚師力拚廚藝冠軍的故事,是文化結合故事傳達生命智慧非常好的範例。另外,在屏東客家族群聚居甚眾的六堆地區,目前經濟型態雖仍以農業為主,但客家語言及傳統文化內涵保存完整,傳統客家藍衫服飾製作、客家八音、紙傘製作、傳統煙樓的保存、伯公信仰、伙房民居、水圳文化都還

活躍在社區裡面，既是庶民日常生活的內容，也是藝術創造的源頭活水。

　　不過，再深究一層來說，在臺灣，雖然在地人或熟門熟路的人，日子過得充滿文化情調，活潑有創意且興味淋漓，覺得臺灣好好玩，但是外來的人卻並不容易發現臺灣的曼妙。其中部分原因是臺灣的美麗和魅力，常隱藏在街頭巷尾、偏鄉隱處，不易接觸。像平凡的新竹南寮海邊有令人驚艷、嘆為觀止的風箏，像偏僻的內門鄉，有燦爛的火鶴花，伴著喧囂的陣頭和美食佳餚。另外一部分的原因，是臺灣還沒有足夠的論述，去詮釋自身的美感生活。這些在我們身邊如尋常茶飯的素樸風景，其實卻曖曖內含光的美好事物，如何能變成豐富的文化創意產業資源，而能吸引世界各地的人來欣賞呢？答案應該不在於做一些簡單的觀光地圖，或講一些單薄的故事，答案應該在於這些地圖與故事裡面，是否蘊藏著高度的文化含量？還有，如何將這些文化含量，淬鍊轉化成為人們親身體驗，以獲得不虛此行的豐收感和滿足感？或者換句哲學觀點的話來說，在個案特殊性裡要能找到其本身的價值，或者是由多個特殊個案累積歸納出普遍性價值，以引起世人共鳴。

　　這就是我們這本書著力的地方了。

　　本書首先由哲學思考入手，點出說故事的優點在於它的具體及獨特性，能夠創造一個獨特的世界，並且在這個世界中具有意義；進而從具體的個案，上升到抽象的概念，從特殊的故事中，萃取它普遍的意義。真積力久則入，對於符號運用、內蘊闡發，有更多的論述，可以逐漸匯聚成理論，將臺灣文創產業這個領域的發展，向上推升，更上一層樓。

　　接著我們就提出幾個文化創意產業的個案，看他們如何在艱辛中標舉自己的卓越特色？如何在困難中開拓自己的康莊大道？第一個例子是明華園，他們在表演藝術產業的成功表現，主要是由家族兩代人因應時代變局，接力奮鬥不懈以臻完成。他們以一個家族的力量，一方面以表演作為生計，創造良好的票房收入，使產業規模化；另一方面強調演員對藝術的

熱愛，在舞臺上充分再現「表演藝術不死」的精神，鍥而不捨地創新蛻變，延續百年歷史風華。

第二是三立電視臺。他們自 2001 年進入偶像劇時代，逐漸走出具有臺灣風格的偶像劇劇種。其後劇種原型、題材挑選、行銷包裝、創新整合，也隨著文化脈動與社會變遷而不停變化。現今的偶像劇不再是一個單一戲劇類型，而是承載新一代文化資產的行銷載體，一個流動的「微平臺」。電腦與新媒體將當代文化帶領進數位文化世界，敘事文本從印刷時代走入數位時代，三立和夢田文創也需跳脫原有的單一媒體思考模式，從一個「跨平臺」、「跨產業」、「跨市場」的角度去推動新興劇種，企圖打敗「韓流」，創造「華流」。

接著我們進一步談到「數位匯流」，說明四種傳統上較獨立的產業，包括 IT 產業、電信產業、消費性電子產業和娛樂產業彼此融合的過程。這個匯流跨越文化創意產業中的數位內容產業、廣播電視產業、流行音樂產業、電影產業、出版產業、廣告產業等，對全體內容產業均造成巨大的衝擊。數位匯流重組了許多產業的型態，也成了一個不可逆轉的趨勢。人們運用一個載體，即同時收到圖文、影音、多媒體及互動式遊戲，不但創造出新的應用環境，更創造出龐大的應用商機。

緊接著，我們以溫世仁先生所創立的「明日工作室」，來說明他承先啓後的歷史位置，他既承接傳統出版模式又開創新的數位出版，以積極創新與轉型，勇敢敏銳的從產品和市場的互動中挖掘新方向，調整組織策略，重新出發。溫世仁認爲：唯有把產品丟出去，才能從中萃取出新的出路，新的機會。

在傳統產業的文創革新個案中，我們選擇了皇尚企業。他們運用企業化經營策略，結合夕遊出張所等臺南沿海地帶數個以鹽爲主題的產業文化資產，以臺灣歷史文化爲根本，利用文化創意，打造「夕遊鹽之旅」，讓遊客體驗昔日臺灣曬鹽、產鹽、運鹽與賣鹽之鹽業文化。皇尚企業利用文

化資產開創「夕遊」的文創品牌，為企業創造了另一條康莊大道。

　　另一個案例是錦興行藍衫店。藍衫是客家勤儉精神的一個服飾象徵，謝景來老師傅在高雄美濃創立錦興行藍衫店，築基於客家文化和客家精神上，不斷的開發創新元素，使客家藍衫能薪傳客家價值並符合現代潮流，轉型成為文化創意產業。但在努力的過程中，我們也發現這個產業的確是「創業維艱、守成不易」。

　　最後一個案例是屬於視覺傳達設計產業中，年輕人感興趣投入的新興微型創業——婚禮攝影與記錄產業。婚攝師先與新人互動討論，從故事發想、主題化到故事呈現，設計出具有文化元素與創意構想的攝影腳本，等婚禮完成，全程拍攝結束，後製成一個具人文色彩且有感動氛圍的作品。這項工作伴隨著婚禮產業的蓬勃發展，吸引對於影像創作有興趣的年輕人，能夠以少量資金、豐富創意和勤奮精神，達成創業的夢想。

　　本書中我們所做的個案研究，有一個共同的結論：故事就是品牌，尤其是成功的文創產業個案有著曲折動人的故事，更是打造了優質的品牌。這些故事的形成過程，有血有淚，經常是一步一腳印的走過。通過故事的敘說，對企業內部形塑了品牌的核心價值，成為共同拚搏的凝聚力；對企業外部，鞏固了消費者對品牌的認同，從而堅定了信任度和忠誠度。

　　從這些故事中，我們發現這裡面有兩件事是重要的：其一，創造品牌的過程不是虛構花俏或耍嘴皮子，它需要腳踏實地扎實下功夫，做到既有文化傳承的肌理，又有前瞻的創新突破；其二，品牌行銷也不是作誇大不實的廣告即可，它需要兼顧物質層面的深厚根基和抽象層面的宏偉概念結構，因此能對作品理念有深度詮釋與全盤論述，才能打動人心，形成真正可長可久的永續經營方向。就這兩方面來看，學界與產業界有許多可以緊密攜手合作之處。

　　我們這個創作團隊有多方面的專長，包括人類學、哲學、商學、法學、管理學、經濟學、建築學、大眾傳播學、教育學、文學創作、數位製

作等。大家繼 2011 年寫下文創論述首部曲之後，今年又進行了文創二部曲的精心跨界合作。全書分工如下：賀瑞麟第 1 章、周德禎第 2 章、朱旭中第 3 章、李欣蓉第 4 章、施百俊第 5 章、林思玲第 6 章、陳運星第 7 章、葉晉嘉第 8 章。

　　本書能夠完成，首先要感謝在文創領域奮鬥的所有讀者群，因為你們喜歡我們的首部曲，才促成我們更加奮發努力地探索臺灣文創之未來前途。其次感謝五南圖書出版公司副總編輯陳念祖先生對我們的鼓勵與督促，以及執行編輯李敏華小姐給我們的專業協助。最後感謝我們全體撰寫本書的老師們，在教學、研究、服務、評鑑、照顧家庭，這樣全方位高壓生活下，仍咬緊牙關，不眠不休，廢寢忘食地認真書寫，才能有本書的問世。

　　在這裡，我們想提出文創三願：一、希望臺灣文創產業因為有愈來愈多的人才投入，而有更傑出卓越的表現；二、希望臺灣文創產業的成功案例愈來愈多，既可以自己站穩腳跟，又可以帶領後來者嶄露頭角；三、衷心祝禱整體產業不僅在臺灣發光發熱，更能在國際舞臺上獲得萬眾矚目。

周德禎 謹識

於花蓮慈濟大學

2014 年春天

目　錄

第1章

從個案研究到文化創意產業理論
由故事導入的哲學思考

賀瑞麟

Creative

Cultural

Industry

前言 本文論旨與哲學對文化創意產業的相關性

　　本文擬透過故事、寓言和各種案例，從哲學的角度來思考文化創意產業的相關問題：我們先從個案研究的意義和價值談起，進而討論文化創意產業的定義與文化創意產業理論的建構問題。

一、哲學對文化創意產業的相關性與必要性

　　「文化創意產業」不論是就「產業」而言，或是就「議題」而言，在近幾年來都是熱門的。然而從學術的角度，對這個門類或領域作整體性思考的論述，仍然是不多見，特別是從哲學的角度來對「文化創意產業」進行思考的論述，還是非常稀少的。也許乍見之下，哲學和文化創意產業是不相干的，所以這兩個領域無法連結在一起，因為哲學探討的是抽象理論，而文化創意產業，則作為一種「產業」，則是關心實務；但實際上並非如此：首先，文化創意產業中涉及「美感」的部分就與哲學直接相關，因為「美學」這門學科起源於哲學，至今仍然是哲學的一個重要部門；[1]其次，雖然還得經過引申或重新建構，但哲學家的理論直接間接涉及種種創意理論的其實不少（「創意」是文化創意產業中一個重要的環節），因為如果創意涉及觀看事物的某種「新」觀點的話，那麼從古至今，每個哲學家所做的工作，都可以說是在提出某種「新」觀點，[2]因而涉及「創意」；最後，文化創意產業之興起與發展，固然是實務上的事情，與理論

---

[1] 參見賀瑞麟（2015），《今天學美學了沒》，頁 20-22。

[2] 從邏輯上說，「創意」涉及某種新觀點，並不代表提出新觀點的人都有創意；因此哲學家雖然大部分的工作都在提出某種新的觀點，但並不代表他們在從事某種「創意」工作，所以本文說還「需要重新建構」。關於哲學家的理論重新建構為創意理論的例子，可以參見賀瑞麟（2017），頁 12-55；我曾將亞里斯多德的四因說引申且重構成一套創意理論，並應用在文化創意產業上，見賀瑞麟（2016），頁 32-34。此外，在賀瑞麟（2018），頁 55-83，我也將一些哲學家的理論引申為「創意心法」（六式）。

無關，但到底「文化創意產業」是一門學問，還是多門學問的拼湊？這樣的一個問題，則是屬於「**形上學**」（特別是「**存有論**」）的問題（一／多問題）；而人人在談文化創意產業，不論業界或學界（目前許多大學科系皆以此來命名），但到底何謂「文化創意產業」？爲何要有「文化創意產業」，其答案必然涉及「定義」和「理論」等「**邏輯**」方面的問題；如果是文化創意產業的「個案研究」還涉及到「**知識論**」問題：文化創意產業個案研究所達到的成果是具有普遍意義的知識，還是只是無普遍性的特殊知識？這些都說明哲學對「文化創意產業」作爲一門「學問」的相關性與必要性。

二、主題和進程

　　本文的主題從文化創意產業「個案」到文化創意產業「理論」。我們會透過一個寓言故事來談個案研究的知識論意涵（知識的普遍性與必然性），進而區分兩種知識；接下來我們將說明個案研究只有透過一個「文化創意產業」理論之建立，才能相對地達到它的普遍意義。而要建立「文化創意產業」的理論之前，得先爲「文化創意產業」下個定義。因此，我們會先從「個案研究」開始，進而談論「文化創意產業」的定義問題（以《文化創意產業發展法》爲焦點），然後再討論「文化創意產業」的理論建構問題。

三、由故事與案例導入哲學思考

　　本文進行的方式是透過故事、寓言和各種案例，從哲學的角度來思考「文化創意產業」的相關議題（從個案研究的意義和價值到文化創意產業的定義與理論問題）。之所以要透過故事或寓言，乃是因爲**哲學**是從事「抽象思考」的活動，而生動活潑的**故事**可以軟化僵硬的哲學思考，稀釋困難的哲學問題。故事的優點在於它具體、獨特，創造一個獨特的世界，並且在這個世界中具有意義；這正是哲學所缺少的。哲學可以透過故事的

引導，從具體的案例上升到抽象的問題，從特殊的故事中，萃取它普遍的意義。

　　接下來，我們就要從一個寓言故事開始，藉由對它的思索，來討論「個案研究」的意義與價值。

壹　個案研究的意義與價值

一、從《伊索寓言》裡的一則故事談起

　　「Ιδού η Ρόδος, ιδού και το πήδημα.」

　　（Hic Rhodus, hic saltus! 這裡是羅得斯島，就在這裡跳吧！）[3]

　　這是出自《伊索寓言》裡的一則故事：有位旅行者每到一處就向人誇耀說他在羅得斯島曾經跳得多遠多遠，連奧林匹克的選手都比不上，如果不信的話，可以去問羅得斯島的人。由於無法查證，所以沒有人能戳破他的謊言。有一次，就在這位旅行者故技重施的時候，有一位聽眾就說：「那你就當這裡是羅得斯島，就在這裡跳吧！」

　　這個故事帶給我們的啟示是：說得天花亂墜，不如用事實來證明。俗話說：「光說不練假把式！」也有類似的意思。不過，我們在這裡提出這個故事，是要引出另一個看法，即：某些事例，如果它只限於某個時空有

---

[3] 這句希臘文和拉丁文是引自黑格爾（G. W. F. Hegel）的《法哲學原理》〈序〉，見范揚、張企泰譯（1995），頁 12-13；黑格爾引用這句話時，卻改變了用法，他說：「就個人來說，每個人都是他那個時代的產兒，哲學也是一樣，它是被把握在思想中的它的時代。妄想一種哲學可以超出它那個時代，這與個人可以跳出他的時代，跳出羅得斯島，是同樣愚蠢的。」所以他就把上述成語改成：Hier ist die Rose, hier tanze!（這裡有薔薇，就在這裡跳舞吧！）黑格爾在這兒玩了一點文字遊戲：將「羅得斯」（Rhodus）改成德文的「薔薇」（Rose）。將「跳」改成「跳舞」（不過那個「跳」字本來就兼有「跳舞」的意思）。黑格爾把羅得斯島比喻成每個人所處的世界，沒有人跳得出來；既然跳不出來，就好好在這裡跳舞吧！

效，而不適用在其他地方，那這樣的案例還具有什麼樣的意義和價值呢？就好像一個旅行者說，他只有在羅得斯島可以跳得很遠，但他的跳遠功力在這裡卻無法發揮，那這樣的跳遠能力具有什麼意義呢？

　　這個問題引申到「個案研究」的意義就是：如果一個個案只限於某個特殊的脈絡，只在某個特殊背景下有效，那這樣的個案具有什麼樣的意義和價值呢？如果不具有普遍性的意義（也就是只適用某個特殊的情況，而不適用於其他情況），那麼還有進行個案研究的必要嗎？[4]

二、問題的提出：個案研究是否具有普遍和必然的意義？

　　當我們問個案研究是否具有普遍性的意義與價值時，我們要先理解「何謂『普遍性』」？

(一) 普遍性的意涵：在其他時境也同樣有效

　　我們可以透過一個例子來說明「普遍性」（universality）的重要性：

　　某甲生病了，去看醫生；醫生說，我現在為你開藥；這個藥治好
　　了張三的病，但能不能治好你的病，我不敢肯定！

----

[4] 王富偉（2012）這篇文章即是在處理本文所謂個案研究成果的「普遍性」問題；該文作者分別討論社會學／人類學的三種研究取向對於這一問題的處理；它們分別是費孝通的「類型比較法」、格爾茨的「深描說」和布洛維的「擴展個案法」；該文指出由於「異質性問題」的存在，個案研究不可能獲得對「實體性整體」的認識，因此提出以對「關係性整體」的追求取代之；該文作者認為：對於知識的增長，個案研究的超越既可能是「突發式的」，也可能是「累積性的」，但都須經過學術共同體的認同。本文與該文的研究主題在個案研究的「普遍性」這點上是相同的；不同之處則有兩點：其一為本文是從哲學的角度（邏輯、形上學、知識論）切入，研究取徑和社會學／人類學的方式不同；其二是該文著重在透過「關係性整體」之建立使得個案可以通向「普遍性」，而本文則認為個案研究即使不具普遍性，亦能促進某種「特殊性」的綜合知識的增長，因此仍然具有意義；此外透過「定義」（「類」的建立）和「理論」則可以達到某種相對的「普遍性」。

　　醫生的意思其實就是說「這藥的療效不具有普遍性！」可能只對某個人有效而對其他人無效的藥，那這樣的「藥」有什麼意義和價值呢？同樣地，如果某項研究成果，只針對「個案」，只適用於該研究的脈絡，無法對其他「類似」的案例有用，那這樣的「個案」研究，具有意義和價值嗎？這是就**「橫向的普遍性」**而言。

　　接著，我們從**「縱向的普遍性」**來談。如果某件事情只對昨天有效，而在今天、明天或其他時刻未必有效，那它也一樣不具有普遍性。我們常聽到某些出爾反爾的人，最常見的說詞就是「此一時也，彼一時也」，透過否定縱向的普遍性來為自己找藉口。

　　米蘭・昆達拉在《生命中不能承受之輕》中曾引用一句德國諺語：「Einmal ist Keinmal!」（一次就是沒半次！）**5**

　　意思是說：如果一件事只發生過一次（比如說：與某人擦身而過），而對你生命中的其他時刻沒有造成影響，那這件事跟沒有發生過，有什麼不同？試想：如果一件事只發生過一次，對其他時刻沒有意義，那這件事就沒有普遍性。

　　總結上述的意思：「普遍性」是指即使抽離出原來時境，對其他時境也有意義。同樣地，個案之為個案，必定有其「特殊性」，也就是說：它是在某時某地以某方式發生的，有其特殊的因緣（主要條件和輔助條件）；但如果抽離了這種特殊性，仍然對其他時其他地以其他方式發生的案例有效，那麼我們就會說這個案例具有普遍性。

　　現在的問題是：一個個案既然具有特殊性——它是在某時某地以某方式發生的，有其特殊的因緣，如何可說它適用於其他時境？如果不適用於其他時境，就真的不具有意義和價值嗎？更具體地說，一個文化創意產業的個案，既然是「個案」，如何對其他「文化創意產業」的案例具有意義

----

5 韓少功、韓剛譯（1989），頁57；這句德文諺語中譯者譯為「只發生過一次的事，就是沒有發生。」本章這裡的中譯是我根據德文來「直譯」的。

呢？如果不具意義，那它和其他的「非文化創意產業」個案有何不同呢？

(二) 必然性的意涵：一定會以此種方式發生

讓我們再回到上述某甲看病的例子，透過它來說明何謂「必然性」
（necessity）：

> 某甲生病了，去看醫生；醫生說，我現在為你開藥；這個藥可能
> 可以治好你的病，也可能治不好！

醫生的意思其實就是說「這藥的療效不具有必然性！」它可能有效
也可能無效；那這樣的「藥」有什麼意義和價值呢？同樣地，如果某項研
究成果，對其他「類似」的案例可能有用，也可能沒用，那和「沒有該案
例」有何不同？這樣的「個案」研究，具有意義和價值嗎？就文化創意
產業的個案來說，某個「個案」未必然對其他類似的文化創意產業案例有
效，那麼它和其他非文化創意產業的案例有什麼不同呢？

讓我們重回《伊索寓言》的例子，來思考所謂「普遍性」和「必然
性」的問題吧！當旅行者向人誇耀說他在羅得斯島曾經跳得多遠的時候，
眾人期待的證明，是要一個普遍性和必然性的證明：這裡雖然不是羅得斯
島，但依照常理，你不可能只能在羅得斯島跳那麼遠（特殊性）；如果你
真的能跳，在這裡也一樣能跳得遠（普遍性），而且一定能跳得遠（必然
性）。類似的道理可以表示如下：個案的意義和價值，也只有透過普遍性
和必然性才能彰顯。但這樣的思考或提問，真的合理嗎？

首先，個案研究的成果是否具有普遍性和必然性才有意義和價值？如
果不具有普遍性和必然性，它就沒有價值嗎？（我們的回答將是：如果一
個個案，其研究成果具有普遍性和必然性，它固然具有意義和價值；但這
不代表這個個案的研究成果不具有普遍性和必然性，它就沒有價值。）

㈢ 個案研究的意義與價值與「普遍性－必然性」的邏輯關係

我們首先要討論的是，如果一個個案具有普遍性和必然性，它就有價值，就意味著，這是充分條件。但我們能否說，如果不具有普遍性和必然性，它就沒有價值？答案是否定的。因為普遍性和必然性乃是充分條件而非必要條件：如果具有普遍性和必然性，那麼個案研究就具有價值；這只說明了「普遍性」和「必然性」是具有價值的「充分條件」而非「必要條件」；具有普遍性和必然性，個案研究有其價值；但並非只有透過普遍性和必然性，個案研究才有價值。關於這兩個條件，我們想透過另一個故事來說明。

以下所引用的是一篇網路笑話，作者已不可考，但其中的說明和評論是我加上去的。[6]

網路上流行一個笑話，名為「葵花寶典」，這個笑話跟邏輯裡的「充分條件」和「必要條件」有很深的關聯。當然這笑話所牽涉到的邏輯問題不只是充分條件和必要條件兩點而已，但為求焦點集中，我們只從這兩點來談。

> 「話說東方不敗得到葵花寶典以後，迫不及待地翻開第一頁，
> 面對『欲練神功，引刀自宮』八個大字倒吸了一口涼氣。」

單從此句還看不出「自宮」是練成「神功」充分條件還是必要條件。因為語意可以是：「引刀自宮，即可練成神功」，所以「欲練神功，引刀自宮」，這樣一來，引刀自宮就是「練成神功」的「充分條件」。但是也可以理解為：「如果不引刀自宮，就無法練成神功」，所以，「引刀自

6　這篇文章出自於我的個人網頁「開啟思維的窗」：「葵花寶典」笑話版之邏輯解析。（http://mypaper.pchome.com.tw/hridaya/post/188157）。此處的文字已略加修正。楷書的部分是原來在網路上流傳的笑話，其餘的部分是我的添加。

宮」是練成神功的「必要條件」。

如果是「充分條件」（sufficient condition），意思就是：只要自宮就一定可以練成神功；但不一定只有自宮才能練成，用別的方式也可以練成。這就叫「充分條件」：有之必然，無之未必不然。意思是說，有那個條件就夠了，不需要其他條件，但是缺少那個條件卻未必不可以。比如說，在之前，只要師院畢業，就可以當小學教師。但不一定只有師院畢業的人才能當小學教師。也可以透過其他管道。所以，在當時，師院畢業是當國小教師的充分條件。再舉個例子：某寺院缺少 10 個男人做工，結果來了 10 個比丘（俗語說「和尚」，但實際上兩者略有不同），可不可以？當然可以，因為比丘是男人的充分條件。如果來的 10 個人並不是比丘，一定不行嗎？也未必，因為「有之必然，無之未必不然」，不是比丘，並不代表不是男人。

其次，如果是「必要條件」（necessary condition），意思就是說：不自宮就絕對練不成神功；但自宮並不能保證一定能練成神功。這就叫「必要條件」：無之必不然，有之未必然。意思是說，缺少了那個條件就一定不可以，但是只有那個條件還不一定夠。比如說，就現在而言，沒有大學畢業，就不能成為國小正式教師，所以「大學畢業」是國小教師的必要條件；但光是大學畢業並不代表他一定可以當國小教師，因為大學畢業不是國小教師的充分條件。再舉個例子：某寺院缺少 10 個比丘做法事，結果來了 10 個女人，可不可以？當然不可以，因為男人是比丘的必要條件；但如果來的 10 個人都是男人，就一定可以嗎？也未必，因為「無之必不然，有之未必然」，是男人，並不代表一定是比丘。

了解這兩個條件之後，讓我們來看看東方不敗悲慘的後果。

「苦苦思索了七天七夜之後，終於痛下決心，喀嚓一聲，引刀自宮。強忍著身體的劇痛，懷著凝重的心情，東方不敗緩緩翻開了第二頁，映入眼簾的又是八個大字：

『若不自宮，也能成功』。
東方不敗當即暈死過去……」

「若不自宮，也能成功」這八個字代表：自宮不是練成神功的必要
條件。也就是還有其他方式可以練成神功，並非只有自宮一途。好，沒關
係，不是必要條件至少是充分條件吧。換言之，想當國小老師雖然不是只
有念師院一條路可走，至少念師院「一定」可以當國小老師吧！
　　讓我們繼續看下去！

「好不容易，東方不敗終於醒來了，他想反正都自宮了，還是
趕緊練功吧。於是他又緩緩的翻開第三頁，又是八個大字：『即
使自宮，未必成功』。當場東方不敗又再昏死過去。」

「即使自宮，未必成功」這八個字粉碎了東方不敗的最後希望，它說
明了：自宮也不是練成神功的充分條件。就好像一個為了當國小老師而辛
苦考上師院的同學，結果教育部告訴他，想當國小老師不一定要考師院。
他心想沒關係，至少師院生一定可以當老師吧。結果教育部又告訴他：即
使念了師院，也未必能當國小老師。情何以堪！以上幾句說明：自宮既非
練成神功的充分條件，亦非必要條件。那……自宮了的東方不敗，下一步
該如何走呢？

「過了幾天，東方不敗再度醒來，他憤憤不平的繼續往下翻，
發現整本葵花寶典都在討論成功與自宮的關係。這時東方不敗
已經接近崩潰邊緣，在翻到倒數第二頁時，他終於看到了結論：
『若要成功，不要自宮！』」

自宮不是充分條件和必要條件也就罷了，至少它不會妨礙練成神

功。然而接下來「若要成功，不要自宮」這八個大字卻說明：它甚至有害於練成神功。這句話也無情地說明：開卷第一句「欲練神功，引刀自宮」這八個字，只是一個還未說完的假設語句，甚至可以說是疑問句：「欲練神功，引刀自宮？」怪只怪東方不敗自己的閱讀習慣，一次只念八個字。不能先把整本書先鳥瞰一遍，再作決定嗎？（當然這也顯示出標點符號的重要呀！）

> 「這時東方不敗又快昏過去了，但他心裡想：不行，我要把最後一頁看完，那是我最後的希望，於是他還是緩緩翻開最後一頁，定眼一看，
> 『如已自宮，就快進宮』
> 旁邊還有幾行小字：
> 作者：皇宮淨事房編審
> 發行：朝廷編譯館發行
> 這時東方不敗已經撐不住了，當下吐血而亡，一代梟雄就此殞落！」

原來是傳單來著！我們可以打趣地說，這個故事告訴我們：(1) 千萬不要相信不實廣告；(2) 要弄清楚事件的邏輯關係；(3) 要有良好的閱讀習慣，不要一次只念一小段；(4) 最好閱讀有新式標點符號的書；(5) 要找合法的醫院開刀（才能救回「性」福）。這樣，才不會步入東方不敗的後塵！

透過以上的笑話，我們說明了何謂「充分條件」和「必要條件」。如果普遍性和必然性是個案研究中具有意義的充分條件，那只是「有之必然，無之未必不然」；具有普遍性和必然性，則個案研究具有價值（有之必然），不具有普遍性和必然性，則個案研究未必不具有價值（無之未必不然）。然而，如果我們把普遍性和必然性看成個案研究具有意義的必要

條件，情況就不同了：具有普遍性和必然性，則個案研究還未必具有價值（有之未必然）；但不具有普遍性和必然性，則個案研究一定不具有價值（無之必不然）。不過，上文的討論明顯是把「普遍性」和「必然性」看成充分條件而非必要條件；因此，我們可以得出一個結論：即使個案研究不具有普遍性和必然性，也不代表它不具意義和價值。

(四) 個案研究即使不具有普遍性和必然性，仍有其意義和價值。它可以增進我們的特殊知識

之前的問題是：如果個案研究不具普遍性與必然性，那麼它就不具有任何意義嗎？這個問題似乎預設了「只有具備普遍性和必然性的知識才算是知識」，我們可以反問：「沒有其他種類的知識嗎？個案研究的成果不能讓我們具備其他種類的知識嗎？」答案是：個案研究的成果即使不具普遍性和必然性，也不能就說它不具任何意義與價值，因為它還可以提供另一種知識：個別的知識。也就是說，即使對其他個案沒有幫助，這個個案還是可以增進我們的知識，康德稱這種知識為「綜合知識」。

1. 個案研究可以增進綜合知識

任何個案研究本身其實至少都能增長我們的某種知識，只不過這知識必未可以應用到類似的案例。以下將敘述：除非我們把類似的事物建立成一個類，如「文化創意產業」類，那麼我們就可以說至少相對而言，文化創意產業個案至少對文化創意產業類是有普遍性和必然性的；這就要預設一個文化創意產業的概念和定義，而這個定義和概念還得發展出一個文化創意產業的理論。否則個案與個案之間永遠都沒有交集。

人類的知識不就是透過許多案例，逐步的累積，「歸納」而來的嗎？平心而論，我們從經驗的累積中得來的知識，不就是透過一個個案、一個個案逐漸累積而來的嗎？而這種透過歸納法而來的知識，我們可以稱之為「綜合知識」，這是哲學家康德的用語；另一種透過演繹法而來的知識，康德稱之為「分析知識」。

2. 個案研究不易獲得分析知識

依照康德，知識有兩種，其一爲**分析知識**：這種知識強調符號間的推演關係（通常來自「演繹法」）。分析知識通常表現在「分析命題」[7]上，比如說，從「若 P 則 Q」，可推「若非 Q 則非 P」。「和尙（P）一定是男人（Q）」，A 非男人（非 Q），A 一定非和尙（非 P）。這種分析知識基本上只要符合邏輯法則，就一定是嚴格無誤（符合普遍性和必然性）；但它無法爲我們提供新的知識，例如：「單身漢是指未婚的男人」這個命題就是分析知識，它是嚴格無誤的，但它並不會爲我們提供新的知識；同樣地，如下的三段論也不會爲我們提供新的知識：

> 人都會死
>
> 蘇格拉底是人
>
> 所以蘇格拉底會死

只要我們理解「人」、「蘇格拉底」、「會死」三個詞的意義，這個推論對我們而言，就沒有提供新的知識；不過它能訓練我們的推理能力。

其二爲**綜合知識**，通常透過歸納得來。比如說，我們看到一隻黑烏鴉，看到兩隻黑烏鴉，以至看到一千隻烏鴉都是黑的，這時我們就歸納說：「天下烏鴉一般黑」，這是一種「綜合命題」；它不像「分析命題」那樣只重複說明詞句所包含的意義，「綜合命題」反而可讓知識有所增長。但綜合知識不像分析知識嚴格，因人類的經驗是有限的，當然無法窮盡所有的案例，做完全的歸納。就某種意義來說，個案研究的成果可以提供給歸納知識一些助益，因爲我們的歸納總是透過一個一個的案例逐步累積、綜合而成。

平心而論，分析知識和綜合知識這兩種知識各有其優缺點。讓我們重

---

[7] 在邏輯上，「命題」（proposition）指的是在事實涵義上有真假對錯的句子。

新檢討一下這兩種知識：

　　首先，從分析命題得來的知識，並不是新的知識，而是早就隱含在我們對詞句的了解中，我們只是透過邏輯推論將它們化隱爲顯而已。所以它不會增長新的知識，但是它有助於我們對某種推理符號系統的理解（數學、邏輯），也可以訓練我們推理（抽象思考）的能力。

　　其次，就綜合知識而言：我們不可能看遍所有的烏鴉，因此「天下烏鴉一般黑」是一個隨時可以被反例推翻的句子；這是綜合知識的特色，它很實用，因爲可以增進人類的新知識，但它不嚴格，因爲隨時都可能有反例出現，因此如何透過更嚴格的程序來獲得綜合知識（換言之，建立更嚴格的歸納法），這是個重要的課題。

　　現在回到「個案研究」來討論；我們可以做一個小小的結論，說：如果「個案研究」的成果，具有普遍性和必然性（比如說我們可以透過一個案例說明它對其他案例具有普遍的效力，也必然具有效力），那麼「個案研究」具有意義和價值，這毫無疑義；但是如果它的成果只對特殊案例有意義，無法具有普遍性和必然性，它**仍然**具有意義，因爲至少它能增長我們的個別知識，雖無助於普遍性和必然性（亦即不嚴格），但它可以透過案例來擴展我們經驗的範圍。

　　上述的說法——即使個案研究的成果無法具有普遍性和必然性，它仍然具有意義——只是最壞的情況，更何況事實未必總是如此！簡單地說，即使「個案研究」的成果不具有普遍性（此處略去必然性，我們只聚焦在普遍性），它仍然具有意義，因爲它可以增進特殊知識；但許多歷史上的案例顯示：個案研究成果的特殊性和普遍性的知識之間的關聯，有時是隱而不顯的。也就是說，某些個案研究的成果表面上不具有「普遍性」，卻只是因爲人們尙未發現它們的關聯而已。

㈤ 個案研究成果的特殊性與整體的普遍性間可能存在隱而不顯的
　　關聯

我們將指出兩個例子，來說明上述所謂的「個案研究成果的特殊性和
普遍性的知識之間的關聯，有時是隱而不顯的」這句話的意義。

1. 威廉‧瓊斯對梵語文的研究案例

18 世紀，有一個駐在印度的英國法官，名叫威廉‧瓊斯（Sir William
Jones, 1746-1794），當他擔任駐印度的法官之時，為了想研究印度法律
而學習並研究梵文；結果發現梵文、希臘文和拉丁文之間有著驚人的類似
性；在各方面梵文似乎更古、語言結構更完備，卻又無法透過梵文來解
釋拉丁語和希臘語。所以他做出了一個假設，就是存在著一個更為原始的
「印歐語」（Indo-European），它是梵語、希臘語、拉丁語（甚至也是
哥德語、塞爾特語和古波斯語）這些語言的共同根源。**8**

這個例子告訴我們，原本瓊斯爵士只是為了理解印度法律而學梵
文，後來卻意外的透過梵語研究而發現「印歐語」。一開始「法律研究」
和「梵語研究」的關聯只是「個別的」和「特殊的」關聯，因為瓊斯爵士
只是要透過梵語來理解印度法律。但是在研究梵語的過程中卻意外地揭露
出梵語和其他歐語之間的密切關聯（一個更具有「整體性」和「普遍性」
的關聯），並將之化隱為顯。

2. 端粒和端粒酶的發現之研究案例

第二個案例的情形，我摘錄如下：

1982 年，Elizabeth Blackburn 和 Jack Szostak 發現染色體末端具
特殊序列的端粒（telomeres），能夠保護染色體避免被降解。
之後在 1985 年，Blackburn 實驗室的研究生 Carol Greider 在生
物體內找到了能夠合成這種特殊序列的端粒酶（telomerase）。

----
8 關於「印歐語言」的詳細說明，請參見曹逢甫、劉秀雪（2002）。

這三位美國科學家在端粒和端粒酶上的重大發現，爲 1980 年代後的細胞生物學打開了嶄新的一頁，特別是在老化以及癌症領域。一直到今天，端粒相關研究仍然持續不墜，也因此爲他們贏得了 2009 年的諾貝爾生理醫學獎。

......

不論是 Blackburn、Greider 或是 Szostak，他們當初會進行端粒酶的相關研究，其實純粹是好奇心驅使。Blackburn 一開始只是想研究端粒有怎樣的特殊序列，後來意外發現這樣的特殊序列具有重複性。接下來和 Szostak 合作，只是想觀察端粒序列能不能保護 DNA 被降解，又意外發現不同生物種族間具有相同的複製端粒機制。因此開始思考是否有特別的機制來合成這些端粒序列，最後發現未知的端粒反轉錄酶。

有趣的是，當初用四膜蟲或酵母菌作爲研究的實驗材料，沒有想到相關的研究後來可以廣泛地運用到細胞老化，甚至癌症研究上。

2009 年的諾貝爾生理醫學獎的頒發，告訴我們科學研究的起源不一定要多偉大、多有意義，重要的是好奇心的驅使而想進一步研究生物界的基本問題。如果沒有 Szostak 瘋狂而大膽的想法，又如何成就之後如雨後春筍般蓬勃發展的端粒酶研究呢？[9]

這三位科學家一開始只專注在自己有興趣的研究上，從「端粒有怎樣的特殊序列」開始，意外發現「不同生物種族間具有相同的複製端粒機制」，又意外發現「未知的端粒反轉錄酶」。這些「意外的發現」讓原本只專注在自己特殊興趣和特殊案例的科學家，不斷的把通向更大的「普遍性」的關聯化隱爲顯，最後甚至還連結到「細胞老化」和「癌症」的研究上。

----

[9] 尤泰元、林敬哲（2010），頁 50、55。

　　透過上述兩個案例（一個人文學科、一個自然科學），我們可以說，有些個案研究的成果並非不具普遍性意義，而是它們的關聯性有待於被揭露而已。停留在個案研究的特殊性劃地自限，固然是狹隘的心態，但是如果一開始就先預設了「特殊性」和「普遍性」是互不關聯的，這也是另外一種狹隘的心態，因爲我們封閉和阻斷了兩者間互通的可能。所謂的「詮釋學的循環」就指出了：我們是透過部分來認識整體，而又透過整體來認識部分的；[10] 特殊性和普遍性的關聯，又何嘗不是如此呢？我們有時固然透過普遍性（整體）來認識特殊性（部分），但也同樣要透過特殊性（部分）才能認識普遍性（整體），否定了特殊性，那就可能會同時瓦解普遍性。讓我們來看看一個有趣的故事：

　　　　阿凡提由於言語上得罪了法官，法官想找機會報復阿凡提。有
　　　　一天，法官來到阿凡提的染坊説：「阿凡提，我要染布！我要染
　　　　的顏色：不是紅的，不是藍的，不是黑的，也不是白的，不是綠
　　　　的，又不是紫的，不是黃的，更不是灰的。明白了吧？！」阿凡
　　　　提知道法官是故意刁難，但他不怕，答説：「這有什麼難辦的
　　　　呢，我一定照法官先生的意思染。」法官看著阿凡提胸有成竹的
　　　　樣子，吃驚地問他：「那麼，我哪一天來取呢？」阿凡提就對法
　　　　官説：「你可以那一天來取。那一天不是星期一，不是星期二，
　　　　也不是星期三，不是星期四，不是星期五，又不是星期六，連
　　　　星期日也不是。到了那一天，我的法官先生，你就來取吧！」法
　　　　官就沒有話説了。

----

10 參見林維杰（2007），頁 268：「整體與部分的關係是（西方）詮釋學脈絡中較
　　爲初期的循環觀點，它意指發生在讀者理解過程中的某種現象；這個過程之進行
　　是雙向的與可互換的，即理解乃由部分到整體，以及由整體到部分兩方面的『循
　　環』（Zirkel）。」

在這個故事中，法官的刁難就在於整體（顏色）是由部分（紅、藍、黑、白、綠，紫、黃、灰）而來，否定了部分，就得不到整體；法官否定了所有的部分，卻又要阿凡提染出顏色（整體），在理論上是不可能辦到的。但是既然法官不給阿凡提顏色，那阿凡提就「以其人之道，還治其人之身」，給法官「一點顏色瞧瞧」；阿凡提也用同樣的方式來否定整體（取布的那一天）：「那一天不是星期一，不是星期二，也不是星期三，不是星期四，不是星期五，又不是星期六，連星期日也不是。」每一天不外是這七天構成的，否定了任何一天，自然「那一天」也就不存在了。這個故事正好說明了：否定了特殊性，整體（普遍性）也就瓦解了。[11]

(六) 個案研究在普遍化過程中容易犯的謬誤

個案研究如果旨在增進特殊知識，仍然具有意義，也沒有再討論的空間；但如果要具備某種相對的普遍性，作為一種「綜合知識」，就要避免如下幾種邏輯上的「謬誤」（fallacy）：

1. 以偏概全的謬誤（the fallacy of hasty generalization）

這指的是「概化」（generalization）得過於草率；只透過一個或少數案例，就要推廣到全部的情況。或者說，個案研究者把不具代表性的例子當範例以代表所有情況。所謂的「刻板印象」犯的就是「以偏概全的謬誤」，例如：某位有名的作家在批評文化創意產業時，他只根據某所大學的一兩個案例，就說「文化創意產業是一文不值的東西」，這就犯了「以偏概全的謬誤」。在文化創意產業的個案研究中，最容易犯的謬誤，就是把個案的成果以普遍性的方式來使用，企圖推廣到其他「類似」的狀況上。這樣的做法，除了犯了「以偏概全的謬誤」之外，還容易犯「類比的謬誤」（見下文），把不類似的東西放在同一類，做了錯誤的類比。

---

[11] 這個故事可以參見艾克拜爾·吾拉木編譯（2007），銀卷，頁 22，名為「沒有日的日子」，故事內容與本說的大同小異。本文所說的故事是經過我修改重述而成。

2. 類比的謬誤（the fallacy of analogy）

這指的是把性質不同的事件或不能比較的事件相提並論，而做了錯誤的類比。我們最常聽到男女朋友吵架時，其中一方控訴另一方說：「這兩件事不能相提並論」，意思就是說對方犯了「類比的謬誤」。老師在上課中發現學生忘了帶課本，就諷刺同學說：「你為什麼不會忘記吃飯呢？」這也犯了「類比的謬誤」。在文化創意產業的個案中，除非我們先把「文化創意產業」建立成一個「類」，以確保類比的安全，否則也常容易犯「類比的謬誤」，而所謂「建立成一個類」，意思就是要先劃定一個圈圈，把文化創意產業的「內含」放進去，並指出它的「外延」；這種建立一個類的動作，我們就叫做「定義」。（見下文「文化創意產業的定義」部分）

3. 合稱的謬誤（composition fallacy）

除了上述的謬誤之外，個案研究在概化其成果意義時容易犯的謬誤還有「合稱的謬誤」，意指從分子的性質推論到整體的性質，是不恰當的。比如說某人要畫一個絕世美女，但他沒有範本可以參考，所以就把當世最美的女人，各取一部分，拼湊成一張臉：A 女的眼睛，B 女的耳朵，C 女的鼻子，D 女的嘴唇，E 女的下巴等等，這樣不僅畫不出絕世美女，更有可能畫出一張很怪異的臉，因為各部分可能完全不協調。文化創意產業的個案研究，若硬要把幾個互不相干的案例整合在一起，那就容易犯「合稱的謬誤」；除非研究者能將這幾個案例的關聯化隱為顯，才能將各部分「統之有宗，會之有元」地整合在一起。

4. 偶然的謬誤（the accident fallacy）

指的是把偶發事件當作常態事件來處理。「以偏概全的謬誤」可以說是「橫向」的概化錯誤，把個別的、少數的案例當作範圍，企圖應用在所有案例上；而「偶然的謬誤」則可以視為「縱向」的概化謬誤，企圖把某個特殊時刻的個案，應用在其他時刻上。比如說某人今天發生車禍，這只是偶發事件，但是他把它概化為「週一不適合開車」，就是犯了偶然的

謬誤；又，這件事只發生一次，而論者試圖把它在時間上普遍化，也會犯了偶然的謬誤，比如說某甲和某女約會遲到，某女就說：「你每次約會都會遲到嗎？」也是把偶發的事件當作常態。就文化創意產業的個案研究而言，研究者要分清哪個案例只是特例，而哪個案子具有相對的普遍意義，否則就容易犯這個謬誤。

三、本節小結

　　我們最後來總論文化創意產業「個案研究」的知識論問題。「個案研究」其成果如果只是特殊的知識，它本身即有價值，因為它可以增長我們的知識；另一方面，個案研究如果旨在獲得相對的「普遍性」，就要避免犯上述幾個邏輯謬誤。此外，上述提及的「詮釋學的循環」也有助於我們理解個案研究成果的特殊性和整體的普遍性之間的關聯。

　　然而，既然是「個案」，要連結到「普遍性」，就必得安立在一個「類」裡面，其研究成果才能獲相對的普遍性。我們的主題是「文化創意產業」的個案研究，因此文化創意產業個案成果要達到一個相對的普遍性，得安立在「文化創意產業」的「類」（class）裡才得以達成。也就是說：可能這個個案並不是絕對普遍地在所有領域裡都有效，但至少在「文化創意產業」這個「類」裡面是具有意義的。為此我們得先建立「文化創意產業」這個「類」出來，而建立「類」的過程，其實就是同時是在釐清「文化創意產業」的概念並且定義它。這就是我們下節所要處理的問題。

貳　「文化創意產業」概念與定義：「類」的建立

　　上節提到：要達到文化創意產業個案研究的相對普遍性，預設了「類」的建立；建立一個「類」，其實就是把條件相似的成員集合起來，這同時也就是在把這些成員用相似的條件加以「定義」。

　　我們要建立「文化創意產業」的類，其中就是在「定義」它；不論是

建立「類」或「定義」，我們要做的不外有如下三步：

　　釐清其「概念」，指出其「內含」和「外延」。形象化的說就是：定義的第一步是釐清**概念**，劃定圈圈；第二步即說明進入這個圈圈的資格，即為**內含**；這個圈圈中所有的成員，即為**外延**。茲分述如下：

一、釐清概念：劃定範圍與界限

　　從**邏輯**上來說：為文化創意產業下定義的第一步，就是要釐清文化創意產業的「概念」（concept），說明何者是「文化創意產業」，何者不是；也就是要界定「文化創意產業」這個「類」的界限與範圍，先劃定一個圈圈，「文化創意產業」位在圈圈之內，其他非文化創意產業的相關事物皆在圈圈之外。（如圖 1-1）

(一) 概念與類

　　簡單地說，一個「概念」，就是一個「類」。它指一定範圍內的所有個體。所以要了解「文化創意產業」的概念，就是要了解這個「類」的範圍內所有個體。

　　例如：「桌子」是一個概念，它指具有桌子的各種性質的個體。「紅」也是一個概念，也是一個類，紅花、紅衣、紅顏料都屬於「紅」這個類。一言以蔽之，概念或類就是一組性質所決定的某範圍內的所有個體之總稱。當然有些類可能只有一個個體，但即使如此，「類」和「個體」

圖 1-1

仍不同；比如說，即使全世界只剩下一隻熊貓（也就是熊貓的個體只有一個），但作為「個體」的熊貓和作為「類」的熊貓（也可說是熊貓的概念）仍然不相同。我們也可以同樣說，每個人也都是世上所僅有的一個個體，別人無法取代，但他之為「人」的個體和他之為人的「概念」或「類」仍是不相同的；「文化創意產業」也是相同的情形，「文化創意產業」是一個「類」或「概念」，也同時有一些「個體」（成員）屬於這個類，如「藝術產業」、「設計產業」等等。

2. 單純的概念與複雜的概念

從**概念**的成分來說，我們可以把概念分為單純的與複雜的兩種。所謂「單純的」概念指的是這個概念本身就是最基本的單位，在這個概念中，沒有辦法再分出其他概念了，或者說這個概念本身只有一個「類」。而「複雜的」概念則相反，我們可以從該概念分出其他的概念（這些被分出的概念可能還是複雜的），或者這樣說也可以，它是由好幾個「類」所組成的。比如說「小圓桌」就不是個單純的概念，因為它由「小」、「圓」和「桌」三個概念（或三個類）所組成，因此，它是個複雜的概念。而相對地說「小」、「圓」和「桌」這三個概念則是單純的概念或類。以這點來省視「文化創意產業」這個概念，不論我們如何理解或「斷句」，這個概念始終是複雜的，因為它至少包含了兩個到三個概念，例如：「文化」、「創意」、「產業」（三個）或「文化創意」和「產業」（二個）。不同的理解方式會影響這個類的個體或成員數目，而這點我們將在下文詳加說明。

二、內含：進入圈圈的資格

定義的第二步就是指出這個概念或類的特徵，以和其他概念或類加以區別。換言之，就是要劃定一個圈圈，用以區別圈內和圈外。進入這個圈圈的「資格」或條件，我們就稱之為**「內含」**（intension, connotation）。

我們剛才從「小圓桌」這個概念分出「小」、「圓」和「桌」三個概

念，我們其實就是在分析「小圓桌」的「**內含**」。所謂**內含**指的就是這個概念含有哪些成分或含有哪些更為單純的概念；而實際上這種更為單純的概念也同是一個更大的類。例如「人」這一概念的內含是：

1. 是具有生命的
2. 兩足的
3. 會笑的（會哭的）
4. 會思考的（知道自己會死，愛面子，……）
5. 會說話的

……

這些就是「人」這個概念的「內含」，[12] 也是人有別於其他動物的特徵。亞里斯多德為「定義」下了一定義：近類＋種差，比如說，要為「人」下定義，就要從與人最接近的類開始（近類）—— 如「動物」—— 再加上人這種動物和其他動物不同的特徵（種差）—— 如「理性」；因此，「人」的定義就是：人是理性的動物。用在「文化創意產業」上，我們就要找出文化創意產業的近類—— 產業，再加上文化創意產業和其他產業不同的特徵——「XX」，這樣就形成了一個「文化創意產業的定義」：文化創意產業是一種 XX 的產業。當然這個「XX」不外就是「文化創意」相關的特徵，但是我們絕不能做這樣的定義：文化創意產業就是「有關文化和創意的產業」，這樣是一種同語反覆（tautology），並沒有讓我們真的理解到文化創意產業的特徵，我們要用其他的「概念」來說明或替換「文化」和「創意」，這樣才是一個比較適當的定義。（詳細說明，請參閱下文）

----

12 當然我們所指的只是「事實意義」的「人」。有時我們會說：「你還算是個『人』嗎？」這時我們所指的「人」已具有價值內含。我們不是問：你有沒有兩隻腳？你會不會笑？相反地，我們是說：你做了人不該做的事。「該」、「不該」是一種價值判斷。

三、外延：指出這個圈圈中所有的成員

如果我們向「人」這個概念出發，向內分出其他的概念，我們所得到的就是「人」這個概念的**內含**。如果我們反其道而行，從「人」這個概念出發向外應用到適合這一概念的個體上，而所有滿足這個概念內含的個體的全部範圍，我們就叫做「人」這個概念的「外延」（extension, denotation）；也就是說：「外延」指是一個類或概念的成員（member）所散布的範圍；成員指的就是指滿足某概念或類的個體。

四、內含與外延的關係

以下我們將會以《文化創意產業發展法》中對文化創意產業的定義為例來討論。但在正式討論之前，我們還是得先以「文化創意產業」的概念為例，來說明內含與外延的關係。首先，內含在認知上具有一種優先性。其次，內容與外延成反比：即內含愈豐富，外延愈小；內含愈貧乏，外延愈大。茲分述如下：

(一) 內含在認知上的優先性

我們剛剛說「文化創意產業」的外延是滿足「文化創意產業」的內含的所有成員的全部範圍。其實這也就是說我們要先知道「文化創意產業」的內容，才能判斷某個東西是不是在「文化創意產業」的外延內。當我們說，這是千古所未曾出現的麒麟，那麼，他一定要先知道什麼是「麒麟」。當我們在判斷某個東西是屬於哪一類時，我們必定要先知道這個類有哪些特性，所以說在認知上，內含具有優先性。

(二) 內含與外延成反比

內含規定的愈豐富（也就是概念愈複雜），外延的範圍愈小（指涉的個體愈小）；內含規定的愈貧乏（也就是概念愈單純），外延的範圍愈大（指涉的個體愈多）。如「人」這個概念的內含至少有上文所規定的五

圖 1-2

項，而其外延是則是所有的人類。

　　而「狼人」則除了上述的五項規定之外，還多了「月圓時會變成狼」這一項規定。其內含較「人」複雜，但應用範圍（外延）卻比「人」為小。同類地，「女狼人」又多了一項規定「女性」，其內含更複雜，其外延卻更小了，只能指女性的狼人。如果我們把「人」換成「產業」，把「狼人」換成「創意產業」，而把「女狼人」換成「文化創意產業」，情形也相同。（見圖 1-2）

　　㈢ 內含同則外延必同，但外延同內含不一定同

　　「顏回的老師」和「孔鯉的父親」這兩個概念指的都是孔子，所以外延同；但兩者的內含卻不同。也就是說兩者雖然「指涉」（refer，外延）同一個人，卻有著不同的「意義」（sense，內含）。以「文化創意產業」來說，在某些脈絡中，「內容產業」和「創意產業」雖然「內含不同」，但外延卻相同，指的是同一類的文化創意產業。（見圖 1-3）

五、分類與概念層級

　　前面我們把「人」的內含加了一項條件限制，就成了「狼人」；再加上一個條件就成了「女狼人」。這告訴我們：只要在單純的概念上加上一

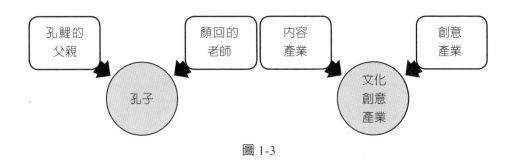

圖 1-3

項限制就成了一個新的複雜概念。每一個新的概念都是對它的前面的單純概念加上一個新的限制。哲學家史賓諾莎（Spinoza）說：「每一個規定都是一項否定。」也就是你每肯定它是一樣什麼東西的時候，你就對它做一項限制了，也就是把圈圈的範圍縮小了。

　　其實我們在對一個東西加上新的限制時，我們就在分類了。每分一次類，我們所得到的概念就低了一層。分類其實就是一種概念分化的過程。一切概念都可以這樣分化，分化成一個層級分明的概念結構。就概念的層級結構來看，我們要注意的地方就是，我們是把一個限制條件加在上一層的概念之上，這同時就是在分類。就上一層概念來說（如「人」），「內含」多加上一個條件（如「膚色」），概念層級就低了一層（白種人），而「外延」就相應的變小了（人數變少）；如果內含再加上一個條件（性別），概念層級又低了一層（老的男白種人），「外延」就更小了（人數變得更少）。以產業來說，如果在「內含」上加上一個條件（如「創意」），層級就低了一層（創意產業），外延就更小了（符合條件的產業數目減少）；如果內含再加上一個條件（文化），概念層級就再低一層（文化創意產業），外延就又更小了（符合條件的產業數目減少）。（見圖 1-4）

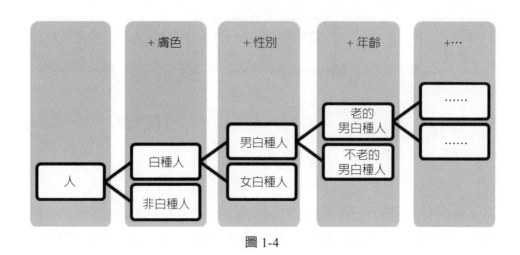

圖 1-4

　　回到我們上述所說的「亞里斯多德式」定義（就是「近類＋種差」）
來重新檢視：要為「人」下個定義，就要從與人最近的類——「動物」——
來著手；而人不同於其他動物的地方（即「種差」），就在於人有「理性」
而動物沒有，所以對「人」所下的定義是：理性的動物。也就是把「理
性」這個限制（或種差）加在與人最近的類上；這就是亞里斯多德式的定
義。其實定義本身就是一種分類，一種概念的分化，把限制加在上一層的
概念上；而對於定義結果，我們用一個語文或符號來代表它，這就是「命
名」。同樣的道理：「文化創意產業」的「定義」其實就是在「分類」（區
別出文化創意產業和其他產業不同的地方），也是在「命名」（以「文化
創意產業」名之）。

　　最後，對於「定義」我們可以再做一點補充說明：所謂定義就是一
個縮寫的符號；每下一次定義，就在我們的思想活動出現一個新的符號。
當然並不是所有的定義手續都必須和上面的步驟一樣，其實只要能清楚地
表達自己的思想，就是好的定義。定義沒有真不真的問題，只有好不好、
清不清楚的問題。關於「文化創意產業」的定義，也應做如是觀：只要能
清楚地表達文化創意產業的「內含」和「外延」，就是好的定義。以下，

我們就要以《文化創意產業發展法》中的文字，從概念、內含與外延的角度，來討論它對「文化創意產業」的定義。

六、以《文化創意產業發展法》中的定義為例來討論

《文化創意產業發展法》[13] 對文化創意產業的內含和外延有所說明的條文是在第 3 條：

> 本法所稱文化創意產業，指源自創意或文化積累，透過智慧財產之形成及運用，具有創造財富與就業機會之潛力，並促進全民美學素養，使國民生活環境提升之下列產業：一、視覺藝術產業。二、音樂及表演藝術產業。三、文化資產應用及展演設施產業。四、工藝產業。五、電影產業。六、廣播電視產業。七、出版產業。八、廣告產業。九、產品設計產業。十、視覺傳達設計產業。十一、設計品牌時尚產業。十二、建築設計產業。十三、數位內容產業。十四、創意生活產業。十五、流行音樂及文化內容產業。十六、其他經中央主管機關指定之產業。

這段文字先規定文化創意產業的「內含」，再列出其「外延」。它規定文化創意產業的「內含」（特徵、條件、資格）為：「源自創意或文化積累，透過智慧財產之形成及運用，具有創造財富與就業機會之潛力，並促進全民美學素養，使國民生活環境提升之……產業。」在解釋這段文字之前，我們必須先注意到《文化創意產業發展法》這個標題和其「內含」之間的重要差異。

就《文化創意產業發展法》的標題或該法的名稱，「文化創意」一

13《文化創意產業發展法》全文中、英文版請見文化部網頁：http://www.moc.gov.tw/law.do?method=find&id=247。

詞，從邏輯的觀點看，應有兩種讀法：

1. 第一種讀法應為「文化**暨**創意」（文化**與**創意、文化**和**創意），其意為「同時具備文化和創意兩個元素，且缺一不可」；若以英文表示的話，是用「連言」（conjunctive；即「and」）來連結兩者。所以「文化創意產業」的英譯應該是「cultural and creative industries」，而《文化創意產業發展法》之英文版標題即為「Law for the Development of the Cultural and Creative Industries」。換言之，如果就英譯的標題來說，「文化創意」應理解為「文化暨創意」，所以「文化創意產業」指的應該是「同時具有文化元素和創意元素之產業」。然而《文化創意產業發展法》中所定義的「文化創意產業」卻採取第二種讀法（見下文）。

2. 第二種讀法是「文化或創意」，其意為「只要具備『文化』或『創意』兩個元素中的其中一個即可」；若以英文表示的話，是用「選言」（disjunctive；即「or」）來連接兩者。但問題就在：只具備文化元素或只具備創意元素，當然沒有問題，但可不可以同時具備這兩者呢？這要看這個「或」具不具「排斥性」。如果具有排斥性，那麼「文化或創意」，就應理解為「文化元素」或「創意元素」只能具有其中之一，不能同時具備兩者；但如果不具「排斥性」，那麼「文化或創意」，就應理解為「文化元素」或「創意元素」至少具備其中之一，但也可同時具備兩者。在《文化創意發展法》中，第 3 條對「文化創意產業」內含的規定所採用「選言」命題：「源自創意**或**文化積累」（originate from creativity or accumulation of culture），只不過我們看不出其中的「或」（or）具不具有排斥性。

這可能是一個問題，因為一個法條的邏輯必須嚴謹。《文化創意產業法》的標題和內容所指涉的「文化創意」分別使用「連言」和「選言」，似乎有不夠周延之嫌。當然，這個困難也不是無法解決。解決的方法就在

於把第 3 條中的「或」理解爲「非排斥性」的用法即可。如果「或」是以非排斥性的意義來使用，那麼「文化或創意」就包含三種可能：(1) 只具文化元素；(2) 只具創意元素；以及 (3) 包含兩種：可以是 (1)，也可以是 (2)，還可以是「同時具有文化和創意元素」。透過 (3)「同時具有文化和創意元素」的部分，就把第一種「連言」的讀法包含進來了。這是「選言」（「或」）的彈性。如此一來，「文化創意產業」可以理解爲：(1) 只具「文化」元素的產業；或 (2) 只具「創意」元素的產業；或 (3) 只具文化或創意其中一種元素或同時具有兩者的產業。

從邏輯上來說，(1)、(2) 和 (3) 的內含不同，外延也不同。(1) 和 (2) 的外延較小（至於誰大誰小則無法討論：因爲到底是具創意元素的產業數目多還是具文化元素的產業數目多，這是無法確定的）；(3) 的外延較大，產業數量是兩者的總和。

以上三種可能性是從《文化創意發展法》的脈絡來看的。我們主張採取 (3) 的看法，把「文化創意產業」理解爲「只具文化或創意其中一種元素或同時具有兩者的產業」，這樣的理解不僅在理論上較有彈性，在實務操作上也較有可行性。讓我們把這三種可能的定義重新整理並加上圖解如下：

1. 「**文化創意**產業」=「（文化暨創意）」暨「產業」（四級產業中的任何一種，以下皆同）。內含是指任何產業都必須同時具有文化元素或有創意元素；可以是「創意產業」+「文化」，也就是具有文化元素的創意產業；也可以是「文化產業」+「創意」，也就是具有創意元素之文化產業。如果這樣解讀，那麼這讀法的「外延」最小；因爲外延要同時符合文化 + 創意這兩種元素的產業，因爲其內含較多（條件較苛），所以產業數量最少。這是最嚴苛的定義。

   在圖 1-5 中，它是三個圈圈的交集處，範圍最小。

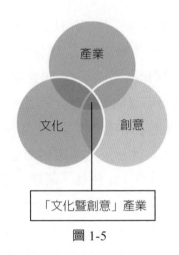

圖 1-5

2. 文化創意產業 =「**文化**產業」或「**創意**產業」（排斥性的「或」）；
在這個定義中，內含是指任何產業只要具有文化元素或創意元素
其中之一即可；可以只是「創意產業」；也可以只是「文化產
業」。在這個定義，「或」被理解成「排斥性」的「選言」；如果
這樣解讀，那麼它的「外延」比 (1) 為大；因為它的外延等於「文
化產業」+「創意產業」的總和（但不包含兩者的交集），因為其內
含較少（條件較寬），所以產業數量較多。這是比較彈性的定義。
在圖 1-6 中，它是「文化」和「產業」兩個個圈圈的交集加上「創

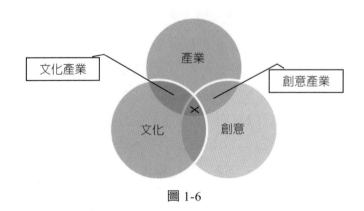

圖 1-6

意」和「產業」兩個圈圈的交集，但不包括「文化」、「創意」、「產業」三個圈圈的交集。

3. 文化創意產業 =「文化產業」或「創意產業」（不排斥性的「或」）；在這個定義中，內含是指任何產業只要具有文化元素或創意元素其中之一，或者兩者兼具；可以只是「創意產業」；也可以只是「文化產業」；還可以是「文化暨創意產業」。在這個定義，「或」被理解成「不排斥性」的「選言」；如果這樣解讀，那麼它的「外延」最大；因為它的外延等於「文化產業」+「創意產業」的總和（包含兩者的交集），因為其內含最少（條件最寬），所以產業數量最多。這是最彈性的定義。

任何產業只要和文化或創意至少其中一項（當然也可以同時和兩項）連結，即可以成為文化創意產業。其外延如圖 1-7，等於是 (1)+(2) 的總和。

採取不同的定義、不同的內含，會決定「文化創意產業」不同的外延。在《文化創意產業發展法》第 3 條的定義中，我們認為要採取「不排斥性的選言」這一種解釋，在理論上比較具有彈性，而在實務上也比較可行。但這只是針對「創意或文化累積」的意義而言，在《文化創意產業發

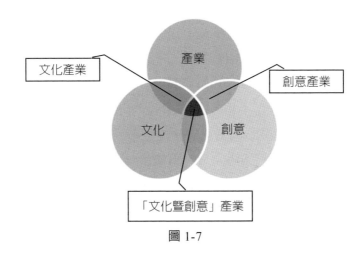

圖 1-7

展法》還有其他條件，例如「透過智慧財產之形成及運用，具有創造財富與就業機會之潛力，並促進全民美學素養，使國民生活環境提升」，也就是說其「內含」除了 (1)「創意」或「文化累積」為「必要條件」之外，還有 (2)「透過智慧財產權」；(3)「具有創造財富與就業機會之潛力」；(4)「促進全民美學素養」；以及 (5)「使國民生活環境提升」等 4 個「必要條件」，總共 5 個必要條件。

　　接著，《文化創意產業發展法》指出「文化創意產業」的外延有如下 16 種：(1) 視覺藝術產業；(2) 音樂及表演藝術產業；(3) 文化資產應用及展演設施產業；(4) 工藝產業；(5) 電影產業；(6) 廣播電視產業；(7) 出版產業；(8) 廣告產業；(9) 產品設計產業；(10) 視覺傳達設計產業；(11) 設計品牌時尚產業；(12) 建築設計產業；(13) 數位內容產業；(14) 創意生活產業；(15) 流行音樂及文化內容產業；(16) 其他經中央主管機關指定之產業。其中第 16 類當然是為了保留彈性，這是可以理解的。當然，不論幾類，重點是如果這 16 類都能符合上述的必要條件（共 5 個），那麼這 16 類產業就不是 16「個」產業，而是同一類產業——文化創意產業。

　　從「**形上學**」（特別是「存有學」，舊譯「本體論」）的角度來看，我們可以合理地問：究竟「文化創意產業」是 16 個產業的總和（多）或是同一類產業（一）呢？「一／多」問題是希臘哲學以來很重要的問題，柏拉圖的《巴門尼德斯》（*Parmenides*）即在處理這個問題。這個問題在這裡並不是無關緊要的，它指回我們一開始所說的問題：個案研究（在這裡是「文化創意產業」的個案）如何具有普遍性的問題。如果這 16 類產業是「多」個產業、是互不相關的，那個案研究就不容易具有普遍的意義，以研究視覺藝術產業的個案為例來說，它只能增進某種特殊的知識，而對於「文化創意產業」這類的全體毫無助益。但是如果這 16 類是同一類，那就是「一」，個案研究在同類的範圍內，就至少具有相對的普遍性。如果視覺藝術產業也符合那 5 個必要條件，那麼其個案研究，在某種程度上就對其他 16 類產業有意義。

七、本節小結：文化創意產業的共通性（內含），使得它們成為同一類，從而具有相對的普遍性和必然性

總之，確定了文化創意產業的類，我們才能把文化創意產業「個案」研究的邊界定出來。這個外延就是它相對有效的範圍。確定了這個範圍，我們才能說這個個案對「文化創意產業」有意義。這就是文化創意產業的「定義」對文化創意產業個案研究的意義。說明了文化創意產業的定義之後，我們要進一步討論文化創意產業「理論」的相關性。

參　文化創意產業理論之建構

「定義」是將現象孤立起來（劃定一個圈圈），而「理論」則是解釋這些現象。[14] 我們也可以這樣說：「定義和理論的區別，可以透過阿奎那提出的兩個命題明白地例示出來：『那看起來令人愉悅的』是一種關於『美』的定義，而『美包含在光輝與適當的比例中』則是一種理論。」[15]

一、理論和定義的關聯

文化創意產業的定義是透過內含與外延，劃定「文化創意產業」的圈圈，而文化創意產業的理論則是解釋這個圈圈裡的成員「為什麼」會在這個圈圈裡。以上述的引文為例：關於美的「定義」，是把美的現象孤立在這個圈圈，以區分美和非美的事物，所以有助於我們去「認識」哪些事物是美的，哪些事物是不美的；而「理論」則是「解釋」為什麼某些事物是美的，因為它們符合比例（這即是所謂「美的偉大理論」[16]），好讓我們

---

[14] 劉文潭譯（2005），頁 41。

[15] 同上，頁 144。關於「define」或「definition」，中譯者譯名不一，有時譯為「定義」，有時譯為「界說」；本文統一譯為「定義」。關於此段，我採用的是自己的翻譯，見 Tatarkiewicz（1980），頁 123。

[16] 同上，頁 145-159。

「理解」它。簡單地說，以「文化創意產業」為例，我們透過「定義」來認識什麼是「文化創意產業」，而透過「理論」來理解為什麼它們是文化創意產業。[17]

　　只有「定義」那只是第一步，直到各種「理論」之建立，「文化創意產業」這個領域才能算成熟。當然，檢視一下文化史（特別是藝術史），有些時代藝術實踐是走在前頭，理論才逐漸完備。如亞里斯多德的《詩學》，是在希臘的悲劇創作和演出長達幾世紀之後才出現的；但是有些時代，則是先有一種理論（儘管未必是明言，而是類似一種時代精神的方式在運行）之引領之下，藝術活動才蓬勃發展。[18]

二、理論之必要性

　　既然有時實踐走在前頭，有時理論走在前頭，自然會出現一個問題：理論走在前頭時，可以領導實踐，因此其必要性不用多加說明；但實踐走在前頭時，並沒有理論之引導，同樣還是蓬勃發展；如此一來，是不是意味著並不需要理論，各種實踐（如藝術、文化創意產業）還是能發展下去？

　　關於這點，的確是歷史某些時期的「實然」。檢諸文化創意產業之發展：它是新興的領域，也是近年來最熱門的產業之一，然而直到現在，都還沒有一套全面的、整體的「文化創意產業理論」；即使如此，臺灣地區仍然持續著一股「文化創意產業」熱潮，方興未艾；讓人不禁質疑一個整體的、全面的「文化創意產業理論」的必要性。

　　對於這個問題，簡單的回答是：實務走在前頭，即使非常蓬勃發展，

----

[17] 這只是簡單地說，「理論」是複雜的，除了解釋「為什麼」這些產業是文化創意產業之外，還可說明為什麼我們需要文化創意產業等等。

[18] 在近現代的藝術發展史中，特別是在文藝復興之後，先是藝術實踐影響理論之出現，之後理論反過影響藝術實踐，顯示出彼此的交互影響。見，Tatarkiewicz, Władysław（1999），頁 1-2。

也不代表這個產業是成熟的；只有完整的理論出現，這個產業才算到達成熟的狀態。以亞里斯多德的《詩學》為例：希臘是戲劇比賽的發揚地，西元前 534 年舉行第一次戲劇比賽，此後在雅典的酒神劇場，每年舉辦一次。希臘三大悲劇家 Aeschylus（523-456 B.C.）、Sophocles（496-406B.C.）、Euripides（480-406B.C.）都在此比賽得過獎。得獎者名字會刻在劇場的座位上。從西元前 534 年到亞里斯多德在世，在這一段時間，希臘經歷了三大悲劇家，時約 150 年，由盛而衰，可謂世界戲劇史上的黃金時代。僅 500-400B.C. 的劇本就達一千多本。亞里斯多德是這一時代的見證者，他的《詩學》或《創作學》，就是對這個黃金時代的創作加以思考反省，因此建立了一套理論；此外，既然有制度化的比賽，就要有評定優劣的標準，更需要一套戲劇理論的支持。亞里斯多德的理論就是這些評定標準由歸納成為理論化而臻至成熟的結果。[19] 我們可以透過這個例子來說明：理論是對於整個實踐活動的反省和評斷。只有實踐活動，那是盲目的，而理論則可以讓我們更加理解這些實踐「為什麼」會出現以及「如何」出現。

　　再者，以文化創意產業為例，文化創意產業及其相關的活動五花八門，如果沒有一套理論的輔助，我們可能只會見樹不見林，不能看清楚它的全貌；只有從理論上順著它的起源與演變、現況和未來的可能發展做全面的觀察，才不會迷失在這個叢林中。

　　最後，回到我們一開始的脈絡（關於普遍性和必然性問題）來看：建立理論，可以讓「文化創意產業」成為一門學問，提供某種（至少是相對的）普遍性和必然性，而不是零散的知識（個案）而已。零散的知識固然也有其價值，但具備某種程度的普遍性和必然性之知識，更可以給我們指導，而理論的功能就在提供這種知識；這也是理論之所以必要的理由之一。

---

[19] 參見，王士儀譯注（2003），頁 xviii-xx。

結論

　　總結本章內容如下：

　　本文透過故事、寓言和各種案例，從哲學的角度來思考文化創意產業的相關問題：從個案研究的意義和價值，進而討論文化創意產業的定義與理論建構的問題。

　　在個案研究的意義和價值部分：我們指出文化創意產業的個案研究即使無法獲得普遍性與必然性的知識，仍然具有其價值，因為它可以增進我們的特殊知識；我們也指出文化創意產業的個案研究成果，可以透過「類」的建立而獲得相對的普遍性，而類的建立即是某種「定義」的過程；因而文化創意產業個案研究之相對普遍性預設了一套文化創意產業的類與定義；而「定義」只是把「文化創意產業」現象或特性孤立出來，得以讓我們認識什麼是「文化創意產業」、什麼不是「文化創意產業」；唯有建立一套「理論」才能解釋「文化創意產業」的現象和特性。

　　在文化創意產業的「定義」部分，我們透過了「內含」、「外延」以及兩者的關係來說明建立一個文化創意產業的類，即是在定義、分類、概念分化和命名。

　　在文化創意產業的「理論建構」部分，我們先指出理論和定義之關聯，進而說明了文化創意產業理論之必要性：完整的理論才可以讓實踐（實務）更成熟；理論讓我們可以更全面的觀察和理解實踐；只有理論才可以讓產業成為一門具有普遍性和必然性（至少是相對意義）的學問。

　　我們的討論進程和成果圖示如下（圖 1-8）：

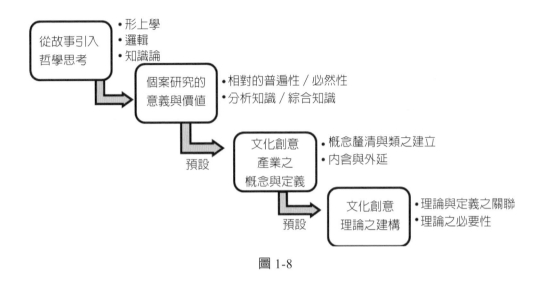

圖 1-8

1. 哲學對於文化創意產業有什麼相關性和必要性呢？

2. 如果個案研究的結果只適用於這個個案，而不能提供給其他案例作參考，那麼這個個案研究還有價值嗎？

3. 《文化創意產業發展法》中對文化創意產業規定的「內含」是什麼？「外延」又是什麼呢？

4. 為什麼文化創意產業需要一個全面性的、整體的理論？

參考書目

一、中文

尤泰元、林敬哲（2010）。2009 年諾貝爾生理醫學獎——端粒酶的發現。**科學發展**，2010 年 9 月，453 期，頁 50-55。

王士儀譯注（2003）。亞里斯多德著，**亞里斯多德創作學譯疏**。臺北：聯經。

王富偉（2012）。個案研究的意義和限度——基於知識的增長。**社會學研究**，2012 年第 5 期，頁 168-131。

艾克拜爾・吾拉木編譯（2007）。**阿凡提故事大全**（金銀二卷）。烏魯木齊：新疆青少年出版社。

林維杰（2007）。朱子解經中的方法論：以《語類・讀書法》爲例。**第三屆中國文哲之當代詮釋學術研討會會前論文集**，頁 267-286。國立臺北大學中國語文學系，2007 年 10 月。

范揚、張企泰譯（1995）。黑格爾著，**法哲學原理**。北京：商務。

賀瑞麟（2015）。**今天學美學了沒**。臺北：商周。

賀瑞麟（2016）。創意與文化創意產業。收於周德禎、賀瑞麟、葉晉嘉、蔡玲瓏、林思玲、陳潔瑩、劉立敏、李欣蓉、施百俊（2016），**文化創意產業理論與實務**，頁 39-65。臺北：五南。

賀瑞麟（2017）。**文化創意產業教學中之哲學教育——以電影導入經典教學之嘗試**。高雄：瑋晟世界資訊。

賀瑞麟（2018）。創意心法。收於賀瑞麟、葉晉嘉、蔡玲瓏、朱旭中、張重金（2018），**創意思考與文創應用**。臺北：五南。

劉文潭譯（2005）。W. Tatarkiewicz 原著（1970），**西洋六大美學理念史**。臺北：聯經。

韓少功、韓剛譯（1989）。米蘭・昆德拉著，**生命中不能承受之輕**。臺北：時報。

二、外文

Tatarkiewicz, Władysław (1980). *A History of Six Ideas: an Essay in Aesthetics*. Translated by Christopher Kasparek. The Hague: Martinus Nijhoff.

Tatarkiewicz, Władysław (1999). *History of Aesthetics*: *Volume 3. Modern Aesthetics,* Edited by D. Petsch, Translated by Chester A. Kisiel and John F. Besemeres. Thoemmes Press.

三、網路資料

《文化創意產業發展法》全文（中、英文版）。出自文化部網頁：http://www.moc.gov.
　　tw/law.do?method=find&id=247

賀瑞麟。「**葵花寶典**」笑話版之**邏輯解析**。出自「開啓思維的窗」：http://mypaper.
　　pchome.com.tw/hridaya/post/188157

曹逢甫、劉秀雪（2002）。印歐語言。**暨大電子雜誌**，第 15 期，2002 年 2 月。全文
　　下載請進入《暨大電子雜誌》網頁「人文藝術」部分：http://beaver.ncnu.edu.tw/
　　projects/emag/

第2章

創意的再現
紀錄報導型電視節目「大愛全紀錄」

周德禎

Creative

Cultural

Industry

前言

　　在臺灣，從 1962 年「臺灣電視公司」開播以來，電視進入人們日常生活至今已超過 50 年。初期因為影像的強大傳播魅力，以及節目內容琳琅滿目，所以很快就變成社會生活的重心。不過，在走過它的黃金歲月後，近年來由於科技快速進步，數位化急遽發展，網路、手機各種平臺及載具搶占視覺焦點，人們接受訊息的管道大增，導致電視頻道收視率大幅下滑。商業電視臺因為獲利能力降低，節目製作費用縮減，各種節目製播時數日益減少。一般新聞節目雖然存在，品質也大受考驗，至於原來就很耗費人力、物力、時間的新聞紀錄報導型節目，更是少如鳳毛麟角。然而，智利紀錄片導演帕里西歐·古茲曼（Patricio Guzman）曾說：「一個國家沒有紀錄片，就像一個家庭沒有相簿。」（陳芝安，2019：7）好在這個缺憾及時由慈濟大愛電視補足。

　　「大愛電視」1998 年開播，成立宗旨為：「透過電視傳播，淨化人心。」它隸屬慈濟基金會，是一個完全沒有廣告收入之非營利事業，經費來源一部分來自慈濟環保志工從事資源回收所得，另外則是善心人士捐款。開播至今 20 多年，其中「大愛全紀錄」播出長達 13 年，在紀錄報導類型節目中一直頗受好評。以最近五年來說，該節目曾在 2014 年以郭鳳儀、郭永祥、柯俊丞的作品《走失》入圍兩岸新聞專題報導獎，同年賴展文、孫沛芬的作品《異境求生》入圍卓越新聞獎國際新聞採訪獎；2015 年以孫沛芬、陳民紋的《融冰之家》榮獲公益新聞金輪獎；2016 年賴展文、趙德瑤、黃棋爐的《敘利亞來的訪客》榮獲卓越新聞獎國際新聞採訪獎；2017 年黃棋爐的《國境漂流 2017》入圍卓越新聞獎國際新聞採訪獎，同年賴展文、紀穎如的《我的中國夢 —— 臺灣年輕人在大陸》入圍吳舜文新聞兩岸新聞獎。可見這個節目既能長期屹立不搖，又能表現傑出經常得獎，確實令人刮目相看。

　　針對這樣一個案例，筆者想提出的問題是：(1)「大愛全紀錄」節目製作宗旨如何？想傳達的意旨為何？(2) 在電視環境日益艱困之時，該節目如何能長期製作優質節目？節目如何拍製？製作與拍攝過程如何？(3) 它做到些什麼？影響力如何？對於文化創意領域的啟示為何？

壹　電視產業的 SCP 分析

　　臺灣的文創產業共分 15 個類別加 1 個其他，而電視廣播產業是 15 類之一。因為電視和廣播性質不同，在此我們不討論廣播，僅就電視行業結構（Structure）、企業行為（Conduct）、經營績效（Performance）（SCP）來了解臺灣電視產業的一些現況。

一、行業結構（Structure）

　　根據《2018 文化創意產業年報‧廣播電視產業》（文化部，2019）的說明，電視產業是指利用無線、有線、衛星或其他電視平臺，從事節目播送、製作、發行等之行業。從產業鏈來看，包含四個環節：(1) 創意形成；(2) 製作／生產；(3) 傳播／發行／分銷；(4) 展示／接收。電視節目製作包含劇本、腳本開發的創意形成，其次是周邊美術、造型設計，以及配音、錄音、剪接與音樂後製過程，這些是電視的生產製作端。而播出平臺包含電視臺、有線及其他付費節目播送，以及隨著趨勢發展逐漸成熟的線上影片播送業，如網路影視 OTT（Over The Top）平臺等，提供服務包括線性頻道、VOD（Video On Demand，隨選視訊）服務、直播服務等（文化部，2019：117）。

　　面對社會快速發展，分眾媒體不斷產生，傳統電視收視觀眾以年長者居多，年輕族群多轉向新媒體平臺。不過從內容傳播來看，民眾仍習慣於傳統電視觀看如政論、新聞、球賽等即時性、集體觀看之節目，新媒體則提供獨特化、個性化的觀看體驗為主。文化部影音局（2018：182）指出，

在以內容爲核心的原則下，兩邊平臺均有高忠誠度的用戶族群，但雙方已經開始進行合作，打通兩類通路，促使節目內容曝光度最大化。

二、企業行爲（Conduct）

電視產業包含廣告影片製作、電視節目製作、線上影片及節目製作、電視節目代理及發行、其他影片發行、電視節目錄音、音效、無線電視頻道經營、衛星電視頻道經營、電視頻道代理商、網路電視節目編排及播放、有線電視系統經營、衛星通信網路服務、線上影片串流服務、其他藝人及模特兒等經紀等 14 項行業（文化部，2019：117）。

隨著民眾觀看行爲趨向行動化、個人化、拒絕一體適用的無差別內容，內容產業的分眾化將會成爲主流。因應新科技的進步，電視頻道業者開始與新媒體業者合作透過直播串流技術，跨屏即時內容創意，以跨媒體模式吸引新觀眾。這種合作可爲傳統電視打造一個可與觀眾即時互動的節目架構。另外藉由社群經營，培養死忠粉絲，透過深度互動，加深粉絲與節目的連結。近來，許多 OTT 平臺業者、傳統電視內容製作業者投入網路內容的製作，在技術和品質上愈來愈接近電視節目的水準，也受到大眾關注（文化部影視及流行音樂產業局，2018：183-184）。

三、經營績效（Performance）

2018 年文創年報指出，2017 年整體廣播電視產業產值約爲新臺幣 1,699.21 億元，在整體文創產業占比爲 20.32%。其中，電視產業總產值約爲 1,415.65 億元（文化部，2019：26、118）。雖然在文創業產值占到五分之一，分量不可謂不重，但是該產業實質面臨諸多挑戰，經營表現日益削弱。首先是行動上網裝置成爲觀眾主要觀看工具，加上電視觀眾逐漸高齡化，收視代表性降低，廣告收入減少。其次是有線電視業者削價競爭，無法引進優質內容頻道。影響所及，製作經費被緊縮，製作品質下降，國產製作節目內容失去觀眾注意力，與其他國際節目相較也頓形失

色，導致海外市場競爭力下滑。

　　以上是臺灣商業電視的整體處境。大愛電視公司除了在經費來源不靠廣告收入之外，其他方面的境遇如收視族群老化、多元平臺的壓力、內容品質的維持，也和商業臺一樣面臨類似的挑戰。但是在這種艱困處境中，作為紀錄報導型節目的「大愛全紀錄」每週播出一小時，長期穩定播出，品質表現出色，且與時俱進在網路平臺上架，理由何在？以下我們先了解何謂紀錄片、如何觀看紀錄片及本文分析架構，然後再深入探討「大愛全紀錄」之製作、採訪攝製、播出的特色。

貳　紀錄片的觀看角度

一、何謂紀錄片？

　　什麼是紀錄片？維基百科說，紀錄片是指描寫、記錄或者研究現實世界題材的影片。最常被引用的另一個紀錄片的定義是格里爾生（John Grierson）在 1930 年代說的：「對真實事物動態影像紀錄的創意性處理。」（李道明，2015：107）他認為紀錄片不只是對自然素材的樸素描述而已，而是要對這些素材做安排，具創意性地形塑它。但是事物被「創意性的處理」後，還是不是真實事物呢？李道明主張，紀錄片的真實「往往是在於它所代表的一種心態。」（2015：108）紀錄片理論家溫斯頓（Brian Winston）認為，「創意」指的是藝術，「處理」指的是戲劇結構，「真實事物」是紀錄片的證據與見證（李道明，2015：109）。也就是說，紀錄片受限於影視科技、攝製時空，不見得能將真實一成不變的呈現，但是紀錄片所選擇的形式要能夠忠於所要與觀眾分享的真實世界，而在素材處理上則允許創意的再現。

　　紀錄片的熱潮在二次世界大戰前於歐美盛極一時，但在二戰結束後，因為觀眾被聲光娛樂片吸引，對本質嚴肅的紀錄片漸不感興趣以致趨

於沒落。這時正逢電視開始全面普及，電視公司蓬勃發展，能夠爲紀錄片提供資金、放映管道及觀眾，電視紀錄片遂大量取代了傳統電影紀錄片。

二、紀錄片理論視角及詮釋學觀點

㈠ 紀錄片的三方關係

傳播學者李道明（2015）指出，「傳播是一種社會性的程序，它置身於某種脈絡，在脈絡中符號會被製造、傳遞與接收，然後被當成訊息予以處理，進而推論出某種意義。」（p.124）在這裡，第一個概念是「具體表達」（articulate），符號被製造與傳遞，是在進行一種明確的表達行動，使閱聽者認知某些人事物的發生。第二個概念是「詮釋」（interpret），經過表達以後，希望閱聽者對這些訊息獲得正確的詮釋。從拍攝者角度而言，傳播者以兩種手法達成上述任務，一是結構（structure），包括解析事件的元素及其彼此的關係，表現出隱含或推論上的可能性；二是秩序（order），當傳播者對於事件關係了解清楚後，按照事件發生的時間先後順序（sequence）或正敘或倒敘，針對所欲報導的現象作出「再現」（representation）（李道明，2015：124）。臺灣紀錄片導演暨製作人陳芝安（2019）認爲，拍攝紀錄片不只是技術的問題，「它是創意思維上的展現，是作者和人互動的方法，是我們觀看世界的方式。」（p.7）

影像作品的長處是可以用畫面揭示人類各種生活經驗，大衛·麥杜格（David MacDougall）指出，影像的表達是一種「默會知識」（tacit knowledge）（李惠芳，黃燕祺譯，2006：8），影像在意義闡釋和展現上有著流動性和多樣性，不見得需要語言文字的解說，較易於跨越文化的藩籬。藉由影像的表達，對遠方事物可以進一步認識、接受或甚至成爲自己的一部分。它既能跨越文化的界限，了解和體認另一種文化；又能藉著影像與異文化建起感情紐帶，化解彼此的陌生感，超越文化的限制，橫跨

文化的疆界。

　　從受訪者立場來看，紀錄片常聚焦於弱勢者的發聲。如李勁松（2012：126）所說，藉著敘述內容的呈現、價值體系的陳述，在人際關係、事件關係或文化關係中，受訪者可以表達他們的艱困處境，而紀錄片重在體現人文關懷。

　　就觀眾而言，紀錄片常常與公眾問題、政治理念、弱勢聲援等社會議題密切相關，所以觀眾在觀看和解讀影片時，不再只是被動的接收者，他們賦予影片新的社會意義，通過意義詮釋而推動社會文化的變革，不但參與了紀錄片的再現實踐，同時觸及到更大範圍的社會運動。奚浩（2012：56）認為，今日紀錄片的關鍵問題逐漸從是否對應到絕對客觀的事實真相，轉移到影像如何再現意義；紀錄片從「真理的傳遞者」轉向為「社會的溝通者」，紀錄片不再是一個作品或文本，而是一種社會行動。

　　整體來說，紀錄片的觀看是一種三方互動關係，即拍攝者、受訪者、觀眾經由影片攝製播出而共同建構新的理解。拍攝者的任務是表達和詮釋，而影像的呈現兼具現象寫實及創意的再現，透過畫面的鮮明意象，人們超越文化的隔閡，產生跨文化的感同身受。被拍攝者常是弱勢群眾或是被忽視的現象，透過鏡頭爭取外界的人文關懷；觀眾在觀看紀錄片的同時，從訊息接受者更晉升為社會行動的參與者。

(二) 詮釋學觀點

　　大愛電視臺在臺灣是一家素有聲望的公益性電視公司，一般對它研究較多的是大愛劇場等戲劇性節目，少有以紀錄報導類型節目作為研究個案。本文從詮釋人類學家葛慈（Clifford Geertz）的「文化詮釋」與「地方知識」的概念，來探究本節目的形成及意義。本文的資料蒐集方法有二：一是對該節目製作人潘盛娟和資深記者趙德瑤所做的訪談，二是蒐集相關文本資料、影音資料及網路資料；根據上述資料進行分析與詮釋。

　　在《文化的詮釋》（Geertz，1973）一書中，葛慈認為文化不是一種

「權力」，不是用來方便人們把社會發生的各種事件、行為、制度，都歸因於文化使然；它其實是一種「脈絡」，讓人們可以理解事件為何發生、如何發展。在葛慈眼裡，文化不是一個空泛的指稱詞，它是個有能力聚焦的理解基礎。他認為研究可以鎖定人類歷史中某個特定時空點，其中人們各行其是，交織出一套錯綜複雜的關係網，引發變化多端、波譎雲詭的事件。而研究者透過「深度描述」的方法透視這張文化網，釐清它的脈絡，以及串聯起這個脈絡背後的原因和思想邏輯。

　　葛慈在《地方知識》（Geertz，1983）理論中，對「地方知識」（local knowledge）有多層次的闡述。首先地方知識意指：「對特定地方的特定事物賦予特定意義。」再進一步來看，我們對地方知識的洞察，並不只停留在單面向的理解某一特定地方，它更涉及一種相互的觀看，「可藉以將各式各樣的地方知識，轉變為它們彼此之間的相互評註——由一種地方知識的啟明，來照亮另一種地方知識所隱翳掉的部分。」（楊德睿譯，2002：320）這裡所說的「相互評註」，是指通過詮釋而相互照亮，「認識」不只指向被認識的對象，並且還返回自身，對自我產生新的認識。

　　在此，葛慈強調的是反身性的方法論。所謂「反身性方法論」（施盈廷等譯，2011：153-159），重點在於觀察與省思角度的多元性。關於理解陌生的人事物，人類學者傳統上有兩種視角，一是以局外人（etic）角度即自我為判準來看待他者，另一是以局內人（emic）角度即他者自身為判準來看待他們自己。而反身性方法論更強調第三個視角，不但同時從局外人角度及局內人角度去看他者，更依此去看待自身，使我們被蒙蔽之處通透起來。換言之，當我們認識了其他地方的知識體系後，通過他們的啟迪來看待我們自己，對自己的獨特性或缺失處更加清楚。借位觀看後，獲得一種洞察力，確認他者與我族之間，整體與部分之間，必然有所關聯和影響，不能漠然以對。這是詮釋人類學者觀看事物的態度，即是彼此處境容或不同，卻可以相互借鏡。這恰恰也是佛法啟發源頭本善「苦其所苦，

予樂拔苦」的思想，得以成就寬大心靈的根本。

　　綜上所述，本文以脈絡、深描與反身性方法論三個概念，一方面說明證嚴法師和慈濟的信念，以了解大愛臺之「大愛全紀錄」的攝製行為。另一方面也用此概念探討「大愛全紀錄」的行動軌跡，以及他們對全球事務所做的觀察、省思及創意作為。

參　證嚴法師、慈濟與大愛電視

　　證嚴法師在臺灣創建慈濟，至今已 50 多年，她的聲望在臺灣及國際都是家喻戶曉。不過因為她的思想言行影響慈濟人、大愛電視至為深遠，此處仍將精簡敘述。

一、證嚴法師及其創立的慈濟志業

　　證嚴法師 1937 年出生於臺中清水，自幼過繼給叔父家當長女，隨其遷居臺中豐原，家中經營劇院，父母疼愛，家境小康。21 歲時養父去世，感悟生命無常，興起出家之念。1963 年在臺北臨濟護國禪寺，遇見印順法師，請求出家，以參加「三壇大戒」，受「比丘尼具足戒」。印順導師為她簡單行皈依禮，完成出家儀式，成為她的出家依止師，取法名「證嚴」，字慧璋。導師的指示是：「為佛教、為眾生！」

　　1966 年證嚴法師在臺灣花蓮，以克己、克勤、克儉、克難的精神創立「佛教克難慈濟功德會」，簡稱「慈濟功德會」。初期與 5 位弟子，每人每天生產製作一雙嬰兒鞋，另外，30 位家庭主婦每天省下 5 角錢，投入竹筒裡，開始慈善濟貧的工作。1968 年證嚴法師興建「靜思精舍」，發行《慈濟月刊》，開始建立「慈濟委員」、「慈誠」慰訪濟貧制度。

　　1979 年，證嚴法師從十多年的慈善關懷中，發現「因病而貧」、「因貧而病」、貧病相糾結的現象嚴重，所以體會救貧也要重視醫療。而當時臺灣花東地區長期缺乏醫療資源，於是發心建立「佛教慈濟綜合醫院」。

1986 年 8 月 17 日醫院正式完工，隔年又展開醫院的第二期工程。醫院建設完成後，為培養東部地區醫療人員，推展教育工作，1989 年創辦慈濟護專、1994 年創辦慈濟醫學院，後來兩校相繼改制為慈濟科技大學及慈濟大學。1998 年證嚴法師有感於媒體影響人心甚鉅，在原先有線電視頻道託播的電視節目基礎上，加速硬體設備成立慈濟大愛臺，全名為「大愛衛星電視股份有限公司」，透過媒體闡揚人性美善，為社會注入清流。

　　至此慈濟志業「四大八法」全部完備，「四大志業」就是：慈善、醫療、教育、人文，再加上國際賑災、骨髓捐贈、社區志工、環境保護，合稱為「八大法印」。證嚴法師說：「慈善是人類希望、醫療是生命希望、教育是社會希望、人文是心靈希望。」慈濟的發展歷史是由這四大志業相互支持，相輔相成，逐漸走出一條長情大愛之路，整體志業最大的願景，則是在實踐證嚴法師的悲願：「人心淨化、社會祥和、天下無災無難。」

　　1980 年慈濟功德會改稱為「慈濟基金會」，1994 年內政部核准「財團法人中華民國佛教慈濟慈善事業基金會」立案，慈濟基金會成為一個慈善救濟遍及全臺灣、全世界的 NGO、NPO 組織。基金會由全體慈濟人組成，慈濟人以「人傷我痛，人苦我悲」的人文情懷，超越種族、國家、語言、膚色、宗教信仰的界限，以出世的精神從事入世的志業，將中華文化底蘊的人文精神發揮到極致，使「大愛」成為一種普世價值。2006 年慈濟宗成立，由「靜思法脈」及「慈濟宗門」組成。靜思法脈是精神內涵，內修「誠正信實」四法，力邀天下善士，同耕福田，共造大愛社會；慈濟宗門為具體實踐，外行「慈悲喜捨」四法，予樂拔苦，從事救苦救難之行動（潘煊編著，2016：342-343）。

　　50 多年來，慈濟志業由慈善而醫療、教育、人文；從偏遠的花蓮一隅，開展至全球五大洲。從 1991 年援助孟加拉水患，揭開國際賑災的序幕，迄今援助過 97 個國家和地區。在 57 個國家、地區擁有當地慈濟志工，在災難發生的當下，即時為每一位受難者送上真誠的關懷與膚慰（維基百科慈濟基金會、慈濟基金會全球資訊網，2019）。

　　證嚴法師的思想受到皈依師印順導師「人間佛教」觀念的影響，將過去佛教「家家觀世音，戶戶彌陀佛」，轉為「人人觀世音，個個彌陀佛」，將佛教精神人間化與生活化。早期倡導的工作著重在募款濟貧，後來以「教富濟貧」、「濟貧教富」為目標，提倡「無緣大慈，同體大悲」精神，衍生出「四大志業，八大法印」規模，要求會員「以佛心為己心，以師志為己志」，來建立祥和社會。

　　何謂「教富濟貧」、「濟貧教富」呢？證嚴法師（2009）說：

　　富裕者有錢、有力量，可以引導他們用世間財來幫助苦難人；為人間福祉付出，也是為自己造福，這是「教富濟貧」。此外，希望貧窮人知道自己也有力量救人，即使只有一滴水，滴進大缸裡，這缸水就有他付出的一滴，可以供應許多人喝，也是在造福，這就是「濟貧教富」。

　　教導富者布施，可以啟發「見苦知福」的慈悲心懷；教導貧者付出，可以給予尊重和信心，知道自己也可以及時付出一份愛心救人，啟發善念，超越自我侷限。

　　何謂「無緣大慈，同體大悲」呢？就是對於不認識的人，也要對他慈悲；天下人與我們都像同胞手足一樣要悲憫他。證嚴法師一生推動「普天三無」的觀念，即「普天之下沒有我不愛的人；普天之下沒有我不信任的人；普天之下沒有我不原諒的人。」法師以此理念，推動「佛法人間化」的理想。在此理念下，慈濟人道救援工作的範圍和群眾涵蓋全世界，不分種族、不分宗教、不分國家；慈濟志工也不只侷限在臺灣人或佛教徒，還包含其他宗教信仰者、其他國家人士及其他種族者。

　　證嚴法師言行受人敬仰，一生成就非凡，曾得到海內外諸多榮譽及獎項，舉其犖犖大者而言：1991 年，獲得菲律賓麥格塞塞獎社會領袖獎（Ramon Magsaysay Award for Community Leadership）；2001 年，薩爾

瓦多總統頒「國家二級勳章」；2011 年，獲《時代雜誌》（*TIME*）選為 2011 年年度全球百大最具影響力人物之一；2011 年，泰國摩訶朱拉隆功大學頒授社會福利榮譽博士學位（維基百科釋證嚴，2019）。

二、大愛電視的創立宗旨

證嚴法師說：「臺灣無以爲寶，以善以愛爲寶。」（葉子豪等編撰，2011：265）主張電視媒體應該要作爲人們的清明眼目，傳播光明。1998 年 1 月 1 日，隸屬於慈濟基金會之非營利事業大愛臺開臺，成立宗旨是透過電視傳播，淨化人心，以「報眞導正、傳播清流、淨化人心」爲目標，以「爲時代做見證，爲慈濟記錄歷史」爲方針，強調高教育性，不盲目追求高收視率，致力發揮善的影響力。

大愛電視的營運不接受商業廣告，四分之一經費來自全臺 7 萬多名慈濟環保志工從事資源回收所得，其餘經費來源爲企業贊助、大愛之友及善心人士捐款。它的臺呼：「大愛，讓世界亮起來！」代表了該臺的精神。它製播的新聞不同於一般新聞臺，除了播出國內外重要大事，沒有羶色腥新聞。在科技創新方面，大愛電視率先研發「數位採編播存系統」，成爲臺灣第一家完全無帶化、數位播出的電視臺。20 多年來製播的新聞節目深受肯定，獲得金鐘獎、兩岸新聞報導獎及曾虛白新聞獎等 31 座獎項（葉子豪等編撰，2011）。

肆 「大愛全紀錄」之創作理念與攝製行動

大愛臺節目共分七種類別：新聞類、大愛劇場系列、法音類、資訊教育類、兒童青少年類、藝文類、醫療類，「大愛全紀錄」歸屬於資訊教育類節目。

「大愛全紀錄」從 2006 年 2 月開播，至今 13 年，是大愛電視臺內相當長青的節目。現任製作人潘盛娟是在 2013 年從新聞部調到節目部之

後開始參與這個節目，回顧先前歷史，她很感謝前面的團隊奠定了一個方向、一個軸心、一個形式。她說：

> 大愛臺一直以這個節目為榮，歷屆參加的成員也都以加入「大愛全紀錄」的一分子，覺得是一個使命也是一個榮譽。……這其實是當初王執行長，也就是王端正執行長，他自己親自帶的一個節目，所以他也非常的重視，希望它是一個留史的節目。

王端正先生是慈濟人文志業中心執行長。「留史」的意義為何？「大愛全紀錄」節目的出現，跟大愛臺一樣，臺灣既然已經有很多電視臺，為什麼還需要一家非營利的電視臺呢？因為商業電視臺有時因為收視率的考量，不免負載著若干負面的事物，這些負面的報導，不盡然是人類真實的歷史。尤其人類歷史中良善的一面常常被媒體忽略，所以大愛臺的創立旨在「傳播清流」，而「大愛全紀錄」目標則在「闡揚生命美善，彰顯人文價值」，希望打造一個留下歷史的節目。潘製作說：「這不只是慈濟史，更是人類的良善歷史。」

一、節目製作模式

「大愛全紀錄」關切焦點既是國際的，也是在地的。工作團隊立足臺灣，足跡遍及全球，希望在本土媒體環境中，走出一條兼具國際視野與人道關懷的路。以下根據對潘盛娟製作人的訪談，說明本節目的製作團隊、製作過程及外部助力。

(一) 製作團隊的組織

「大愛全紀錄」隸屬於節目部，因為這是一個重點節目，節目部現任經理靳秀麗女士對該節目十分關心，不但身兼本節目導讀人，更親自參與每一集的完整工作從企劃案的提出到攝製完成，關注無微不至。團隊的

組成除經理外，還有組長和製作人，另外有 5 位編導、5 位企劃及 2 位執行製作。一位執行製作負責內勤，在製作過程中發單、跑流程，為品質把關。另外一位是外景的執行製作，跟著外拍，又叫做攝影助理（攝助），幫忙開車、拿器材、打燈等工作。這是核心的產製單位。

當節目每週不斷播出而存檔不足時，還會邀請「承攬人員」，包括承攬編導、企劃與攝助，幫忙完成節目攝製。除此之外還有協力單位——「製作中心」，製作中心的職責是進行後製，例如影像包裝、音效、配樂、上字幕，至全部作品完成。

(二) 節目製作過程與策略

任何一個題目的發想，可以由上而下也可以由下而上主導，如果慈濟基金會、大愛臺、經理或製作人建議某個題目值得去看看，就會交給一個企劃去進行。但大多數情形還是由企劃自己長期的對各種現象或議題做一些觀察跟了解，主動提出企劃案。企劃案提出後會跟製作人及組長討論，製作人跟組長都覺得這是一個成熟的企劃案，再送至經理，一起進行討論。

所謂成熟的案子，除了有題目，還要有故事內容，甚至對於故事內容將如何呈現也須有初步構想。有了這樣的成熟企劃案，接著加進編導，討論對於這個故事及想要探究的主題，編導關於畫面有何想法，可以如何起承轉合。這些細節都會寫進企劃案裡，最後跟經理做一些討論，經理再給一些意見或修正才拍板定案。因為這是長版的紀錄報導影片，相較於 5 分鐘或 15 分鐘的新聞專題，這種企劃必須儘量周密，因為如果前置作業沒有做好，出去採訪拍攝容易亂了方向，回來後會難以收拾。一個企劃案往往都要花上兩星期，有時三星期，甚至一個月都有可能。公司規定原則上六個星期完成一集，其實是蠻有時間壓力的。

企劃案的重要性毫無疑義，因此會投入很多時間。在預定六週工作流程裡，企劃案原定一週完成，製作人其實有考慮把這個 SOP 至少拉到兩

週會更為合理。但是因為人力的問題，目前還沒有改變。實際執行的策略上，企劃者可能在前一集影片進行到已經交出腳本時，就必須進入下一個企劃案的資料蒐集與匯整。這也是目前工作團隊的共識，在製作當集已進入後半階段，同時也花一點時間思考並蒐集下集的題材。

　　一集影片誕生的過程十分細密綿長，底下來詳述其過程。首先還是說到企劃。

　　企劃者必須先要釐清主軸，這一集影片重點要講什麼。其次，全集分為哪幾個段落，這些段落不能只是類似的故事換個主角重複報導，必須要有層次、有關聯性，企劃者自己對於每個部分想傳達什麼？詮釋什麼？希望觀眾看完後的體會是什麼？段落彼此之間相似度如何？各自的不同在哪裡？這些都需要成竹在胸。

　　接著在做這個企劃案的過程，企劃者需要做些預訪，電話預訪，或如果可能的話見面去談更好，自己做一些先期報導，幫助自己寫出詳細的企劃案。如果可以的話，最好要找到故事的主角，因為一個長片要吸引觀眾看完不容易，然而能看完全片，才能傳達影片想要傳遞的意旨。一般而言以故事來呈現比較能夠吸引觀眾進入，所以必須抉擇誰的故事比較精彩，主角是否有意願接受採訪拍攝？這些都是企劃案重要考量的部分。

　　企劃案定案且通過了，企劃者開始做約訪跟拍攝時間的安排。以國內來講，工作時間大概是 10 天到兩個禮拜，原來規定是 8 個工作天完工，但是很難說 8 天都能密集在第一線，有時候受訪者可能會第一天採訪之後可能又得等個 2、3 天，為了要配合受訪者，操作上就需要克服一些問題。

　　約訪的同時，編導要進行拍攝計畫的擬定，之後開始出機採訪。出機採訪回來，編導需要整理帶子，企劃則要做「聽打」，就是把主要訪談段落打成逐字稿，加以整理寫出腳本跟棚本，「棚本」是給節目導讀人使用。棚本必須經過製作人審稿，審訂之後才會去過音，過音後就完成了一個初步的架構。再交給編導來做剪接，同時進行「棚錄」，就是錄導讀的部分，把棚稿交由導讀人來做一些深入的演繹。剪接大概也是 7 至 8 個

工作天，剪完的作品就是所謂的「初剪」。初剪需要編導跟企劃雙方都同意，然後再交給製作人觀看，根據三方意見做最後的修正，長度也做最後的修訂，「初剪」確定了，就交給製作中心去做後製，加一些影像效果或者上字幕，交給音效去配樂，最後再合起來成為一個完整的影片，編導與企劃看過之後，製作人進行所謂的「驗片」，驗片完成後就可以交給公司播出。

這是一個既細緻又繁複的過程，中間每個環節都會遇到問題，但也需要努力克服困難，不能出什麼大差錯。奇妙的是，每個星期團隊中大家手上都有不同的工作在進行，每個成員既要有獨立作戰的能力，又要有並肩合作的精神，在分進合擊間，錯落有致、從容不迫的完成一個接一個深度報導影片。由此可以看出，這裡面需要具備的條件是，每個人皆須有抗壓性強的工作態度及創造力高的專業能力。

㈢ 整合外部助力達成任務

大愛全紀錄的工作人員在臺內就是製作人、企劃、編導，加上製作中心，但是出了大愛臺，得到的外部助力更多，那就是遍布臺灣各地和海外的慈濟志工。潘製作說：「其實我們出去幾乎就是靠志工。」那麼志工給予哪些方面的幫助呢？

1. 當地志工有點像駐地記者

在海外拍攝影片，跟在臺灣不同。在臺灣企劃者可以自己去做一些詳細的預訪，可是在海外很難做預訪，這時各地的慈濟人，就是一個非常重要的指引。因為志工長期在那邊陪伴和經營人際關係，他們可以提供故事來源、告知哪些人物值得採訪，指出有價值的內容以及很多當地的重要事情，這些彌補了距離造成的隔閡。慈濟在當地的志工，某種程度像當地記者、駐地記者的經營，即使他們不確定題材好不好，但是至少可以提供很多的素材與故事作為篩選，節省採訪小組很多時間與精力。

因為慈濟志工人數眾多，不像臺商或政府駐外單位只限在商業界、華

人圈，志工們可能更深入當地社會，例如：南非的志工可以帶採訪小組進入黑人部落，得以接觸不同受訪對象，獲得完全不一樣的內容。不論在世界各地，慈濟志工可以是紀錄的開始處，也可以是中繼站，由此延伸到紀錄當地的人事。

2. 採訪對象多元族群多樣語言，翻譯至爲重要

志工最大的幫助就是翻譯，因爲節目採訪的國家很多屬於非英語系，包含講阿拉伯語、土耳其語，甚至非洲土語，沒有當地志工眞的寸步難行，都是得靠當地志工帶領與陪伴進入現場並做翻譯。還有在回臺灣以後，當節目內容需要配音或旁白解釋時，常常需要逐字的翻譯，有些語言在臺灣可能不見得有人會，必須再回頭去找當地志工幫忙，有時候當地的土語或比較少人使用的語言他們也沒辦法，就要再找當地人詢問，這樣一來一回要費較多時間等待，但志工還是會幫忙完成。

3. 人文眞善美志工協助拍攝

慈濟在臺灣及世界各地一向都有人文眞善美志工，擔任各種活動的記錄。大愛全紀錄本身採訪小組當然都會有一位編導擔任專業攝影，但有些志工是非常高明的攝影師，就會變成第二架攝影機，幫忙捕捉更多精彩畫面。潘製作曾說：「像土耳其的余自成師兄，他就很好，當我們要做敘利亞的題目時，去到土耳其也好，甚至歐洲也好，他有時候也會跟著一起去。」另外，一位住在高雄的志工——顏東亮師兄，他因爲很喜歡空拍，不管採訪任務是在臺灣、緬甸或大陸，他都會跟著去採訪，負責空拍畫面。現在美麗的空拍畫面在影片中非常重要，他的出現就幫了很大的忙。因爲有些編導不見得會空拍，還有空拍機要帶入海關，器材攜帶和報關都很麻煩，志工幫忙代爲解決了這些問題。

4. 協助撙節經費

很多時候工作人員出國會住在當地的慈濟靜思堂，如果附近沒有靜思堂，有時候志工會提供家裡作爲住宿，因此節省很多住宿經費。他們常常也會借車給採訪小組，小組就只需要負擔油費，使工作預算儘量壓低。目

前一集節目製作費包含機票食宿常常控制在臺幣 15 萬元左右，多虧海外志工提供協助，得以用相當節省的預算，製作出精緻的節目。

　　一個節目的完成，需要內部核心成員的努力，外部志工的協助，再加上縝密的計畫和高度的專業能力，才能完整地攝製成功。接著，我們要討論分析節目內容的呈現。

二、報導區域及主題類別

　　「大愛全紀錄」放在 YouTube 上面的影片，從 2013 年起到 2019 年 3 月為止，共計 229 部，其中臺灣 142 部，國際 87 部，以下根據地理位置及主題類別作出統計。

㈠「大愛全紀錄」在本地及全球的發聲位置

　　根據全球各區域影片數目統計，影片攝製地點臺灣占三分之二，國際占三分之一，在國際影片中又以亞洲為最多。

　　根據臺灣地區影片數目統計，影片攝製地點在臺灣各地都有，北北基最多 25 部，宜花東其次 18 部。

㈡「大愛全紀錄」拍攝的主題

　　國際影片拍攝主題共有戰爭災難、自然災難、慈善、教育、經濟、醫療、工程援建、環保生態、志工、政治等，其中以戰爭災難及自然災難共 38 部最多。

　　臺灣影片主題共有經濟產業、環保生態、醫療、文化藝術、慈善、援建、教育、志工、飲食、勵志、移民移工、老化、自然災難等類，經濟產業的議題很受關注。

全球地區影片數目統計表（部數）

亞洲	非洲	歐洲	美洲	臺灣
58	16	8	5	142

全球地區圓餅圖

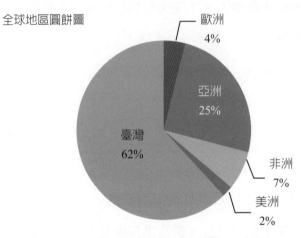

圖 2-1　全球地區影片數目統計

臺灣地區影片數目統計表（部數）

北北基	宜花東	高屏	中彰投	桃竹苗	雲嘉南	澎湖蘭嶼離島	臺灣
25	18	13	10	8	5	2	61

臺灣地區圓餅圖

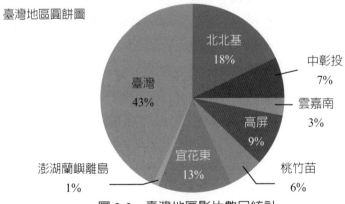

圖 2-2　臺灣地區影片數目統計

國際主題統計表

災難 戰爭	自然 災難	慈善	教育	經濟	醫療	工程 援建	環保 生態	志工	政治	其他
24	14	9	9	9	4	4	4	3	2	5

國際主題圓餅圖

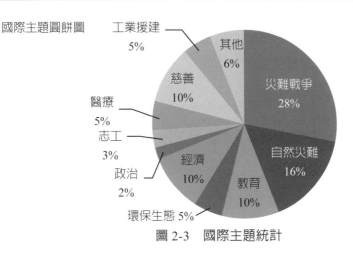

圖 2-3　國際主題統計

臺灣主題統計表

經濟 產業	環保 生態	醫療	文化 藝術	慈善 援建	教育	志工	飲食	勵志	移民 移工	老化	自然 災難	其他
22	21	15	15	14	13	13	8	7	5	3	3	3

臺灣主題圓餅圖

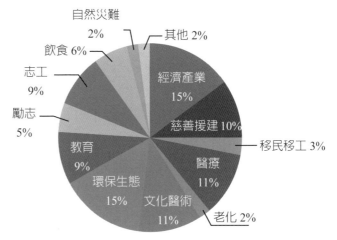

圖 2-4　臺灣主題統計

三、行動軌跡及創意作為

「大愛全紀錄」播出 13 年，從它累積的龐大影片數量來找代表性作品討論，筆者擇定敘利亞難民系列這個主題作爲探討的焦點，理由有三：第一，它是國際重大議題，對世界影響甚鉅；第二，它是新近發生之議題，事件從 2011 年開始，到 2018 年 12 月美國總統川普宣布美軍撤出敘利亞，政府軍及反抗軍雙方暫時停火。戰爭是否眞的結束了？沒有人知道，但是這場長達 8 年的戰爭留下的創傷，至今痛徹心扉，極難磨滅。相較於臺灣本地的問題，它的重量及強度都超過甚多，值得探討。第三，它不是臺灣本身的問題，從旁觀、客觀，或反身觀照，各方面都能給我們很多啓示。

(一) 敘利亞內戰的脈絡

「大愛全紀錄」的導讀人靳秀麗女士在 2017 年 5 月 28 日播出的「沙漠中的甘泉」中，問道：「關於生活同一世代最大的難民潮，我們了解多少？又做了什麼？」大哉問！讓我們先了解這場戰爭的起源、演變與影響。

敘利亞位於中亞，與土耳其、約旦、伊拉克接壤，人口約 1,600 萬，其中大多爲伊斯蘭教徒，74% 屬於遜尼派（Sunni），其餘是什葉派（Shia）和少數民族庫德族。總統阿薩德家族屬於什葉派的分支──阿拉維派（Alawite）教徒，僅占全國人口 13%，卻掌握國家武力和政府機器。自從巴沙爾・阿薩德（小阿薩德）上臺後，擔心人數眾多的遜尼派奪權，多次以武力打壓，他的強勢鎮壓與不信任，使眾多遜尼派怒火高漲。

2011 年 1 月 26 日敘利亞的反政府示威活動開始，3 月抗爭情勢升高，示威活動從首都大馬士革蔓延至全國。在美國等西方國家和遜尼派阿拉伯國家協助下，反對派迅速壯大，建立自己的武裝力量，要求總統小阿薩德下臺，雙方衝突愈演愈烈。

敘利亞反對派的代表性政治組織爲：敘利亞反對派和革命力量全國聯盟和敘利亞臨時政府，敘利亞反對派的主要武裝組織爲自由敘利亞軍。阿拉伯聯盟和海灣組織以及 57 國伊斯蘭世界組織相繼開除阿薩德政權成員

資格，並承認敘利亞反對派為合法代表。另外，宗教色彩強烈的伊斯蘭主義武裝組織、伊斯蘭國（IS）的伊斯蘭恐怖組織，以及尋求擺脫外族統治的庫德族武裝組織，也趁機在敘利亞崛起，戰火遍及全國各地。

2013 年 8 月，反對派在拉塔基亞省發起攻勢，但稍後反對派控制區遭到化學武器侵襲，造成大量死傷，反對派與阿薩德政府互指事件是對方所為。2014 年激進恐怖組織伊斯蘭國（IS）力量壯大，8 月攻占政府軍位於拉卡省的塔布卡空軍基地，澈底控制拉卡省。9 月，以美國為首的多國聯軍開始空襲敘利亞境內的伊斯蘭國和努斯拉陣線。

2015 年土耳其、沙烏地阿拉伯和卡達加強援助敘利亞反政府武裝組織，敘政府軍在多條戰線節節敗退。3 月，努斯拉陣線占領了伊德利卜。5 月，伊斯蘭國攻占巴美拉。7 月，敘利亞總統小阿薩德承認政府軍兵力不足，棄守部分地區。8 月，伊斯蘭國攻占蓋爾亞廷，反政府勢力獲勝。

2016 年 4 月 23 日，聯合國與阿拉伯聯盟敘利亞特使米斯圖拉估計，約有 40 萬人在敘利亞內戰中喪生，逃亡國外者數以百萬計。

2016 年 12 月戰局急遽變化，在俄羅斯空軍和航空母艦及若干親俄國家幕後資源支持之下，敘利亞總統阿薩德的政府軍大勝，先解決歐美支持的反對派武裝組織，再攻擊 IS。敘政府軍收復大部分阿勒坡市東部反對派控制區，接著收復了所有大城市。阿薩德總統在電視訪問中指出，反政府派和 IS 沒有差別，都是恐怖分子，必須全部消滅。

2017 年 4 月 4 日，伊德利卜省的沙姆解放組織控制的汗謝洪城，遭受猛烈的空襲，大量平民化學中毒。4 月 6 日，美軍向敘利亞霍姆斯附近機場發射了 59 枚戰斧巡弋飛彈，美國總統川普在記者會上表示，此次攻擊的機場，正是汗謝洪化武襲擊戰機起飛的機場，並號召其他國家一起抵制阿薩德政權。

2017 年，敘利亞政府軍已收復阿勒坡省、哈馬省、霍姆斯省、德拉省等，並擊潰伊斯蘭國，收復大片敘利亞東部領土。聯合國難民署於 2017 年 6 月 30 日表示，自 2015 年以來已有約 26 萬難民自願從國外返回

敘利亞，2017 年上半年有 44 萬多國內流離失所者重返家園。難民自願返回的地區主要就是阿勒坡、哈馬、霍姆斯和大馬士革政府軍控制地區。同年 12 月 7 日，俄羅斯國防部宣稱，俄敘聯軍已成功解放伊斯蘭國（IS）在敘利亞最後剩下的民居點。

2018 年 7 月，敘國政府軍收復德拉省首府德拉，反對派據點僅剩伊德利卜省。12 月 19 日，美國總統川普宣布，伊斯蘭國已經被擊敗，美國及聯軍不再尋求推翻敘利亞總統阿薩德政權，所有美軍從敘利亞撤出。12 月 28 日，敘政府軍進駐曼比季，同時庫德族武裝人民保護部隊宣布撤出該地。至此，8 年戰事算是暫時告一段落（維基百科、中央廣播電臺、中時電子報，2019）。

綜合言之，這場戰爭開始時是敘利亞政府軍和國內反抗勢力的內部對峙，後來美國（與親美國家）、俄羅斯（與親俄國家）及其他阿拉伯國家的強大軍隊，全都捲入此地的軍事角力，雙方戰火你來我往，傷及很多無辜的平民百姓。尤其到了 2014 年恐怖組織伊斯蘭國（IS）在敘利亞境內壯大，再加上 2013 年、2017 年某些勢力兩次動用殘酷的化學武器，造成戰爭規模更為擴大，人民死傷更為慘重的悲慘處境，致使數百萬難民逃亡潮爭先恐後，倉皇奔走於道路之上。

㈡「大愛全紀錄」敘事呈現及其影響

「大愛全紀錄」從 2014 年 1 月 26 日播出第一部敘利亞難民影片「邊境‧送暖」，到 2019 年 1 月 20 日播出「歐洲難民三 —— 遺忘在巴爾幹的人」，5 年之間共計製播 17 部敘利亞難民系列影片（目錄詳見附錄），他們在拍攝製播過程中所呈現的是什麼？影響如何？

1. 不偏頗、不濫情的敘事結構與詮釋觀點

敘利亞內戰從 2011 年開始，難民初步逃亡，首先到達的是約旦和土耳其兩個相鄰國家。2013 年 12 月，大愛全紀錄拍攝團隊跟隨慈濟在約旦的志工陳秋華，在百年不遇的大雪中，進入約旦紮塔里難民營採訪和記

錄。2014 年播出兩部影片「邊境‧送暖」，及「異境求生」。

這最初的影像傳達的是難民生活環境的惡劣和生存的考驗。在酷寒的天氣裡，帳棚內外都是潮濕冰冷，再加上沒有自家廚房和廁所，白天煮食要花漫長的時間排隊等候，夜間上廁所路上泥濘難行，對衰弱的老弱婦孺而言，生活極為艱辛。這個難民營收容 14 萬人，規模像一個城鎮一樣大，好在全世界各人道組織如聯合國難民署、紅十字會等都伸出援手，所以營區內有醫院、有學校。臺灣政府捐贈了組合屋，慈濟志工也積極在這裡發放物資，送暖爐、禦寒衣物、食物等。這一年，難民們還滿懷著希望，希望戰爭不久可以結束，大家很快就可以重返家園。

「大愛全紀錄」的資深記者趙德瑤 2013 年來到土耳其，發現不論是在大城市伊斯坦堡或東部邊境城市迪亞巴克，都有許多敘利亞難民。根據聯合國的統計，當時在土國的敘利亞難民人數已接近 100 萬。此時難民問題日益嚴重，原來以為只是偶發的戰亂、一時的動盪，竟然出乎意料愈演愈烈，爆發成拖延 8 年的敘利亞難民潮。2014 年 10 月趙德瑤跟團隊受命前往土耳其記錄探訪，後續拍攝的影片記錄了大量難民的出亡，對他們而言，故國殘破不堪回首，而逃亡路上，更是顛沛流離，生死飄搖。2016 年「活著」，刻劃出由土耳其逃難至希臘必經的愛琴海，成為難民的海上墳場；2017 年「凜冬之後」，看見許多歐盟國家關閉國界，難民們卡在邊境進退維谷的淒涼身影；2019 年「遺忘在巴爾幹的人」，記錄著直至目前，仍有許多難民滯留在巴爾幹沿線諸國環境簡陋的難民營中。比較幸運的難民，終於抵達了德國，如 2019 年「飄洋過海的餐桌」，難民們開始新生活、新文化的適應。

在長達 6 年的拍攝期間，團隊所要表達的是什麼？趙德瑤說：

> 我們所做的不僅是以鏡頭記錄下最真實的難民心聲與困境，同時也聽取多方不同的聲音，不偏頗、不濫情、不泛政治。從中爬梳原委和歷程，更重要的是尋求相互理解和對話的可能性。

　　這是一個高難度的任務，因爲敘利亞難民問題牽涉到中東與歐洲多國間，歧異的政治、經濟、宗教立場及人道救援態度，其中局勢錯綜複雜，必須審愼地評論是非。作爲深度記錄與報導者，大愛全紀錄團隊懷著沉靜肅穆的心情，目睹他們的遭遇，陪伴局內人同聲一哭之際，又希望不落悲情，而是藉由鮮明直接的影像，讓世人看見難民的苦境，促使各方尋求和平的解答。

2. 運用創意再現的拍攝策略

　　「大愛全紀錄」拍攝敘國難民事件 6 年，這並不是計畫中的事，誰會預料戰爭會持續這麼久，難民的惡劣處境會這麼深重？但是隨著事情的變化，團隊的足跡從土耳其一路跟著歐洲難民潮路線，跨海到希臘，進入馬其頓，一路往北，穿越巴爾幹各小國，也跟著來到難民心目中的夢土——德國、奧地利。一次又一次深入報導，鍥而不捨地長期追蹤，在當地蹲點深入了解各方看法，尊重當事人感受，以說故事的方法、細節的描述，去探訪難民、各地居民志工和政府官員眞實的心聲。以敘利亞少年凱西的故事爲例，2016 年影片「凱西的奇異旅程」記錄下他和父母、妹妹於 2015 年 3 月逃到塞爾維亞，途經許多打擊和挫折，覺得這個世界充滿惡意和不公平，心中有著恨意。但是在經過很多人的幫助後，凱西終於抵達德國，藉由上學學音樂、創作及交友，融入德國的社會，他的心中恢復了對世界的樂觀，也打開心房樂於對世界付出（2019 年「歐洲難民潮，後來呢？——New Homeland」）。

　　這些紀錄創意地再現了難民生活裡衝突、轉折、共好的歷程，但這種種發生的現象，不只靠最初的詳盡企劃來完成，每當面對拍攝過程中的各種意外和難題，團隊仰仗的是慈濟人所依循的佛法：「人傷我痛，人苦我悲」及「慈悲喜捨」的精神，他們的堅強信念是來自證嚴法師所說：「希望慈濟人與難民的互動，能種下一粒粒愛的種子，願他們將來到達平安的地方，生活改善後，也可以幫助人，彼此不斷付出，讓愛循環。」（何日生等，2018：9）就是憑藉這種信心和力量，秉持著對人的尊重，對世界

的悲憫，大愛全紀錄用鏡頭記下災難，寫下災難中的溫暖關懷，並再現重生之希望。

3. 無語問蒼天的難民處境與各地的人道關懷

2015 年「給阿拉的祈禱」這部影片中，11 歲的男孩貝克利說：「到了土耳其，什麼都沒有，沒有學校，只有工作。」他每天工作 12 小時，一週的薪水是 2,000 多元臺幣，9 歲的弟弟也要工作，每週可賺 1,000 多元臺幣。在伊斯坦堡這樣的敘利亞童工很普遍，頂多只有三成的兒童能上學，其餘的不是去做童工，就是在街上當小販或是乞討。因為難民從敘利亞跋涉到土耳其，沒有合法的工作權，只能全家打黑工，成人的工資貴，如果不如孩子手巧，很容易就被辭工，一家的生計都落在孩子的肩上。13 歲的阿里說：「我在打工的時候常常在做夢，幻想我是在學校讀書，假裝工作就是我在學校做的事。」就算這樣的幻想，可以稍解一下工作的辛勞，但是歷經天寒地凍，超時工作，負荷沉重，清秀勇敢的阿里不禁含著眼淚說：「我想要回敘利亞。」他的父親蘇培在接受訪問時說：「生活太難了，有些事真的很難用語言形容，我很難找到一個字形容我的感受。」

2016 年「活著」記者到了希臘科斯島，這是歐洲難民潮最前線，日復一日都有橡皮艇載著難民們從土耳其偷渡上岸，安全抵達的難民跪下來親吻著希臘的土地，他們抵達了歐盟國家，距離德國又近了一步。在黑夜中潮水洶湧，小小的船隻在海上載浮載沉，水面上有幾個人影在海裡拼命地游著。科斯島上當地的希臘居民 kiki 走進海裡救人，她們幾個人合力把橡皮艇拉上岸，有個年輕的男子嗆水幾乎窒息，大家幫他急救。kiki 也哭了，她說：「每天我和兒子來到海邊救人，我要他們活著！」

難民無法言說的苦難實在是太多了，失去生命、失去財產、失去家園、身受重傷、逃難時被人蛇集團剝削、失學做苦工、邊境警察的壓制、難民營的惡劣環境，真的就像難民問的：「我們做了什麼，要受到這樣的遭遇？」

　　好在世界上有許多個人和團體伸出援手，作出人道關懷。在希臘科斯島，kiki 和其他居民自發性成立難民救援組織，蒐集世界各地捐贈的物資，定期發放給海上偷渡而來的難民，也有來自世界各地如加拿大、挪威、德國的義工加入這個組織幫助難民。他們在岸邊救難，每天定時提供三餐，還有禦寒衣物及嬰兒奶粉、尿布。在德國，75 歲的德國女志工梅希在 2014 年 9 月成立難民救助協會，以民間力量居中協調難民與政府間的問題。為擔心難民被遣返保加利亞會遭到逮捕，她幫他們向政府申請居留，並且獲致成功（2016 年影片「活著」）。

　　臺灣的慈濟在這波巨大的難民潮中也十分努力。2015 年初，由土耳其蘇丹加濟市政府、敘利亞教育委員會、慈濟基金會三方，成立了土耳其第一所半公立的「滿納海敘利亞難民中小學」，「滿納海」阿拉伯語意為「沙漠中的甘泉」，取其知識如泉湧源源不絕的意思。2017 年 9 月，這所學校進一步提升為「滿納海國際學校」，成為一所提供小學到高中完整教育且完全屬於敘利亞學生的學校，學生名額 3,000 多人。慈濟在土耳其的志工胡光中、周如意、余自成等到處去找回失學的童工重返校園，避免孩子淪為失落的一代，希望培養他們具備開創未來的能力，有朝一日能夠重建自己的國家（影片 2017 年「沙漠中的甘泉」、2018 年「與愛同行」、2018 年「飛越戰火的希望」）。

　　4.「人間有難，菩薩情長」的觀眾行動

　　敘利亞內戰從 2011 年開始，2014 年以後愈來愈險惡，整個局勢的變遷由於難民人數不斷大量增加，導致收容國家的態度因內部政治與經濟的壓力而產生變化；還有難民重重跋涉，從土耳其，經希臘、馬其頓、塞爾維亞、匈牙利等國才能到達德國，沿線國家邊境有時開有時關，有時准予通過，有時強制遣返土耳其，造成人潮的滯留跟物資的匱乏；再加上有些國際人道救援組織因為戰爭拖延太久，後續增援不足，難民政策轉向，逐漸從各地難民營撤出。以上種種變數，都使得難民人道救援的需求更顯短絀和急迫。

2016 年 1 月慈濟在德國的志工范德祿（德籍）、鍾家隆、蔡婉珍、陳樹微等 7 人，從德國慕尼黑出發，前往塞爾維亞首都貝爾格勒，拜會塞國的「難民及移民事務委員會」，並實地訪查阿德塞微西及希德兩處難民中繼站，和普林斯伯瓦齊難民收容所，了解難民現況及需要的資助。當地志工對於立即能夠做到的事，像冬衣發放和熱食提供，便立刻著手去做，對於需要更多支援的就回報給花蓮慈濟基金會（何日生等，2018：225）。「大愛全紀錄」記錄了歐洲志工穿梭於難民營帳篷區，貼心關懷的身影（影片 2016 年「敘利亞來的訪客」、2017 年「凜冬之後」、「八千里外一家人」）。

這一連串的報導帶給臺灣非常大的震撼，最大的募款活動在 2017 年 2 月 12 日展開，由一群慈濟實業家在臺北國際會議中心舉辦「國際大愛心蓮滿人間」祈福音樂會，呼籲大眾關懷難民，為他們奉獻一份自己的愛心。接著桃園、臺中、彰化、嘉義、高雄等地也舉辦類似活動，以具體行動幫助難民（何日生等，2018：291）。住在約旦的臺灣志工陳秋華，特地回來親自向臺灣人民報告敘利亞難民的苦境，他一場接一場的上臺，代表難民向大眾下跪頂禮，感恩臺灣的愛。陳秋華和臺灣人民這種能夠為既非同胞手足，又非同國族、同信仰的人們無私的付出，就是證嚴法師所教導「人間有難，菩薩情長」的精神（何日生等，2018：6）。

5. 多重面向的省思

首先，關於戰爭的省思。臺灣的人長期生活在承平時代，沒有經歷過戰爭、飢荒、逃難，把友善和富足視為理所當然。「大愛全紀錄」的團隊近身觀察敘利亞難民的流亡過程，即便偷渡成功，難民從原生國連根拔起後，在不同種族、宗教、文化，甚至語言也不通的國度，力求生存。戰爭的殘酷在每張臉孔上，鏤刻著深深的沉痛、疲累和無奈，此情此景，令人警醒珍惜和平的可貴。記者趙德瑤對於戰爭的殘酷感受深刻，她說：

每個敘利亞人身上，都揹著一部同樣的國破家亡史，而每個家庭的故事，又各自有其幸與不幸。歷經數月到數年的逃難涉險，他們最終來到不同國家，想辦法尋找分散的家人，或是將家人從戰區裡接出來。每一個故事，都是大時代下的苦難曲。

敘利亞內戰帶給平民百姓的悲慘遭遇，是天下人尤其是臺灣人民必須戒慎警惕的。

其次，「大愛全紀錄」帶動臺灣關心世界以及與世界的連結。臺灣因為四面環海，與其他國家沒有接壤，很難真正體會邊界、國與國之間那條界線的意義，對國際重要事務，人們缺少一分關注和參與的熱情。趙德瑤說：

藉由海外慈濟人的在地關懷，頭頂別人的天、腳踏別人的地，要有回饋的心，證嚴上人的弟子謹遵教誨默默付出無所求，而影響所及，不但感動了與臺灣沒有邦交、不曾往來的國家；這份串聯全世界的愛心暖流，拉近了臺灣和世界的距離，也讓更多臺灣人從此關心國際難民議題。

除了觀眾開始熱烈捐輸之外，在全紀錄報導敘利亞難民議題之後連續幾年間，其他的電視臺也關注到這個議題。潘盛娟製作人說：「我們知道過去幾年其實電視臺並不景氣，他們其實真正自費出國採訪的機會並不太多，但是敘利亞這個部分我們覺得蠻好的是，不管是三立、TVBS、中天，他們都拉著團隊到了現場去採訪。」這表示臺灣其他電視同業也強化了對國際事務的關切。

第三，國際人士對慈濟及其實踐的佛法給予肯定。英國牛津大學佛學研究中心主席龔布齊教授（Richard Gombrich）指出，「慈濟是以行動展現佛法，也就是佛法在於行動。」（影片 2017 年「孩子，你的名字叫勇敢」）他在所寫的〈慈濟在佛教歷史中的定位〉一文（Gombrich, 2016:

69）說，慈濟以平等精神幫助每個人，當他們在助人的時候，又感恩每一位受助者。這種做法的奧妙是，把施與受的關係打造成互相受益的良善因緣。

全紀錄節目導讀人靳秀麗在影片「孩子，你的名字叫勇敢」說：

在人類歷史上，宗教常成為加重人類衝突、強化種族間憤恨委屈，並且將政治理想轉變為狂熱攻擊的因素之一。但加州大學趙文詞教授（Richard Madsen）認為，在臺灣的宗教復興與政治發展中，臺灣的宗教扮演了紛擾中的穩定力量。

這股穩定力量的來源，用佛法的語彙來說，就是「慈悲喜捨」，以此來修養心性，修正行為。美國加州大學聖地牙哥校區講座教授趙文詞，在《民主妙法》（黃雄銘譯，2015）一書中說：

慈濟對於臺灣民主最重要的貢獻，在於它產生了西方理論家口中的公民美德，亦即「心靈的習性」，即為公共利益而體現出的一種有紀律的責任感。慈濟會員並不常將公民美德掛在嘴邊，他們談「修心」，以便妥善照顧自己的家庭，並具備普世性慈悲與愛心。（p.120）

在西方，理論家把公共生活與家庭生活截然分開，公共領域談的是公平正義，家庭談的是愛與特殊關係。慈濟的理念則不同，它沒有切斷公私領域，而是將公共生活視為家庭生活的擴大，把家人之間的小愛，擴充為公共領域裡寬闊平等之大愛。西方所說的公民美德，在慈濟就是以「無緣大慈，同體大悲」來表達。

綜合上述，從詮釋學的多角度觀察省思來看，自局內人看敘利亞難民的處境，他們在生死存亡的關頭掙扎，生命危險脆弱，前途既要靠自己

艱困地爭取，又要仰賴世人的人道關懷。從局外人來看，在歷經衝突、轉折、共好的歷程，部分難民最後到達了嚮往的夢土，然而也有許多人喪失了性命。面對後者悲慘的遭遇，不禁要問：孰令致之？答案再清楚也不過，權力者視人民生命如螻蟻之故。再從反身性省思，看過難民的經歷，又如何回頭看我們自己的境遇？戰爭是無情的，和平是可貴的，我們務必要以敘利亞的悲劇作為警惕，不輕易把國家和人民推上火線。

結 論

「大愛全紀錄」節目製作初衷，是在打造一個「留下歷史」的節目，結果它不僅記錄了慈濟大愛的歷史，更是臺灣人共同行善的歷史，也是整體人類悲天憫人的良善歷史。我們在敘利亞難民的報導中，看到慈濟志工和全世界各地志工一起熱心地對難民伸出援手，彰顯了善的力量永遠無所不在，即使救援很不容易，善行也不會稍減，全紀錄節目對此做了清楚明確的見證。

在臺灣日益艱困的電視環境中，本節目以非常精儉的經費預算，拍出許多高水準的影片。它所力行的不只是留下歷史，更是實現證嚴法師「報真導正、傳播清流、淨化人心」的目標，以記錄光明美好的一面作為社會的清流，這樣的使命感與榮譽感，使工作團隊在慈濟海內外志工的傾力合作下，一步一腳印，落實慈濟「做就對了」的精神，完成節目的拍攝與製播。

本節目以不偏頗、不濫情的敘事結構與詮釋立場，以縝密的前置企劃，加上長期追蹤、深入蹲點、志工協助，以發掘共好作為創意再現之策略，如實記錄難民處境與各地志工和政府的人道關懷。當系列影片播出後，大力地影響臺灣觀眾參與難民救援的實際行動，風起雲湧地推動大量捐輸財物、醫療義診救命，並成立學校幫助難民兒童接受教育。這些作為

具體連結臺灣對世界的關心，也讓世界知道臺灣的關懷從不缺席。

「大愛全紀錄」作為一個優質的紀錄報導型節目，對於文化創意產業中電視領域的啓示是：要做好一個電視節目，不要因為經費有限、擔心收視率或觀眾口味，而因陋就簡或嘩眾取寵。應該要重視節目的核心價值與信念，守住初心，在面對複雜且巨大的社會變動及多元文化衝擊挑戰時，有能力深刻細緻地洞察跨文化的差異，開啓接觸與互動的機會，擴大互相對話的能力，找到人類普同性的律則如關愛、善意與希望。發揮影響力，帶動觀眾打開胸襟視野，促進彼此接納融合，做到尊重、包容與關愛。這也給了電視媒體人才培育一個啓示：媒體工作重在實現良善的價值、寬厚的人文底蘊及優異的技術創新，而且媒體本質特重表現，為求表現的內容能打動人心，人才培育必須特別重視人品仁厚、見解深刻，對議題剖析鞭辟入裡、悲憫關懷等重要能力。

附錄：「大愛全紀錄」敘利亞難民系列影片目錄（17 部）

2019

20190120　歐洲難民三——遺忘在巴爾幹的人

20190113　歐洲難民潮，後來呢？——New Homeland

20190106　飄洋過海的餐桌

2018

20180701　與愛同行

20180617　飛越戰火的希望

2017

20170917　凜冬之後

20170903　八千里外一家人

20170528　沙漠中的甘泉

20170409　孩子你的名字叫勇敢

2016

20160731　敘利亞來的訪客

20160703　凱西的奇異旅程

20160131　活著

2015

20151227　給阿拉的祈禱

20150920　亞倫的船

20150118　那一條回家的路上

2014

20140302　異境求生

20140126　邊境‧送暖

1. 根據電視產業的 SCP 分析，目前臺灣電視產業優勢及劣勢何在？

2. 證嚴法師的重要理念是什麼？對大愛臺和「大愛全紀錄」節目攝製影響如何？

3. 敘利亞內戰發起原因為何？戰爭經過如何？影響如何？

4.「大愛全紀錄」用什麼敘事結構與詮釋觀點及拍攝策略來攝製敘利亞難民系列影片？播出後的影響如何？

5. 你認為「大愛全紀錄」這個個案，對文化創意產業的啓示是什麼？

參考書目

一、中文

文化部（2019）。**2018 文化創意產業年報‧廣播電視產業**。臺北市：文化部。

何日生編、賴睿伶策劃（2018）。**敘愛：雖然無法給予他們完整的救助，但我們給予他們的是完整的愛**。臺北市：聯經。

李道明（2015）。**紀錄片：歷史、美學、製作、倫理**。臺北市：三民。

李惠芳，黃燕祺譯（2006）。David MacDougall 原著。**邁向跨文化電影：大衛·馬杜格的影像實踐**。臺北：麥田出版。

李勁松（2012）。電視紀錄片如何體現人文關懷。**湖北第二師範學院學報**，29(4)，124-126。

施盈廷等譯（2011）。Mats Alvesson、Kaj Skoldberg 原著。**反身性方法論：質性研究的新視野**。臺北：韋伯。

陳芝安（2019）。**一雙紀錄片的眼睛：影像敘事時代人人需要的拍片力，紀錄片導演給你的 6 堂必修課**。臺北市：遠流。

奚浩（2012）。紀錄片的眞理轉向。**南藝學報**，2012(5)，45-63。

葉子豪、顏婉婷、王慧萍、洪淑芬、葉文鶯編撰（2011）。**從竹筒歲月到國際 NGO：慈濟宗門大藏**。臺北市：經典雜誌慈濟傳播人文志業基金會。

黃雄銘譯（2015）。Richard Madsen（趙文詞）原著。**民主妙法：臺灣的宗教復興與政治發展**。臺北市：臺大出版中心。

楊德睿譯（2002）。Clifford Geertz（葛慈）原著。**地方知識——詮釋人類學論文集**。臺北市：麥田。

潘煊編著（2016）。**行願半世紀：證嚴法師與慈濟**。臺北市：遠見天下文化。

二、外文

Geertz, C. (1973). *The interpretation of cultures*. New York: Basics Books.

Gombrich, R. (2016). Tzu Chi' place in the history of Buddhism: Individualism and Altruism. *The Fourth Tzu Chi Forum*. 龔布齊（2016）。慈濟在佛教歷史中的定位。刊載於**第四屆慈濟論壇論文集——佛教普世性與慈濟宗門的開展**。花蓮：慈濟基金會。

三、網頁資料

文化部影視及流行音樂產業局（2018）。**2017 影視廣播產業趨勢研究調查報告—電視產業**。https://mocfile.moc.gov.tw/files/201812/25c5a51a-654f-41f6-8684-ada419092d49.pdf（查閱時間 2019/2/25）

中央廣播電臺。**敘利亞撤軍**。https：//www.rti.org.tw（查閱時間 2019/2/19）

中時電子報。**敘利亞內戰**。https://www.chinatimes.com/realtimenews/20180415001156-260408（查閱時間 2019/2/19）

全球媒體室 / 大愛電視臺。https://globalmedia.fandom.com/wiki/%E5%A4%A7%E6%84
　　%9B%E9%9B%BB%E8%A6%96%E5%8F%B0（查閱時間 2019/2/25）

證嚴法師（2009）。「教富濟貧」與「濟貧教富」。**慈濟月刊 507 期**，隨師行記。
　　http://www.tzuchi.org.tw（查閱時間 2019/3/31）

慈濟基金會全球資訊網。http://www.tzuchi.org.tw/2017-11-20-00-12-02/2017-11-20-00-
　　08-46/%E5%9F%BA%E9%87%91%E6%9C%83%E7%B0%A1%E4%BB%8B（查閱
　　時間 2019/2/25）

維基百科。**慈濟基金會**。https://zh.wikipedia.org/wiki/%E6%85%88%E6%BF%9F%E5%
　　9F%BA%E9%87%91%E6%9C%83 （查閱時間 2019/2/25）

維基百科。**釋證嚴**。https://zh.wikipedia.org/wiki/%E9%87%8B%E8%AD%89%E5%9A
　　%B4（查閱日期 2019/2/26）

維基百科。**紀錄片**。https://zh.wikipedia.org/wiki/%E7%B4%80%E9%8C%84
　　%E7%89%87
（查閱時間 2019/5/16）

維基百科。**敘利亞內戰**。https://zh.wikipedia.org/wiki/（查閱時間 2019/2/19）

第 3 章

系譜和歷史
表演藝術產業之明華園戲劇團

周德禎

Creative

Cultural

Industry

前言

　　在臺灣 15 個類別加 1 個其他類別的文化創意產業中，「音樂及表演藝術產業」所占的比重，從營業額來說並不大，以《2017 臺灣文化創意產業發展年報》（文化部，2018：26）來看，約占文創產業總營業額的 2.77%。但是它在人們社會生活中，卻有獨特性值得討論。表演藝術是個奇特的領域，喜歡把自己奉獻在舞臺上的表演者，對於美感、心靈的悸動、人類生活境遇或社會百態，有許多的體會，因而很想藉著肢體、聲音、語言，去表達個人的想法，去接觸其他人，以便形成連結或得到讚賞，或者喚起人們共同的記憶及感受，去激發人們共同的感動。奇妙的是，他們常常會得到回響，觀眾會在觀賞表演中，產生認同的共鳴和感動，得到意外的驚喜，或經由觀賞的經驗，洗滌並釋放情緒，甚至傷痛獲得療癒。這也就可以解釋為什麼只要有傑出的表演者或表演團隊，人們總會趨之若鶩；也可以解釋不論報酬的多寡，總有人嚮往參加演出。因此這個領域的重要性，應該同時從心靈與精神的需求，以及票房高低兩方面來評估。

　　本文將從兩方面來談表演藝術產業，首先是從 SCP 分析看臺灣表藝產業的概況，其次則是從這個產業中選出一個成功的案例（明華園），剖析它成功的關鍵因素。

壹　音樂及表演藝術產業 SCP 分析

　　市場結構—市場行為—市場績效模式（Structure-Conduct-Performance Model），由美國哈佛大學產業經濟學家 E. S. Mason 提出，提供一個因果關係的理論，來解釋公司經由經濟行為在市場上的營運表現。根據這個模式，市場環境對市場產業結構會有直接的、短期的影響，市場結構又

會影響公司經濟行為，進而影響公司在市場上的表現。接著回饋反應發生，公司表現又影響了公司行為和市場結構（陳正倉等，2009：5）。簡言之，該模式提供一個具備具體環節及系統邏輯體系的產業分析架構：結構－行為－績效。基本意涵是市場結構決定企業在市場中的行為，而企業行為又決定其在市場運作中各方面的經濟績效，並產生回饋變化。

　　臺灣的表演藝術產業包含四個次類別：音樂、舞蹈、現代戲劇和傳統戲曲，每個次類別的屬性差異很大，受限於篇幅，很難作完整的分析。我在這裡採用 SCP 分析架構，但只簡要的討論該產業的概況，以及將要特別聚焦討論的個案明華園在其中的一些表現。在這裡，市場結構將衡量市場集中程度並討論市場趨勢；企業行為則以產品策略、行銷策略來衡量；市場績效則以財務面相關指標，例如營業額及年成長率來衡量。

一、行業結構（Structure）

　　從產業鏈來看，表藝及音樂產業上游包含教學、創作、表演內容設計的創意形成端；中游包含舞團、樂團、劇團，以及周邊造型、服裝設計、舞臺及燈光設計、舞臺架設及平臺架設等生產端；中下游包含藝術經紀事業、售票行銷服務等傳播端；下游則包含室內及戶外展演設施行業等展示端產業。

　　首先，我們來看這個產業市場集中程度。文化部《2013 臺灣文化創意產業發展年報》並未對次類別產業家數分別統計，所以此處使用 2012 年報數據來作分析（見表 3-1）。

表 3-1　2007-2011 年音樂及表演藝術次產業家數

（單位：家、百分比）

次產業		2007	2008	2009	2010	2011
戲劇教育	家數	-	-	1	2	3
	成長率	-	-	-	100%	50%
音樂教育	家數	1	6	11	19	29
	成長率	-	500%	83.3%	72.7%	52.6%
舞蹈教育	家數	2	6	12	18	22
	成長率	-	200%	100%	50%	22.2%
劇團、舞團	家數	197	218	255	280	302
	成長率	-	10.7%	17.0%	9.8%	7.9%
音樂演奏	家數	126	143	150	186	205
	成長率	-	13.5%	4.90%	24.0%	10.2%
其他藝術表演	家數	303	343	385	457	512
	成長率	-	13.2%	12.2%	18.7%	12.0%
節目安排、演出代理	家數	514	493	474	479	477
	成長率	-	-4.1%	-3.9	1.1%	-0.4%
服裝指導服務	家數	7	7	7	7	9
	成長率	-	0%	0%	0%	28.6%
燈光指導（設計）服務	家數	36	35	31	34	32
	成長率	-	-2.8%	-11.4%	9.7%	-5.9%
籌辦藝術表演活動	家數	25	84	130	236	322
	成長率	-	236%	54.8%	81.5%	36.4%
藝術表演監製	家數	-	3	6	8	13
	成長率	-	-	100%	33.3%	62.5%

資料來源：文化部 2012 臺灣文化創意產業發展年報。

　　根據上述這個統計可以看出三個特色，第一是臺灣表演藝術產業的家數從 2007 年的 1,211 家，增加到 2011 年的 1,926 家，成長 59%。生產

端——表演團隊也有大幅成長，劇團、舞團、音樂演奏及其他表演藝術家數，從 2007 年的 626 家增加到 2011 年的 1,019 家，成長 62.8%。即使只看劇團、舞團這個與本文息息相關的次類別，從 2007 年到 2011 年，家數年年都有顯著的成長，在 2011 年達到 302 家，表示這不是一個獨占或寡占的市場，市場情況是完全開放競爭。歷年來愈來愈多的表演團體投入這個行列，顯示業者認爲臺灣社會是表演藝術的沃土，表演藝術日益受到觀眾的喜愛，在市場的開拓有極大潛力，文化部出版的《2013 臺灣文化創意產業發展年報》統計出本產業總家數在 2012 年已達到 2,200 家。

　　第二個特色是節目安排、演出代理的公司家數從 514 家降到 477 家，但是籌辦藝術表演活動的藝術經紀產業家數，卻從 25 家增加到 322 家，藝術表演監製家數也從 0 增加到 13 家，意味著單純安排演出的代理模式減少，逐漸走向一個專業製作和專業經紀制度的模式，表示這個產業已經從單一團體包辦所有演出事務，走向跨界、跨領域的合作，引進更多大型製作經營管理的眼光和能力。《2013 臺灣文化創業產業發展年報》統計顯示，藝術表演活動籌辦與監製行業，對本產業成長貢獻度最高，達到 10.64%，而劇團產業成長貢獻度只有 0.61%（文化部，2013：59）。

　　不過，在這個區塊，目前所看到的比較是偏向代理國外節目引進臺灣，卻沒有看到將臺灣表演藝術節目推向國際。由此可以看出我們欠缺國際演出經紀代理公司，他們能精通國際語言並嫻熟國外市場藝術品味，以便爲合適的臺灣表演團體負責國外演出行銷事務。我們表演藝術產業國際化的腳步，是需要更加把勁的。

　　第三個特色是藝術教育、音樂教育、舞蹈教育的市場熱絡起來，藝術團體開辦民間教育的興趣大幅增加，這可以視爲一種藝術家和觀眾的積極正向的關係經營管道，也可以是一種培養潛在消費者的行爲。

　　2012 年以後至 2018 年，音樂與表演藝術產業的結構又有哪些變化呢？根據 2018 年年報（文化部，2018：89），最顯著的是廠商大幅增加。2012 年廠商家數爲 2,453 家，2013 年 2,788 家，2014 年 3,156 家，2015

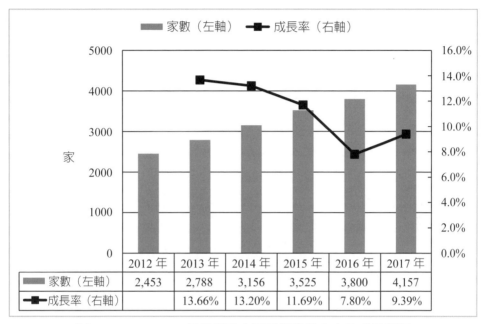

圖 3-1　2012-2017 年音樂及表演藝術產業之家數成長概況

資料來源：文化部 2018 臺灣文化創意產業發展年報。

年 3,525 家，2016 年 3,800 家，2017 年 4,157 家，增加 1,704 家（如圖
3-1）。其中又以工作平臺架設工程、民俗藝術表演、戲劇創作、其他創
作及藝術表演輔助服務、其他藝術表演、音樂教學、舞蹈教學、戲劇教學
等次產業家數呈現雙位數的成長較為明顯。

　　以目前音樂及表演藝術產業在各環節的發展看來，新興的特色如下：
(1) 開放式展演形式，演出場域無界限；(2) 跨域內容崛起，節目類型多元
化；(3) 結合新興科技與社群媒體，觀演節目新模式；(4) 藝術節慶主題與
形式多樣（文化部，2018：93）。

二、企業行為

　　企業行為以明華園為例。我們分別談它的產品策略和行銷策略。

㈠ 提高品質的產品策略

1990 年代以後臺灣歌仔戲開始朝向「劇場歌仔戲」發展，各劇團競相比拚，尋求進入大型國家或地方劇場舞臺表演，並且以精緻化作爲戲劇製作的訴求。以明華園來說，在總團長陳勝福帶領下，積極建立企業化經營管理制度，成功地打響「戲劇世家」的招牌。他們創出自家擅長的奇幻神仙劇目，一系列開發出濟公、八仙、封神榜、白蛇傳等劇，都能以驚奇魔幻的聲光特效，絢麗多變的機關砌末，嘻笑戲謔的人物刻劃，將舞臺烘托得熱鬧非凡（蔡欣欣，2005）。陳勝福在接受訪問時說：「多戲多人看。」同行之間的競爭並無須擔心，他說：「拉高品質才拉得住觀眾。」（張瓊慧，2003：78）所以爲了在諸多歌仔戲團中脫穎而出，他採用的產品策略是：提高品質、建立特色。像 2013 年歲末，明華園應臺中市政府文化處之邀請，傾力製作的大戲《媽祖》，便是充分發揮自己的特色，以神仙傳奇劇情、數位科技的聲光特效，以及舞臺延伸至觀眾區的身歷其境效果，呈現他們獨到的演藝魅力。這種產品策略長期經營下來，劇團具備藝術實力建立了自己的風格，也形塑了自我的品牌形象。

㈡ 強化行銷的經營策略

明華園深刻體認歌仔戲觀眾的偶像崇拜及明星效應，所以在行銷上非常重視孫翠鳳的戲迷組織。在網路上除了有明華園官網，還有孫翠鳳部落格，長期經營鳳迷跟偶像的互動。在孫翠鳳臉書上，有她本人最新的動態，除了她的演出和排練，還有她參加慈善活動例如寒天送暖活動，與捐助及接待非洲兒童來臺灣學習，或是去社區與學校指導推廣歌仔戲等等。通過臉書，鳳迷們可以隨時知道她的一舉一動，舉凡她身體和心情的各種變化，都深深地牽動著粉絲的情緒。明華園行銷策略裡面，網路行銷是他們極大的重點。

明華園還有一個積極的行銷理念，就是他們有時會提供免費的看戲

機會，像在各縣市文化中心前的廣場舉辦露天大型表演，觀眾全部免費觀賞，當家小生孫翠鳳也會親自演出，全團演員不會因爲這是免門票演出就掉以輕心。這些活動增加歌仔戲的影響力，也打響明華園的名號，替他們累積許多潛在觀眾，培養了未來的消費者。

三、營運績效

我們從各個次產業的營業額和成長率來看營運績效（見表 3-2）。

表 3-2　2008-2012 年音樂及表演藝術之次產業營業額

（單位：新臺幣千元、百分比）

次產業		2008	2009	2010	2011	2012
戲劇、體育及其他娛樂活動售票服務	營業額	-	23,287	23,095	24,013	25,875
	成長率	0	6.81%	-0.82%	3.97%	7.75%
戲劇教學	營業額	0	0	0	2,161	2,703
	成長率	-	-	-	-	25.08%
音樂教學	營業額	4,863	7,346	36,368	122,591	178,008
	成長率	52.6%	51.1%	395.0%	237.1%	45.20%
舞蹈教學	營業額	9,703	11,927	24,819	35,077	24,611
	成長率	-	22.92%	108.09%	41.33%	-29.8%
戲劇創作	營業額	0	0	0	0	0
	成長率	-	-	-	-	-
劇團	營業額	845,764	629,326	840,350	819,175	880,620
	成長率	-	-25.59%	33.5%	-2.52%	7.50%
舞團	營業額	38,120	42,594	47,952	39,677	43,384
	成長率	-	11.74%	12.58%	-17.26%	9.34%
音樂表演	營業額	833,489	1,357,939	1,011,058	969,778	769,655
	成長率	-	22.2%	-24.4%	33.4%	-3.7%
民俗藝術表演	營業額	1,794	3,300	3,128	3,128	3,481
	成長率	-	83.95%	-5.21%	0.00%	11.29%

（續上表）

次產業		2008	2009	2010	2011	2012
其他藝術表演	營業額	1,866,175	1,814,871	2,103,720	2,540,456	2,578,154
	成長率	-	-2.75%	15.92%	20.76%	1.48%
藝術表演活動籌辦與監製	營業額	4,183,994	3,801,341	4,397,948	4,894,405	5,964,931
	成長率	-	-9.15%	15.69%	11.29%	21.87%
服裝指導、表演造型設計	營業額	14,528	21,058	19,937	24,209	27,422
	成長率	-	44.95%	-5.3%	21.43%	13.27%
燈光、舞臺設計服務	營業額	315,924	392,524	591,772	776,092	742,403
	成長率	-	24.25%	50.76%	31.15%	-4.34%
未分類其他藝術表演輔助服務	營業額	335	1,211	2,564	14,939	9,149
	成長率	-	261.49%	111.73%	482.64%	-38.76%

資料來源：文化部 2013 臺灣文化創意產業發展年報。

　　回顧 2008 至 2013 年音樂及表演藝術產業的狀況如下：

　　《2013 文化創意產業發展年報》（文化部，2013：60）指出，從 2008 到 2012 年音樂及表演藝術產業整體產業營業額從 86 億元成長到 111 億元，然而從上面這個統計表來看，劇團、舞團、音樂表演、民俗藝術表演及其他表演藝術五者的營業額，從 2008 年 41 億元，成長到 2012 年的 42 億元，市場成長有限。

　　2012 年「其他藝術產業」一個類別營業額就占 25 億元，而劇團只占 8 億元，可見戲劇表演的市場不大。另外，2008 年劇團營業額為 8.4 億，2012 年營業額為 8.8 億，4 年來只成長 4,000 萬，以數以百計的劇團業者來看，這種狀況可能可以「慘澹經營」四字來形容。其次，藝術表演活動籌辦與監製的營業額高達 59 億元，這意味著藝術經紀代理及行銷的所得大於表演團隊，表演者所得（42 億）不如經紀人所得，這樣失衡的發展是否會引起表演團體的挫折感呢？還有一個較獨特的現象是，音樂表演類在整體產業表現中，是負成長相當嚴重的一類──2012 年負成長

3.7%，但是同年音樂教學類營業額則達到 1.7 億元，相較於前一年成長
45.20%，這個現象顯示，消費者雖然不傾向於購票欣賞音樂表演，但在
培養下一代音樂薰陶上非常積極，激勵市場生氣蓬勃，這個音樂教學商業
化的發展趨勢，極可能促成未來邁向公司化。最後，2013 年報指出，表
藝產業 2008 年外銷金額為 1.94 億元，2012 年則不到 1 億元，下降為 0.83
億元。沒有任何次產業的外銷收入超過該產業的 2%，整體外銷營業額占
總產業營業額1%，顯示本產業仍是以內銷市場為主，外銷經營非常艱困。

　　整體而言，次產業成長超過 20% 的類別是戲劇教學、音樂教學、藝
術表演活動籌辦與監製。但是在音樂表演、舞團、劇團、民俗藝術表演、
其他藝術表演，成長不多，顯示這些藝術團體經營上都面臨相當的困難。

表 3-3　2012-2017 年音樂及表演藝術產業之次產業營業額

（單位：新臺幣千元、百分比）

次產業		2012 年	2013 年	2014 年	2015 年	2016 年	2017 年
工作平臺架設工程	營業額	1,023,108	1,128,564	1,287,461	1,338,630	1,545,635	2,226,518
	成長率	-	10.31%	14.08%	3.97%	15.46%	44.05%
其他創作及藝術表演輔助服務	營業額	388,121	402,122	669,730	1,730,488	1,567,991	2,503,828
	成長率	-	3.61%	66.55%	158.39%	-9.39%	58.68%
民俗藝術表演	營業額	4,804	7,528	10,760	13,461	21,864	32,130
	成長率	-	56.71%	42.93%	25.10%	62.43%	46.95%
其他藝術表演	營業額	2,542,972	2,651,165	2,857,332	3,060,757	3,053,324	2,884,738
	成長率	-	4.25%	7.78%	7.12%	-0.24%	-5.52%
其他藝術教育	營業額	200,124	217,769	252,224	255,636	291,348	354,958
	成長率	-	8.82%	15.82%	1.35%	13.97%	21.83%
服裝指導、表演造型設計	營業額	43,097	59,757	57,342	73,125	73,952	76,739
	成長率	-	38.66%	-4.04%	27.52%	1.13%	3.77%
音樂表演	營業額	710,161	860,432	522,159	1,648,873	505,024	543,735
	成長率	-	21.16%	-39.31%	215.78%	-69.37%	7.67%
音樂教學	營業額	184,426	192,801	281,648	323,698	328,464	326,929
	成長率	-	4.54%	46.08%	14.93%	1.47%	-0.47%

（續上表）

次產業		2012 年	2013 年	2014 年	2015 年	2016 年	2017 年
舞團	營業額	46,981	56,945	59,986	63,333	56,721	40,558
	成長率	-	21.21%	5.34%	5.58%	-10.44%	-28.49%
戲劇教學、舞蹈教學	營業額	26,590	37,645	44,027	48,842	57,722	52,546
	成長率	-	41.57%	16.95%	10.94%	18.18%	-8.97%
燈光、舞臺設計服務	營業額	989,183	1,022,289	1,301,725	1,338,051	1,455,288	1,787,304
	成長率	-	3.35%	27.33%	2.79%	8.76%	22.81%
戲劇、體育及其他娛樂活動售票服務	營業額	24,709	35,322	52,065	53,415	69,667	48,465
	成長率	-	42.96%	47.40%	2.59%	30.42%	-30.43%
劇團	營業額	896,132	1,059,320	724,781	816,052	784,421	949,911
	成長率		18.21%	-31.58%	-	-3.88%	21.10%
戲劇創作	營業額				51,362	25,582	61,649
	成長率				-	-50.19%	139.82%
藝術表演活動籌辦、監製與經紀	營業額	5,775,503	7,220,117	8,113,429	9,713,413	9,053,888	11,297,120
	成長率	-	25.01%	12.37%	19.72%	-6.79%	24.78%

資料來源：文化部，2018 年文化創意產業發展年報。

　　從 2012 年以後至 2017 年，表演與藝術產業有大幅度的成長。根據《2018 臺灣文化創意產業年報》（文化部，2018：88），2017 年音樂及表演藝術產業的廠商家數爲 4,157 家，較 2016 年增加 9.39%，其中以藝術表演活動籌辦、監製與經紀的廠商家數較多，占 34.69%。營業額方面，2017 年音樂及表演藝術產業的營業額大幅成長 22.74%，至新臺幣 231.87 億元，爲近 6 年新高。在內外銷表現方面，本產業仍以內需市場爲主，2017 年內銷金額爲新臺幣 218.80 億元，占整體營業額 94.36%；而外銷金額則呈穩定成長的態勢，2017 年達 13.07 億元，爲近 6 年新高，主要是因近期部分國內藝文團體會至海外市場演出，以及舞臺搭建、架設等相關衍生輔助服務業別持續承接海外演出活動之訂單，因而帶動外銷金額成長。

　　在廠商經營年數方面，以資本結構來看，資本額在新臺幣 100 萬元以下的家數占整體產業的 69.18%，但營業額僅占 23.01%，而資本額在 1 億元以上的廠商，營業額約占 13.61%，表示這個產業的團體及業者仍以中小規模為主，營收表現相對有限。以分布地區來看，音樂及表演藝術產業廠商仍集中於大臺北地區約占 50.23%，且營業額約占 76.86%，最主要是因為我國藝文消費市場仍集中在大臺北地區，根據兩廳院售票系統數據顯示，大臺北地區民眾購票人數約占五成左右，不過近年各地區場館的增加與推動，有助持續培養民眾付費觀賞節目的習慣。

　　在表演藝術傳播行銷端業者（包含民間售票系統業者）統計，2017 年營業額為新臺幣 28.08 億元，較上一年度大幅成長 43.57%，顯示 2017 年不論是藝術活動舉辦或售票服務業者的營收均較上一年度提升。另一方面，根據音樂及表演藝術節目代表性的售票系統 —— 兩廳院售票系統數據顯示，戲劇、音樂、舞蹈、親子與其他類別等節目，在 2017 年銷售收入約為新臺幣 12.1 億元，較 2016 年成長 5.87%，為近 5 年新高，此部分也與近期新場館投入營運，規劃相關系列節目活動，使得演出內容多元有關。各類型節目銷售表現，以戲劇節目的占比最高，約占 52.00%，銷售收入約為 6.30 億元，較上一年度增加 5.03%；其次是音樂節目占 31.27%，銷售收入為 3.79 億元。而近兩年增加幅度最多的類型為舞蹈節目，2017 年銷售收入為 1.18 億元，較去年大幅成長 56.24%。在臺中國家歌劇院、臺灣戲曲中心正式投入營運之後，提供相關藝文團體新的演出場域，增加演出機會，使得劇團及戲劇創作較上一年度大幅成長 21.10% 與 139.82%。

　　整體來說，隨著近年新場館如臺中國家歌劇院、臺灣戲曲中心，以及 2018 年 10 月正式開幕的衛武營國家藝術文化中心等正式投入營運，使北中南地區均有國家級表演藝術場館，表演藝術演出場域增加，有助於提升藝文團體巡迴演出的機會與演出檔期的安排（文化部，2018：88-92）。

　　以上是臺灣音樂及表演藝術產業的一個素描，一個表演團體如何能在這樣上下起伏的環境中，成功的站穩一席之地？這的確是大家都很想問的問題。以下我們來看看明華園的案例。

貳　明華園戲劇團之商業模式

　　商業模式（Business Model），是一家企業所經營事業的基礎模型，可以用 A. Osterwaider & Y. Pigneur（2010）的商業模式圖來理解（參見本書第 6 章商業模式之說明）。以這個模型，繪製出明華園的商業模式如圖 3-2。

　　明華園以歌仔戲演出作為劇團的主要營業項目，以總團為創作中心，另有 8 個子團和 4 個協力團，平常各自經營地方演出的機會，如果總

事業夥伴	主營業務	價值主張	客戶關係	目標客群
子團及協力團 舞臺設計及設備 提供者 公私營演出場地 提供者 票務行銷通路商	歌仔戲劇演出	傳統歌仔戲的傳承 創新的歌仔戲劇型式 從廟會演出，走向國家劇院，登上世界舞臺	鞏固忠實追隨者 走入校園培養新客群	傳統歌仔戲觀眾 年輕觀眾 不同語言國籍的觀眾
	關鍵資源		**通路**	
	國家表演藝術團隊補助 與企業界異業結盟合作 寺廟酬神演出		電視及廣播電臺、平面媒體、官網報導演出消息及售票管道 企業包場 廟會包場	
成本結構			**營收來源**	
人力（演員、行政管理人員、劇場工作人員薪資） 印刷 行銷宣傳 舞臺演出用品製作及倉儲			票房所得 出售周邊商品所得	

圖 3-2　明華園戲劇團的商業模式（作者繪製）

團有大規模演出，則徵召子團通力合作。新近明華園成立「風神寶寶兒童劇團」，專門針對兒童推展歌仔戲。

　　表演藝術產業的「價值鏈」是由「價值活動」所組成，可用來檢視組織內活動以及活動間的互動關係，它包括創作、演出、演出場地、行政暨技術支援、媒體、票務行銷、教學、周邊商品及其他（溫慧玟，2005）。明華園的商業模式也可以依此來說明。明華園劇團的導演陳勝國，曾經連續三年蟬聯全國地方戲劇比賽「最佳編劇獎」，他可以算是明華園創意力的代表人物之一，他整合過去多年外臺戲演出累積的許多即興創作靈感，以及資深演員在創意上的構想，來寫定完整的腳本。他們的演出，可以分室內、室外、國內、國外。演出機會有的是靠策展單位的活動企劃促成，例如臺灣各縣市政府舉辦的文化活動會邀請明華園演出；也可以自製節目，申請場地演出。至於國外的表演則需要靠國外藝術經紀公司的發掘或接洽，像明華園總團長陳勝福（張瓊慧，2003）提到，法國經紀人曾到鄉下看他們的戶外演出，對於現場觀眾人數之多和聚精會神觀劇的情緒印象深刻，因此奠定他們後來到巴黎，甚至紐約等世界大都會巡演的機會。

　　演出場地是明華園最大特色，不論是國家劇院或廟口前臨時搭起的舞臺，他們都能欣然以赴，盡力演出。行政暨技術支援方面，包含劇場技術服務、器材租借、燈光音響與場地管理、行政票務管理，這些事務明華園有些有自己合作的公司或協力廠商，有些由表演場地提供協助，都由行政部門管理。媒體方面則要搭配媒體服務廠商、電視廣播服務、廣告委刊、公關活動規劃。票務和行銷方面包括票務服務廠商、票務通路、行銷公關企劃、行銷宣傳。教學活動方面，設立教學教室，明華園主要演員會開辦一些國小義工媽媽及小朋友的歌仔戲薪傳教學。另外也開發和表演相關的周邊商品，例如海報、紀念品、書籍、演出 DVD，一來加強和觀眾的聯繫，二來擴充市場的觸角。其他並積極尋求贊助單位、贊助活動、策展活動等。

參　明華園戲劇團之系譜與歷史

　　明華園戲劇團在臺灣久享盛名，學術論文對它的探究也不少，但是從文化創意產業角度，把它當成一個個案來做分析倒也不常見。本文將從人類學家阿帕度萊（Arjun Appadurai）提出的「系譜」與「歷史」的概念，來談明華園戲劇團的文化力、創造力和經營力。此處有關明華園的分析，是根據相關的文本資料、影音資料及網路資料。

　　所謂系譜和歷史，阿帕度萊在《消失的現代性》（*Modernity at Large*，1996，鄭義凱譯，2009）裡，談到這兩個詞彙的定義，他說：「歷史帶領你向外，將變遷的形態不斷連結到更大的互動宇宙裡；系譜帶領你向內，引向文化傾向與風格，它們可能牢牢地嵌附在地方制度和地方慣習的歷史之中。」（p.105）他所說的系譜並不是實際的家譜或族譜，而是向內透視一個家族或組織內在傳遞的特有傾向和風格，和詮釋人類學家葛慈（Clifford Geertz）（方怡潔等譯，2009）所說的「文化系譜學」類似。阿帕度萊所說的歷史，也不是年代大事記，是指這個家族或組織，在大時空中因為接受全球緊密相關的波動洗禮，感受到政治經濟格局的變化，故而應運而起產生組織文化變遷的「文化歷史學」。我在這裡是把「文化系譜學」視為內部的傳承，也就是一個團體或組織的在地性，包含它的價值觀、信念和延續，這裡的重點是明華園的重要人物，她／他們的特質，以及他們在組織發展中的意義。其次，我把「文化歷史學」視為組織所處的時空脈絡，它在全球化及在地化的位置，重點放在明華園隨著臺灣社會脈動與全球變遷，所產生的變革軌跡及其創新與超越的作為。

一、明華園的文化系譜學

　　歌仔戲是 19 世紀末葉發源自宜蘭的臺灣傳統戲曲，起初是二、三個人表演的落地掃、歌仔陣，後來在 20 世紀初葉各地民眾盛行組成業餘或職業戲班，用參雜文言文的閩南語，以歌謠小調的方式，隨著聘戲的邀

請，到處演出流傳民間的忠孝節義故事。

在 1920 至 40 年代之間「上海京班」和「福州班」來臺表演，他們的舞臺設計有「機關布景」，並且演出以「連臺本戲」為主。本地歌仔戲受此影響，也開始製作透視畫法的繪畫軟景，搭配著同樣的繪畫硬景片，構置出廳堂、房間、金殿、花園……等場景，並強調配合聲光的「變景」，成為歌仔戲新特色。原來演出形式簡單的歌仔戲，逐漸加入各地戲劇元素，例如高甲戲、京劇、北管戲等，劇本也從小戲、文戲，增加為連本大戲和武戲，慢慢發展成具備完整的戲曲形式，且愈來愈受民眾喜歡，於是從野臺戲走入都市的戲館，變成內臺歌仔戲，這樣的盛況大約從 1925 年持續到日治時代的後期（楊馥菱，2002）。

明華園的創辦人陳明吉生於 1912 年，那時候的臺灣被日本統治，人民生活窮困，陳明吉 13 歲的時候隨戲班離家，但是因為好學且資質聰敏，18 歲時即成為班主，帶團演出。1937 年以後因為日本侵華戰爭開始，皇民化運動日盛，為改造臺灣人的思想，限制歌仔戲的演出，許多歌仔戲團被勒令解散，陳明吉的「金和興」班也遭到這個命運。但是不久陳明吉東山再起，改團名為「明華」繼續演出。雖然被迫也要演皇民化劇，他還是經常偷偷演出「陳靖姑」、「薛丁山征西」、「唐明皇」等傳統劇。演員將和服穿在裡面，外面穿戲服，一有狀況脫掉外服，應付日本警察眼目。有一次小旦換裝不及，被日警當場逮住，陳明吉挺身而出，結果他被日警怒斥一頓，並挨了一記耳光，這是他最難忘的忍辱負重的日子。邱婷（1995）訪問陳明吉先生，在一生演戲生涯覺得最苦的是什麼時候？他回答，日據時代最苦，因為「生活的苦不算苦，一個人的思想、自由受控制、壓抑才是苦。」（頁 24）他經歷那樣的艱困處境，勉強求生存、求演出，的確是一位有膽識、有見識、能屈能伸的堅毅藝術家。

臺灣光復之後，原來一直苦撐的「明華」終於得到新鮮空氣，這時陳明吉在明華之後加一「園」字象徵家族興旺之意。明華園在光復後第二天就受邀到臺南「龍館戲院」，連演 52 場，場場爆滿，真是風光無比。此

後 10 年是明華園的黃金時代,直到電視歌仔戲搶走許多傳統戲的觀眾,明華園才又開始進入慘澹經營的時期。不過在陳明吉團長率領下,明華園曾於 1960 年以《劉唐賣江山》獲戲劇比賽冠軍,1973 年以《陸文龍》再獲冠軍(邱婷,1995)。

　　總結陳明吉的生平,我認為他為打造明華園這頂皇冠奠定了可貴的基礎。一是他整併當時臺灣各地曾流行的各種戲種,例如:高甲戲、白字戲、亂彈、四平、南管,各種曲調劇目、關目排場的精華,為歌仔戲藝術內涵奠定較寬廣的文化底蘊。二是他秉持著「顛沛亦如是,流離亦如是」的忍辱負重精神,不懼風霜苦難,始終如一的維持著明華園登臺表演的傳統,撐過日據時代精神桎梏的低潮期,忍耐過電視時代流風丕變的威脅期,維持著這個古老劇團絃歌不輟、傳唱不絕,也給後代一個根據地,能重整旗鼓,更上層樓。如果沒有這樣一位傳奇的開拓者,就沒有後面花繁葉茂大事業的出現。他可以說是明華園文化力的代表人物,他在表演藝術上的才華和刻苦堅毅的性格,在文化系譜裡面擔任著開創和堅持的重要面向。

　　接著說到陳勝福。

　　陳勝福 1953 年出生於臺南,是陳明吉的第三個兒子。一生沒有唱過戲,沒有上過臺,但是卻是明華園戲劇團的製作人和團長。雖然在 1979 年時,他就奉父命接任團長之職,但是之後幾年卻一直在臺北經營電影公司,製作《大地勇士》等多部賣座影片。後來電影公司遭到財務危機,他才回到明華園執掌團務。第一部成功之作是 1982 年的《父子情深》,獲得全國地方戲劇比賽總冠軍,1984 年又以《濟公活佛》再度獲得冠軍。《濟公活佛》這齣戲曾在 1990 年征服北京亞運藝術節的大陸觀眾,1994 年又在法國巴黎演出,更是讓外國人對臺灣歌仔戲刮目相看(張瓊慧,2003)。

　　他製作的另外一齣大戲是《超炫白蛇傳》,用 400 噸的大水柱噴灑觀眾席,演出真實的水漫金山寺,觀眾們要穿雨衣觀劇,女主角白蛇和青

蛇更以鋼索吊上 3 層樓高空，在空中載歌載舞。這部戲從 2005 年問世以來，成為臺灣端午節必演的重頭戲，年年隨著明華園到全臺不同縣市搬演，觀眾們就擠進該縣市觀看。甚至在 2010 年「臺北上海雙城文化創意產業博覽會」時，該劇也曾在上海虹口大型體育場演出，一場戲容納 3 萬觀眾。為了避免被抱怨每個演員都小得像布袋戲偶，觀眾根本看不清楚在演什麼，陳勝福運用高端的數位科技和特殊設備，使得坐在最後一排觀眾都可清楚看到孫翠鳳的臉部表情。

1997 年老團主陳明吉先生過世，陳勝福接掌「明華園戲劇總團」總團長職務，但因為家族核心的老爹不在，明華園一度面臨分家危機。陳勝福為將明華園團結在一起，便重新協調規劃，創立八大獨立子團由第二代或第三代的子女接掌子團團務，在「明華園」三字之後加上「天、地、玄、黃、日、月、星、辰」為各子團團名。並有繡花園、勝秋團、揚明園、藝華園等 4 個協力團隊，共計 12 團，散居於臺灣各地，獨立經營運作，當總團公演時就號召子團配合演出。

陳勝福擅長人事管理、財務行政、劇場劇務、市場行銷的全方位經營管理，在時代潮流的激盪中，是臺灣第一個以現代化、企業化、制度化手法經營傳統劇團的人，他從重視人事穩定、團體紀律出發，力求明華園表藝事業的精益求精。其獨到的、創新的經營哲學，開創了傳統藝術嶄新的契機。他主張明華園沒有明星，所有演出機會、吃重工作，人人平等，改革一般戲團團主喊不動大角色的無力感。每個表演的日子，卡車一到現場，導演、當家小生、大小演員、壯男弱女，全都捲起袖子，卸戲籠、下布景。吃飯的時候一律平等，人人一個便當。陳勝福對內嚴格執行嚴明的紀律，建立團員們極強的向心力。

明華園戲劇總團官網（2013）的統計，在陳勝福的帶領下，臺灣 2,300 萬人中，至少有 1,200 萬人知道明華園、600 萬人看過明華園。只要一片空地，明華園可以自己搭起舞臺在任何地方演出，大都市、小鄉鎮、校園、外島、醫院、監獄等，年長的長輩、社會的中堅分子、年輕的

新世代、牙牙學語的小朋友，都能深深被明華園所吸引，創下單場超過
10 萬人爭睹的傳奇紀錄。

　　陳勝福是明華園這頂皇冠的打造者，他是如何完成這個任務的？我認
為，他的經營哲學是重視傳統、繼承傳統，並且超越傳統。陳勝福重視明
華園的傳統和整體團結，他談論明華園總是細數明華園從父親創團以來的
歷史，而不會只談自己的成就（張瓊慧，2003）。他也不因為臺柱孫翠鳳
是他的妻子而有所偏重，反而常常讚美肯定他弟弟陳勝國的編導才能及陳
勝在的丑角絕活。對於家族的傳承維繫和緊密團結是他固本之處。其次，
他重視觀眾感受，他會從每一個不同觀眾的角度來調整演出的內容、形式
或演出的劇目，以確保演出水準符合甚至超過觀眾的要求。因為這樣重視
觀眾的反應，使明華園的表演能隨著時空不同、觀眾要求不同，不斷突破
傳統的侷限。此外，他重視表演的機會，他會去接工地秀、會去跟每一個
邀請單位作演出簡報，也不因為明華園已有國家劇院的水準，就拒絕廟會
及戶外演出的邀請。商業演出在維繫這個劇團的生存上固然重要，在維持
這個劇種的存在上也舉足輕重，在擺脫政府扶植、獨立自主健全發展上，
更是重要。一般表演藝術團隊失去政府補助或獎勵，就失去市場競爭力，
而無法長期持久發展，明華園在這方面更顯得成果突出。

　　Lidia Varbanova（2013）在《藝術產業經營策略》一書中說：「藝術
總監是在組織內部工作，平衡藝術家和觀眾的要求；藝術企業家是在組織
外部工作，他是企業的開創者和目標完成者。有時在發展的階段，企業家
也必須同時是總監，因為他既需要設定內部程序和制度，同時又必須創造
企業氛圍，促成創新，把握契機。」（p.14）這個說法在陳勝福身上得到
印證，他的頭銜是總團長，而實際上他既是明華園的藝術總監，也是明華
園企業主，是明華園經營力的代表人物，在文化系譜上，他擔任著傳承和
再創高峰的面向。

　　接著談到明華園的臺柱孫翠鳳。

　　孫翠鳳的父親孫貴出生於河北省，幼年跟著技藝團來到臺灣，後來

因為兩岸隔絕無法返回大陸，遂在臺灣落地生根，到歌仔戲班助陣演出武生的角色，他扮相俊美、功夫了得，但是因為臺語不流利，沒有什麼發展。後來娶了歌仔戲團長二女兒陳玉桂，在 1958 年生下孫翠鳳。孫翠鳳小時候跟著父母搬到臺北住，就讀北士商的時候，長得容貌美麗，身材高挑，擔任樂隊隊長，生活多采多姿。畢業後到貿易公司上班，是個時髦快樂的都會女子。孫媽媽的姊姊陳水涼是明華園團長的夫人，她的兒子陳勝福到臺北當兵愛上了表妹，兩人相愛結婚，那時孫翠鳳 24 歲（黃秀錦，2000）。

　　婚後第二年，陳勝福的電影公司垮了，負債累累，孫翠鳳又突然失去六個月大的愛子，於是人生突然跌入谷底。26 歲的她，懷著三個月的身孕，回到屏東潮州的明華園。她發現明華園的媳婦個個都有好本領，大家都能輕而易舉翻上載運舞臺道具及演出戲箱的大卡車，夜裡睡在戲箱上，有時卡車震動得厲害，人還會從睡夢中跌落下來，但是白天到了目的地，還是一樣神采奕奕地在廟口搭臺演戲。又聽說她的婆婆在生她先生陳勝福的時候，唱到陣痛才趕緊衝下臺生產；其他妯娌也都能挺著八個月身孕繼續翻滾演出，演到哪個城鎮，就在哪裡生孩子。生完孩子，月子還沒做滿，就又帶著奶瓶尿片出團演戲去。

　　孫翠鳳經過兩年多跟著戲班跑龍套，觀摩演藝人生，在生完兩個女兒、自己 28 歲之時，下定決心要做個優秀的歌仔戲演員，於是加入 10 多歲少年演員的訓練行列，既不怕吃苦也不怕被訕笑，和他們一起下苦功拉筋練劈腿，學講臺語練唱腔和身段。藉著不斷地爭取上臺機會，從即興式的野臺戲表演中磨練自己，直到累積出一身真功夫。她 28 歲時第一次在《劉全進瓜》這齣戲中擔任第一女主角，31 歲在《財神下凡》中擔任第一小生，32 歲在明華園赴北京參加亞運藝術節時，演出《濟公活佛》獲得佳評如潮，從此成為明華園當家小生，開始在各式各樣的舞臺上，一齣又一齣地上演連臺好戲（黃秀錦，2000）。

　　孫翠鳳成功地把自己打造為全才演員，我認為可以歸功於她努力做到

三件事。第一，不拘限於歌仔戲的傳統，以開放的胸襟吸收其他戲曲或舞臺表演的長處，提升歌仔戲的藝術水準，例如她向京劇演員學唱腔及身段和武功，跟民族舞蹈及現代舞老師學習舞蹈，而把這些美感經驗融入歌仔戲的演出中。第二，對於歌仔戲的劇情唱詞整理記錄，並深入探討反省、檢討改善。她雖然醉心歌仔戲的美，但是也敏銳的發現歌仔戲一些因循傳統產生的不合理劇情，她努力向前輩討教，向學者專家請益，和編導團長商討革新，慢慢的把劇情改得更合理，也愈來愈受觀眾喜歡。第三，淬鍊歌仔戲的美學境界，重視演員的品德。例如改掉胡撇仔戲的荒誕亂搭和野臺戲的貼紅紙賞金的不良習氣，回歸歌仔戲完整一貫的表演美感，和純樸喜樂的觀劇初衷，去除雜亂無章、和洋雜陳的胡鬧，以及拚場捧戲子的虛榮。

　　孫翠鳳的超人氣舞臺魅力，不僅是由於她的天賦優異，也不全是祖師爺賞飯吃，而是來自於她深刻浸潤、潛心萃取明華園戲劇團數十年來的文化積累，以及積極勤奮的向其他藝術形式吸取養分。她刻苦自勵、鍥而不捨、不斷超越的精神，更使她的舞臺藝術發出燦爛光芒，而深深得到廣大觀眾的喜愛。她是明華園皇冠上的那顆鑽石，因為她，明華園的舞臺閃閃發光。她在文化系譜上代表的是綜效力，擔任的是超越和登頂的面向。

　　如圖 3-3 所示，明華園文化系譜有三個內在面向，以皇冠作為隱喻

圖 3-3　明華園系譜的三個內在面向（作者繪製）

（metaphor）來形容明華園，則這頂皇冠是由兩代人接力完成，父親陳明吉以開創與堅持打下基礎，兒子陳勝福立志傳承與再創新局，媳婦孫翠鳳不斷超越身心極限，終於登上頂峰。

二、明華園的文化歷史學

此處我所說的「文化歷史學」（林開世，2003），是指當地人的文化觀點及外在世界政經觀點互相糾結的兩股力量和進程產生的對話。也就是說，我試圖從國家力量、資本市場、世界體系這些政治、社會、歷史變遷衝擊的過程，來討論明華園家族從創團到今日，這段期間他們如何詮釋自身的遭遇及採用哪些因應措施來求取生存，甚至發出光熱。

明華園從 1929 年至今（2019）已有 90 年歷史，我將其歸納爲七個階段。一開始在日據初期的小試啼聲期，其次是日據後期的壓抑和委曲求全期，再來是光復初期的風光十年期，接著遭逢電視歌仔戲的威脅進入黯然神傷期，然後遇到本土意識高漲，文化認同的轉向，到了好風借力時期，接著是全球化時代來臨，奮力躍上國際舞臺的成熟收穫期，最近則到了接棒傳承期。

㈠ 1920 年代小試啼聲期

1920 年代的外在政治社會環境，日本統治臺灣已經超過 25 年，統治初期所遭遇到的臺灣抗日風潮，已被日本強勢鎮壓而趨於穩定，日本當局開始普遍實施日式教育；此外，爲因應臺灣農產品集中向日本國內運送，鐵公路開通，都市化生活漸漸形成，但對於臺灣傳統的文化宗教活動尚持容忍態度，也准許大陸的京劇及其他戲班渡海來臺表演。曾永義（1993）指出，歌仔戲在這種時機下，一方面大量吸收不同劇種的長處，增加本身的內蘊；二方面由鄉間野臺進入城市戲館，發展出內臺演出的形式。

至於明華園的創始人陳明吉，他在 1925 年（13 歲）離開家跟隨戲班一邊學藝一邊表演，由於勤敏認眞，很快的生旦淨末丑都能上手。到

1929 年（18 歲）時，老班主去世，年輕的他因為扮相出眾、性格沉穩被推為班主。這段期間，各劇團彼此習染觀摩，他的「金和興」戲班也把當時流行的「白字戲」吸收進來，形成高甲、歌仔兼容並蓄的演出模式。當時臺灣南部有「南座」、「大舞臺」等戲院專供演出，所以他們也加入內臺演出行列（邱婷，1995）。在這一段政治局勢尚稱穩定的時間，陳明吉開始主導劇團的經營與方向，也接觸到劇院票房賣座高下的經營風險，這和野臺演出時，只要有人請戲，不必擔心觀眾多寡的情況頗為不同。這意味著班主必須同時肩負表演者和經營者的雙重角色，而劇團已經開始面對現代化、產業化的新式考驗。

(二) 1930、40 年代委曲求全期

1937 年蘆溝橋事變發生，先是中日戰爭開始，接著日本挑起太平洋戰爭，日本政府為促使臺灣人民全力支持戰爭，並將臺灣建立成南進東南亞的基地，在臺灣大力推動「皇民化運動」。這個運動對歌仔戲的要求就是「即刻斷然禁止臺灣戲劇」，實際行動上則要求歌仔戲演員說日語、穿和服，文武場不可用鑼鼓要用西式樂器，甚至以不倫不類的「改良劇」取代臺灣本土劇，或編一些宣傳武士道的劇本，強迫演出（曾永義，1993）。

這時候「金和興」班被迫解散，然而為全團人的生計，陳明吉另外以「明華」之名登記成立新劇團，這就是明華園的前身。在日據末期，「明華」掛的招牌是「臺灣新劇」、「臺灣歌劇」或「皇民化劇」。日語稱歌劇為「opera」，臺語讀起來像胡撤啦之音、胡亂來之意，皇民戲很多也就是日式穿搭胡亂演出，因此出現「胡撤仔戲」的形式。

在這段陳明吉認為一生中最艱苦的時期，「明華」劇團委屈地在日本高壓箝制下生活，忍受著表演環境的惡劣，即便冒著生命危險，仍爭取表演機會，守護著傳統戲曲的根苗，苦苦熬過酷寒的政治冬天。

㈢ 1950 年代風光十年期

臺灣一光復，政治禁錮解除，歌仔戲的強勁生命力立刻爆發出來，許多戲班重整旗鼓，當時只要有兩個老戲箱，就可以整團「起班」，復原速度驚人。之後隨著臺灣經濟逐漸復甦，歌仔戲的發展更為蓬勃。另外一個戲曲藝術的重要發展，就是從閩南漳洲南靖來的「都馬劇團」留臺演出，以它原本「雜碎仔調」揉合京劇、高甲戲、白字戲的部分曲調，加上民歌小曲，形成別具一格的嶄新唱調，稱為「都馬調」。此後都馬調被歌仔戲吸收，成為與歌仔戲中「七字調」並列的兩大曲調（曾永義，1993）。

這個時期是明華園第一個黃金時期，他們的演出場場爆滿，這種盛況使劇團絞盡腦汁開發新劇本，明華園於此時開始強化「說戲人」的角色與功能。說戲人略似現代劇場的編導，他要新編故事，講給演員聽，並在演出前簡單排定出場順序和故事如何鋪陳。另外，劇團裡還按故事內容不同，設有文管事、武管事，分別負責督導文戲和武戲的演出。演員方面也做了相當大的改革，就是改以女性扮演小生、小旦，演出效果奇好，很受觀眾喜愛。因為內臺演出和外臺演出的機會都很多，全團上下幾乎經常帶著家當輾轉各地表演，在陳明吉領導下，大家形成充分共識：有觀眾，就有歌仔戲，就有明華園發揮之地（邱婷，1995）。

㈣ 1960、70 年代黯然神傷期

1960 年以後臺灣社會經濟起飛、百業興盛，和明華園搶市場的不只是歌仔戲同業，還有當時快速成長的各種娛樂傳播事業，例如歌舞團、溜冰團、馬戲團、電影等等。內臺戲團被淘汰幾達三分之二，許多劇團不是由內臺轉為外臺，就是面臨散班的下場，對於明華園來說，致命的一擊就是電視歌仔戲的開播及壯大。電視歌仔戲開始於 1962 年，1969 年進入戰國時代，楊麗花、葉青、柳青、小明明等，許多一時俊秀，在電視螢幕上展開激烈競爭。據說電視歌仔戲最盛時期，一檔半小時的戲劇，可以賣出

20 分鐘的廣告，經濟效益眞是令人歎爲觀止。

　　在這期間，明華園和所有歌仔戲團一樣失去了內臺的根據地，但是在演出機會很少的情況下，明華園還沒有解散，直到經濟幾乎斷炊，才不得已賣掉戲團，搭「臺樂社」演出。大約一年後才還完負債，終於重建明華園。即使在經濟這麼窘困的環境下，陳明吉堅持維持戲團的品質，不願意爲競爭而降格，不接受清涼秀及喪葬演出。有一年應邀演出跳鍾馗，沒想到大女兒、父親、小兒子、小孫子，在兩年內相繼過世，這個打擊令他萌生退意，所以在 1979 年召回陳勝福，要他接掌明華園。

㈤ 1980 年代好風借力期

　　1970 年代臺灣遭遇退出聯合國，以及與美日等國斷交的國際處境挫折，但是在 1980 年代卻以強勁經濟成長力道，與香港、新加坡、韓國同時崛起，並稱亞洲四小龍。這兩股政經局勢匯流所造成的社會氛圍，一方面經濟奇蹟使人們勇於要求政治改革，於是反對運動逐漸茁壯，民主自由呼聲高漲。另一方面國際社會的孤立狀態，使得臺灣人民開始重視本土意識，文化認同轉向在地性。1987 年蔣經國總統宣布解除戒嚴令，一波波本土化和民主化浪潮便波濤洶湧的在臺灣展開。

　　在民間經濟實力雄厚與自由創作、本土意識響徹雲霄之助力下，文化藝術創作的環境此消彼長，江山輪替。傳統劇曲中向來得到政府呵護扶持的京劇，宛如明日黃花一夕枯萎，漸漸淡出臺灣戲曲的舞臺。相反的，多年來在鄉間野臺自生自滅的歌仔戲，忽然躍上了國父紀念館的國家劇場，得到學者專家及一般觀眾的好評。

　　明華園在經過多年韜光養晦、養精蓄銳之後，終於得到「好風憑借力，送我上青雲」，於 1983 年參與「國家文藝季」在國父紀念館演出《濟公活佛》，備受讚賞，從此奠定他們重回內臺的基礎。但這個階段的「內臺」卻不再是從前的民營劇院，而是國營的精緻劇場，登上這樣的舞臺，象徵著藝術成就的更高榮譽。1986 年後，孫翠鳳正式擔綱演出，舞臺表

現獲得肯定。10 年內，他們連續在臺北市立社教館、中華體育館等場地推出招牌大戲，例如《劉全進瓜》（1986）、《八仙傳奇》、《蓬萊大仙》（1987）、《紅塵菩提》（1988）、《鐵膽柔情雁南飛》、《真命天子》、《財神下凡》（1899）。因為有多位好演員，又有獨樹一格的神怪特技專長劇目，再加上舞臺排場華麗，流轉暢快，服裝繽紛，音樂豐富，很快打響了品牌，贏得許多年輕客群的喜愛。

㈥ 1990 年至 2010 年成熟收穫期

從 1990 到 2010 這 20 年間，臺灣與世界都有許多巨大的變動。首先在政治方面，1996 年臺灣第一次完成全民直選總統。2000 年首次實現和平的政黨輪替，2008 年政黨二次輪替。這其實實現了 80 年代以來，臺灣人民渴望的民主自由和政治改革，雖然臺灣整體社會為這個結果付出相當大的代價，但某種程度來說，也算締造了所謂「政治奇蹟」。在經濟方面，1990 年臺灣人均國民所得達到 10,000 美元，首度跨過了開發中國家的門檻。2002 年臺灣加入世界貿易組織（WTO），2007 年全球爆發金融危機，2008 年臺灣與全球一樣陷入經濟危機及經濟負成長。從政治經濟整體來看，臺灣經濟成長及政治改革都獲得相當的成果，並且也加入了國際社會經濟體系，成為一個正式成員，擺脫國際孤立的困境，但是卻也因為全球化潮流來勢洶洶，各國互相連動緊密故而蒙受諸多弊害。不過，這些事實都顯示出世界已經變成一個地球村，全球化的腳步沒有一個國家能自外於此。

明華園在站穩臺灣市場後，在全球化風潮影響下，也開始邁出他們的腳步，積極進軍國際舞臺，他們表演的足跡遍布大陸北京（1990）、日本、新加坡（1993）、法國巴黎（1994）、日本東京、橫須賀、大阪、名古屋、廣島、福岡（1995）、美國紐約、華盛頓、洛杉磯（1997）、南非約翰尼斯堡（1999，2001）。他們甚至把 2009 年訂為「明華園國際巡迴年」，可惜那年正遇上惡劣的國際金融風暴，全世界經濟幾乎熄火，

當然也嚴重影響表演藝術的演出機會。不過，明華園還是在 2010 年去了大陸蘇州公演。

　㈦ 2010 年以後迄今（2019）全力傳承期

　　在 2010 年以後，明華園總團仍持續不斷推出新作大戲，如 2011 年《蓬萊仙島》、《火鳳凰》，2012 年《劍神呂洞賓》，2013 年《吆嘍正傳》、《媽祖》，2016 年《四兩皇后》，2017 年《愛的波麗路（文學跨界劇作）》、《王子復仇記之龍抬頭（舊作重編之新戲—上集）》，2018 年《王子復仇記之龍逆鱗（舊作重編之新戲—下集）》，2019 年《皇上有喜》、《龍城爭霸》（明華園，維基百科，2019）。而該團的首席編劇陳勝國先生在 2017 年獲得第 20 屆國家文藝獎戲劇類獎項，立下創作歷程上的重大里程碑。

　　明華園近幾年來的重大事件就是傳承接棒，傾全力栽培後起之秀。為了使歌仔戲永遠活躍在舞臺上，培養新世代演員就是一件刻不容緩的使命。透過新血輪，一方面傳承傳統藝術之美，一方面與時俱進，帶進新的想法，在歌仔戲成就上能有更大的突破。明華園新生代的演員包括第三代陳昭婷、陳昭賢、陳子豪及弟子李郁真等，他們的努力成績斐然，表現可圈可點，很有大將之風。為這群青年軍量身打造的劇作有《吆嘍正傳之首部曲》、《吆嘍正傳之終曲——龍城爭霸》、《流星》、《散戲》、《俠貓》、《界牌關傳說》、《真命天子》、《雲中君》等，一經推出也獲得觀眾好評。

　　當家小生孫翠鳳除了指導青年軍的排演，自己仍秉持創新的精神，將傳統的歌仔戲推到電視屏幕前。自 2012 年起，她與慈濟大愛臺共同製作電視歌仔戲《菩提禪心》系列。從 2012 年的《木槍刺足》、2013 年的《六牙象王》、2014 年的《王舍城由來》、2015 年的《大樹上的彩帶》、2016 年的《雪山仙人》以及 2017 年的《高僧傳——弘一法師》，2018 年《菩提達摩》、《蕅益智旭大師》，2019 年《神秀禪師》，7 年來鍥

而不捨，推陳出新，共演出近 40 部作品，皆是經典之作（孫翠鳳，維基百科，2019）。

綜觀明華園 90 年的時空變化，陳明吉以一個人力量創團，後來以一個家族力量延續。初期把地方小戲的歌仔戲逐步融合其他劇種之長，改造成為規模完整的大戲；並且僕僕風塵，四處爭取演出機會，養成在奔波中休息，在演出中成長的家庭文化慣習。但是明華園的外在環境其實也反映臺灣整體處境的變化。政治上遭逢日本壓迫，明華園也得「田螺銜水過寒冬」，但是當政治經濟環境好轉，他們就發揮最大的潛力，做最大的伸展。他們表現出來的特質，就是不論個人條件或外在環境的好壞，都要堅持留在舞臺上，努力不輟。

歌仔戲從創始就在宮廟神祇誕辰的重要儀式活動時作酬神表演，或是民間喜慶之時請戲班開演以娛親友，這些都是屬於商演性質。即使到了日據時代統治階級施展高壓，劇團還是藉由變通表演形式以維持生計賺取收入，證明它具有明顯的商業性格。相對而言，很多表演藝術工作者或團體認為，藝術一涉及經濟學面向就很市儈，恐喪失美學堅持或表演主體性。但是表演藝術如果一直維持不食人間煙火，有時也會逐漸遠離了市場與群眾，流於孤芳自賞之境地；或者變成依附政府扶持，難免有政治力量干預、強加意識型態的顧慮。今日文化創意產業面臨奮力拚搏尋找生路的時代，產業化是非常關鍵的突破點，明華園在因應市場經濟方面顯得相當積極，這對表演藝術產業化具有重要的啟示。

歌仔戲一向以舞臺表演為最重要核心，不論是「落地掃」形式簡單的就地劃出一個四方型的表演中心，或是隨處自搭簡單的、臨時的棚架，或是固定的、華麗的、精緻的劇場舞臺，它都可以千變萬化之姿，打造自己需要的舞臺完成演出，並不拘泥於特定空間。它彈性地、熱切地接近觀眾，願意隨著觀眾的喜好、時代背景的變遷，對自己演出形式和內容作最大的改變。無處不在的舞臺空間變成一種象徵意涵，哪裡都可以表演，恰恰表現出開創性的藝術創作思維，突顯「表演藝術不死」的精神。

　　明華園以一個家族的力量，發揚歌仔戲的兩個傳統特性：以表演作為生計，以彈性舞臺空間緊貼觀眾。他們創造良好的票房收入，使產業規模化，彰顯歌仔戲適應市場的商業性格；他們又以編製新劇對藝術思維的創發及演員對舞臺藝術的熱愛，再現「表演藝術不死」的精神。明華園的成功，是從自身的文化系譜開展和時代的文化歷史演變之間，做出現代或後現代的互動交流、跨界融合，就像阿帕度萊所說：「在詮釋地方性歷史路徑如何流入複雜的跨民族結構的時候，保持開放多樣的可能性。」（2009：91）開放彈性在每一個變動時刻，給予明華園一再浴火重生的力量。日據時代面對皇民化的壓迫是如此，電視新媒體搶走觀眾注意力的時代也是如此，全球跨國界突破藩籬的演出也是如此。

結 論：展望與挑戰

　　政府原定在 2015 年，文創產業要達到三個目標：(1) 整體產業突破兆元規模；(2) 提供 20 萬個就業機會；(3) 成為「亞太文化創意匯流中心」（傅倩萍，2010）。但回顧臺灣整體文化創意產業 10 年來的發展，2008 年遇到世界性的金融海嘯，導致經濟不景氣，文創產業總營業額為6,783 億元。2009 年情況沒有好轉，營業額反而更下跌至 6,488 億元。直至 2012 年略微成長，達到 7,574 億元，整體就業人口 17 萬（文化部，2013）。2017 年文創產業營業額為新臺幣 8,362 億元，文創產業就業人口 26 萬，占全國就業人數比重為 2.29%（文化部，2018：34）。時至今日，上述三個目標只有就業人口數目達標，但在營業額破兆及成為亞洲文創匯流中心這兩個目標仍尚未實現。

　　至於音樂及表藝產業，2008 年整體營業額是 86 億，2011 年 100 億，2012 年是 111 億，占整體文創產業營業額約在 1.5-2% 之間（文化部，2013）。到了 2017 年，該產業營業額是新臺幣 231.87 億元，占整體產業

營業額約 2.77%（文化部，2018），略有些進步。這個產業是在穩步成長中，那麼它需要政府扶助嗎？環顧世界各國對於表演藝術產業是否需要依靠政府獎補助的政策訂定，美國因為自由主義思想影響，基本上不主張國家應有固定之文化政策。相反的，法國、韓國則有明顯的文化政策，強調特定發展方向。臺灣表演團體過往大多要靠政府補助，當補助款項不穩定或補助方向變更時，就會造成產業的動盪，或持續發展不易。前文化部長龍應台女士在 2008 年曾撰文，論述臺灣需要有文化政策的理由：文化政策之關鍵影響是，政府如果有制定相關政策，則會固定挹注若干資源到文創產業。因為臺灣的文化建設、文化發展、文化藝術的深耕，在政府執政思維裡是弱勢，除非有一種文化法規保護它們的存在，否則它們都不容易保存或生存。不過，最近也有許多的聲音主張表演藝術必須產業化，必須面對市場挑戰，特別當政府預算日趨窘困之際，不能長期靠政府經費扶持。表演藝術能否能引起廣大市場的共鳴，以達到自給自足的地步，這是未來表藝產業最嚴酷的考驗。從明華園的例子來看，其始終靠表演為生，持續積極創新獲得觀眾的認同，而創造良好的票房收入，使產業規模化，以自己的商業演出投資自己的未來；並以整體團員對藝術創作及舞臺的熱愛，呼應觀眾的內心想望，再現「表演藝術不死」的精神。其成功案例可以作為表演藝術產業其他團隊參考。

　　表演藝術的另一個問題是人才培育的問題，積極培育接棒人選，培養更多高水準的演員、編劇、經營人才是非常急迫的問題。人才問題也攸關表演藝術能否國際化，進而登上國際舞臺。表演的精進必須靠創新，但是創新除了須根植於自己傳統文化，還須具備世界文化的敏感度。沒有自己文化的根基與陶融，創新作品很容易曇花一現，無法持久和令人回味。同樣重要的，對外國觀眾沒有足夠了解，對國際思潮及風尚趨勢所知不多，則創新的格局畢竟無法擴大，無法長期向國外輸出。國際化的問題，除了具有國際視野的創作人才和表演團隊本身的努力，還需要靠國際表演經紀公司的媒合。國際演出事務專業人才的培育，是臺灣最弱的一環，這方面

要成功發展，亟待產官學界通力合作才能克盡全功。

1. 請選擇一個表演藝術團體製作出它的商業模式圖，並做簡要說明。
2. 請以文化系譜學、文化歷史學的觀點，分析一個表演藝術團體的發展脈絡和成敗因素。
3. 對於表演藝術產業的生存，你比較贊成政府扶植論？還是市場競爭論？請申論之。

一、中文

方怡潔、郭彥君譯（2009）。葛慈（Clifford Geertz）原著。**後事實追尋：兩個國家、四個十年、一個人類學家**。臺北：群學。

行政院文建會（2002）。**世紀風華：表演藝術在臺灣**。臺北市：文建會。

邱婷（1995）。**明華園：臺灣戲劇世家**。臺北縣：獨家文化。

林開世（2003）。人類學與歷史學的對話？一點反省與建議。**臺大文史哲學報**，59：11-30。

曾永義（1993）。**臺灣歌仔戲的發展與變遷**。臺北市：聯經。

溫慧玟（2005）。**表演藝術產業生態系統初探**。臺北市：行政院文化建設委員會。

張瓊慧（2003）。**陳勝福與明華園**。臺北市：生活美學館。

陳正倉、林惠玲、陳忠榮、莊春發（2009）。**產業經濟學**。臺北：雙葉書廊。

黃秀錦（2000）。**祖師爺的女兒：孫翠鳳的故事**。臺北市：時報文化出版。

楊馥菱（2002）。**臺灣歌仔戲史**。臺中：晨星。

蔡欣欣（2005）。**臺灣歌仔戲史論與演出評述**。臺北市：里仁。

鄭義凱譯（2009）。阿帕度萊（Appadurai, Arjun）原著（1996）。**消失的現代性：全球化的文化向度**。臺北市：群學。

二、外文

Osterwalder, A. & Pigneur, Y. (2010). *Business model generation: A handbook for visionaries, game changers, and challengers*. Canada: John Wiley & sons.

Varbanova, L. (2013). *Strategic management in the arts*. NY: Routledge.

三、網頁資料

文化部（2011）。**臺灣文化創意產業發展年報**。http://cscp.tier.org.tw/CSDB5020.aspx（查詢日期 2013/08/16）

文化部（2012）。**臺灣文化創意產業發展年報**。http://cci.culture.tw/cci/upload/year_epaper/20130521082836-326d0afa644eff1e9f430c5ea531e377.pdf（查詢日期 2013/08/17）

文化部（2013）。**臺灣文化創意產業發展年報**。http://cscp.tier.org.tw/CSDB5020.aspx（查詢日期 2014/3/3）

文化部（2018）。**臺灣文化創意產業發展年報**。https://stat.moc.gov.tw/Research.aspx?type=5（查詢日期 2019/5/9）

明華園戲劇總團官網（2013）。**細說明華園**。http://www.twopera.com/about_mhy.html（查詢日期 2013/12/17）

維基百科（2019）。**明華園**。https://zh.wikipedia.org/wiki/%E6%98%8E%E8%8F%AF%E5%9C%92（查詢日期 2019/5/9）

維基百科（2019）。**孫翠鳳**。https://zh.wikipedia.org/wiki/%E5%AD%AB%E7%BF%A0%E9%B3%B3（查詢日期 2019/5/9）

傅倩萍（2010）。**兩岸文化創意產業的競合關係**。經濟部臺商網 e 焦點電子報，101 期。http://twbusiness.nat.gov.tw/epaperArticleFixed.do?id=72122372（查詢日期 2013/8/15）

龍應台（2008）。**誰的文化政策？**http://www.civictaipei.org/about/Director/31_246_1.html（查詢日期 2014/2/15）

第4章

下一站，華流？
以三立電視偶像劇為例

朱旭中

Creative

Cultural

Industry

10 年之後，不僅臺灣人有自己的戲劇可以看，有自己的音樂可以聽，還有自己的偶像可以追星，再把臺灣的流行文化輸出世界各地，創造一股世界的「華流」。

三立電視臺總經理　張榮華 [1]

　　2001 年的臺灣電視圈，由於改編自日本暢銷漫畫的愛情偶像劇《流星花園》的播出，掀起偶像旋風，開啟了臺製偶像劇紀元，相較於其他戲劇類型，偶像劇已成為臺灣電視戲劇輸出的主力。即使 2012 年間臺灣電視市場受到大陸劇《後宮甄嬛傳》大舉入侵的強大威脅下，臺灣偶像劇仍具有國際市場的軟實力，在亞洲週刊所選之 2012 年十大華人最佳電視劇中，臺灣仍靠著《我可能不會愛你》、《罪美麗》與《回家》擠進名單。

　　影視媒體產業一直是臺灣文化創意產業的構成核心，透過電視、電影、設計，或是流行音樂產業等多重範疇的融合，所產生之文化商品不僅掌握社會發展趨勢，創造當代文化符號，更創造龐大之經濟產值。在 2010 年公布之《文化創意產業發展法》所涵蓋的 15 加 1 項文化創意產業範疇中，發展較為成熟的「廣播與電視產業」，相較於其他重點發展產業，其產值、產業關聯效益與社會影響潛力，早已被定調為臺灣文創發展之領頭旗艦產業。根據《2018 臺灣文化創意產業發展年報》就 15 加 1 項文創範疇的調查，2017 年臺灣文化創意產業整體營業額中，「廣播與電視產業」的總營業額占了 20.32%，其次才是與媒體密切相關的「廣告產業」，占 18.08%，遠遠高於其他文創次產業。「廣播與電視產業」的營

1　三立電視臺總經理張榮華在獲《經理人月刊》選為 2012 年 MVP 經理人，接受月刊郭明琪、張凱茹的採訪時，就三立目前華劇計畫所定的期許，取自：http://www.managertoday.com.tw/?p=33960。

業額最主要貢獻來源即為電視節目製作，尤其近年在線上影音串流服務與影片製作的帶動下，較 2016 年更成長了 2.62%。其中海外播放版權銷售與影音串流服務的主力即為偶像劇（或華劇），由此可見臺灣偶像劇在華語影視市場仍保有一定實力（丁曉菁，2019）。

表 4-1　2017 年臺灣文化創意產業營業額及成長率——次產業別

（單位：新臺幣千元、百分比）

次產業		2017 年	2017 年占比	CAGR
視覺藝術產業	營業額	5,632,910	0.67%	0.85%
	成長率	3.97%		
音樂及表演藝術產業	營業額	23,186,828	2.77%	12.52%
	成長率	22.74%		
文化資產應用及展演設施產業	營業額	4,665,249	0.56%	21.26%
	成長率	6.73%		
工藝產業	營業額	77,289,767	9.24%	-5.94%
	成長率	-13.04%		
電影產業	營業額	29,285,065	3.50%	2.32%
	成長率	4.88%		
廣播與電視產業	營業額	169,921,043	20.32%	2.43%
	成長率	2.04%		
出版產業	營業額	100,203,435	11.98%	-2.41%
	成長率	-1.70%		
流行音樂與文化內容產業	營業額	31,065,564	3.72%	-0.19%
	成長率	1.24%		
廣告產業	營業額	151,203,474	18.08%	0.53%
	成長率	3.36%		
產品設計產業	營業額	45,899,223	5.49%	3.65%
	成長率	13.44%		

（續上表）

次產業		2017 年	2017 年占比	CAGR
視覺傳達設計產業	營業額	3,296,724	0.39%	14.33%
	成長率	15.12%		
設計品牌時尚產業	營業額	50,534,903	6.04%	2.91%
	成長率	6.73%		
建築設計產業	營業額	33,231,230	3.97%	3.41%
	成長率	-1.19%		
數位內容產業	營業額	84,229,406	10.07%	1.58%
	成長率	0.80%		
創意生活產業	營業額	26,561,624	3.18%	0.52%
	成長率	-4.39%		
整體	營業額	836,206,447	100.00%	0.66%
	成長率	1.17%		

資料來源：丁曉菁（2019）。《2018 臺灣文化創意產業發展年報》。臺北：文化部。
註：年複合成長率（Compound Annual Growth Rate, CAGR）。

　　在華人影視圈中為臺灣偶像劇打下江山，引領偶像劇潮流的要角，毫無疑問得首推三立電視臺，其同時也是臺灣最賺錢的電視臺之一。1980年代以綜藝娛樂事業起家的三立電視，自 2001 年推出從題材、劇本到演員皆強調原創的自製偶像劇《薰衣草》後，即以建立戲劇品牌為經營目標。近年來，三立不只是自製偶像劇，也是本土臺語劇的龍頭，時常創下高收視率。2005 年 7 月 17 日，由明道、陳喬恩主演的《王子變青蛙》以最高平均收視 7.09、最高分段收視 8.05 領先同時段其他節目。而在 2008年 7 月 27 日，由阮經天、陳喬恩主演的《命中注定我愛你》更創下臺製偶像劇的最高平均收視 10.91、最高分段收視 13.64 之紀錄。

　　同時，三立也擅長以戲劇引領話題如「便利貼女孩」、「小三」，或「小資女」等，到 2011 年的《醉後決定愛上你》更掀起背包客來臺風潮，

不僅被譽爲臺灣首部「文創」偶像劇，劇中融合了臺北獨特的巷弄文化，也開啓了電視劇內容和文創產業的創新連結。

　　三立電視臺總經理張榮華認爲電視劇是一國文化最佳載體之一，因此除了希望三立本身能扮演帶動戲劇文化風潮的角色，更有著打造「華流」版圖的野心，同時，期望透過華語電視劇向海外市場輸出與行銷臺灣的文化特色與生活型態，使臺灣繼續維持華語戲劇市場的主導地位。因此，本文將以素有「偶像劇王國」之稱的三立電視臺爲案例，透過偶像劇在臺發展、製作模式，以及市場行銷策略等三大面向來了解臺灣偶像劇產業的過去、現在，與未來。

壹　臺灣偶像劇的發展與變革

一、偶像劇的起源

　　普遍而言，以臺灣偶像劇製作與發展爲主的研究，多將偶像劇的起源推至 1991 年於亞洲市場掀起收視熱潮的日本電視劇《東京愛情故事》與《101 次求婚》，而此類戲劇的播放也正好搭上臺灣廣電制度的開放與節目選擇的多元化，更增加了觀眾對於偶像演出的期待與浪漫愛情的嚮往。

　　當時的臺灣，甫經 1987 年解嚴的重大政治改革，過去對廣播與電視產業的管制雖逐漸開放，1990 年代初期仍維持僅三家合法商業電視臺（臺視、中視與華視），僅極少數時段播放美國影集或港劇，閱聽眾擁有的節目內容選擇仍然有限。然而 1990 年代初期，衛星電視（satellite television）提供臺灣的觀眾新的選擇，特別是以往鮮少於電視播放的日本電視劇，觀眾只要經濟許可，即可自行架設小型碟型天線「小耳朵」，收看日本 NHK 或是香港的衛星電視（STAR TV，衛視）節目。除此之外，自 1970 年代中期至 1995 年《有線電視法》正式發放有線電視系統業者執照前，各類私營的地下電視臺，提供觀眾傳統三臺以外的不同選擇，因

而統稱爲「第四臺」，而這些選項的出現，也逐漸改變觀眾的收視習慣。

由富士電視臺所製作，鈴木保奈美與織田裕二主演的《東京愛情故事》，改編自日本漫畫家柴門文的職場愛情作品，自 1991 年 1 月日本播出後大受歡迎，由始開播的衛視中文臺於同年 10 月首度以國語配音版播出，爲初期以年輕俊男美女與浪漫愛情爲軸心的偶像劇奠定基礎，不僅讓片中擔綱的多位年輕演員聲勢爬升成爲偶像，這些完美浪漫元素催化了特別是女性觀眾對愛情的渴望與期待。富士電視乘勝追擊的《101 次求婚》，以堅實的愛與決心連結夢幻（美麗大提琴家矢吹薰 —— 淺野溫子飾）與現實（其貌不揚公司職員星野達郎 —— 武田鐵矢飾），男主角更在衝向高速行駛而來的卡車時，嘶喊著經典臺詞「我不會死，因爲我愛你！」同劇由恰克與飛鳥所唱的主題曲「Say Yes」，更拿下各大流行音樂排行榜與百萬銷售量冠軍。

對臺灣大眾而言，日本社會和文化脈絡與臺灣有著一定的接近性，且此時坊間錄影帶出租店也提供觀眾各類日本電視劇或綜藝節目影帶的租借服務，增加觀眾對於日本電視節目的熟悉度，也使得日本廣電節目接受度較高（李政忠，2003）。在偶像劇猶如磁鐵般的收視魅力下，彼時仍未合法化卻已普及的第四臺爭相播放與重播。以往享有收視保障的無線電視臺，也面臨收視率逐被瓜分的危機，而必須在內容與節目編排上臣服於日本偶像劇的魅力。臺視率先於 1992 年購得兩劇之播放權，開啓無線電視臺播放原音版日劇之先，甚至在 1995 年有線與衛星電視頻道開放後，部分電視臺仍購進大量日本偶像劇的播放權，而緯來電視網更設有日本臺，提供不間斷的日劇選項，使得日本偶像劇成爲電視臺自製或歐美節目以外，最獲觀眾喜愛的戲劇類型。

在日本偶像劇風行於臺的 1990 年代，少數電視臺也曾引進美製青春偶像影集，例如捧紅強尼・戴普的《龍虎少年隊》（21 Jump Street），或是以校園男女間愛情糾葛爲題的《飛越比佛利》（Beverly Hill 90210），在青少年與大學生觀眾間創造話題與流行。然而，此間偶像劇

市場仍是由買進的歐美或日劇爲主，臺灣電視圈直到 2000 年才將青春偶像元素放入戲劇製作中。華視於 2000 年 7 月所推出的校園偶像劇《麻辣鮮師》，趕搭日本漫畫《麻辣鮮師 GTO》的風潮，雖未造成收視旋風，卻是第一部集數最多，播出時間最長，重播率最高的偶像劇。在其 3 年 7 個月的播出期間，也讓許多日後成爲一線男女演員或偶像的年輕演員，例如 F4 的言承旭、朱孝天，或是藍正龍、周幼婷等獲得嶄露頭角的機會，也成爲 2001 年由柴智屏製作、徐熙媛與 F4 主演的《流星花園》的敲門磚，進而帶動三立、八大等電視媒體投入偶像劇產業。

二、何謂偶像劇？

「偶像劇」，也稱作「青春偶像劇」，通常是以愛情爲題，故事發展的規模多爲 20 集，至多不超過 30 集的時裝電視劇，主要角色則由年輕、外型及面貌俊美的演員擔綱，而主要收視群年齡層則集中於 15 至 25 歲，並以女性觀眾居多。早期大部分偶像劇都會在無線電視臺週日晚間 10 點的時段首播，每星期一次，播出時間大多爲 90 分鐘，或至多 120 分鐘。而播出的模式則不一定，有些是每次播出一集，也有少數會採用每次播出兩集的方式。當觀眾對偶像劇的依賴逐漸養成而致產量大增之際，播出時間也逐漸從週日擴展至週六或週五晚間 9 點時段，也在無線臺與有線電視臺合製聯播策略下，由有線臺進行首輪重播。

依前述，偶像劇雖源自於日本電視劇種，日本則將偶像劇稱爲「trendy drama」，即時髦劇或愛情時髦劇，多由當代人氣歌手或偶像明星主演，戲劇張力或演員演技並非時髦劇的重點，而是透過這些演員本身魅力與唯美愛情故事來吸引觀眾，進而創造收視與流行趨勢，就如金鐘獎導演瞿友寧曾說：「當紅演員在戲中的穿著、髮型、言談都會帶動流行趨勢。」[2] 2011 年，八大電視的熱劇《我可能不會愛你》，主打導演瞿友

---

[2] 薛佩玉（2014 年 2 月）。《偶像劇——偶像與夢想的現實距離》。TAVIS.tw。取自：http://tavis.tw/files/15-1000-1336,c170-1.php

寧、編劇徐譽庭與林依晨、陳柏霖的強大組合，搭配策略得宜的社群行銷，讓男主角「大仁哥」成為現代理想情人的化身，而女主角「程又青」的穿搭風格則成為現代時尚女性的參考。《流星花園》與《痞子英雄》的導演蔡岳勳就認為偶像劇就是要營造一種貼近真實的虛幻，在現實生活與電視螢幕之間，打通現實與非現實綜觀人生的橋梁之一。

三、偶像劇題材與文本特色

　　臺製偶像劇的敘事題材或方式包羅萬象，然而為了避免太深的文化脈絡造成外銷時的文化障礙或政治立場，並因應國內與海外的年輕訴求觀眾者偏好，絕大多數偶像劇的題材以愛情為主（吳怡國、姜易慧，2010）。就收視族群普遍喜愛的作品進行分類，不難發現「浪漫愛情」與「溫馨友情」仍為較受歡迎的兩大劇情主軸。一直以來，情感訴求確實較容易打動觀眾，而典型的羅曼史劇情特別能抓住女性觀眾的心，從數據分析發現年輕女性觀眾之中有 82.8% 特別喜愛描述浪漫愛情發展的偶像劇，原因可能是收視觀眾對羅曼史的嚮往，甚至將自身投射於故事中的角色情節。而近年來，則逐漸以「貼近生活」為訴求，跳脫校園或社會新鮮人的框架，走入生活與實際職場，同時也融入當代社會或兩性議題，例如姊弟戀、婚外情、職場同儕競爭等，觀眾在嚮往愛情之餘，也能從劇情中尋得共鳴（林貞吟，2009）。這些偶像劇的基本題材與要素的選擇，大致可歸納為以下六項（見表 4-2）：

表 4-2　偶像劇基本題材與要素歸納表

愛情	每一部偶像劇，不論類型，必備的元素即是以愛情為主軸，透過戀人們牽腸掛肚、坐立難安或是期待又怕受傷害的愛情故事，反映現代人的戀愛價值觀和心態，主要針對年輕觀眾群。
改編	從初期開始即不少偶像劇是改編自日本暢銷漫畫，例如：《惡魔在身邊》、《流星花園》、《花樣少年少女》、《惡作劇之吻》、《戰神》、《橘子醬男孩》等。對於喜愛看漫畫或是已看過所改編漫畫的觀眾，這些皆可能會讓觀眾產生欲望，進而期待觀看這些偶像劇改編成品。
現實	多數的偶像劇走「平民化」，上班族、住公寓等，讓觀眾產生心有戚戚焉的感覺，就如同你我生活環境中的一部分。有些劇情甚至就在生活中上演，像是早期不少以校園為題材的偶像劇，讓很多學子有一份親切感，而今年來寫實的家庭生活或是職場，也讓輕熟女及熟男猶如置身其中。
特定地點或信物	由於偶像劇故事場景多發生於家庭、學校，或辦公室，為在平凡中創造不平凡，通常會以特定場景作為相遇、約會、訂情地點，再以信物來鞏固愛情。通常把取景空間拉出攝影棚外，融入更多都會街景或觀光景點。
精緻畫面	偶像劇比過去的戲劇更講究畫面、燈光、構圖以及演員的肢體表現，因此，構圖上要求乾淨、清晰的畫面，採用較柔和的燈光，後製加入柔焦處理，使畫面呈現唯美感。
主題曲	受到日韓外來戲劇的影響，臺製偶像劇也會就片頭／片尾進行包裝，並打造專有主題曲和配樂。偶像劇在後製階段特別注重配樂處理，以主題曲或配樂強化劇情氛圍或角色情緒，整體而言更加強化戲劇帶給觀眾從視覺到聽覺的感官刺激享受。

　　當然，在上述必要條件之外，如能將主要角色的設定，以衝突性極高、極不可能的條件進行組合，讓現實生活中不可能的相遇合理化，例如花美型貴公子與粗枝大葉窮女孩、血氣方剛的小夥子與獨立自主的輕熟女。這些劇情就為觀眾實踐了嚮往卻遙不可及的夢幻，就如攻占 10.91% 收視的《命中注定我愛你》、《敗犬女王》、《王子變青蛙》或《下一站，幸福》。

貳　三立電視臺

一、三立電視 —— 戲劇王國的誕生

三立電視（SET）於 1990 年 5 月成立，而於 1993 年正式跨入衛星電視頻道經營。以「三立」爲名，是取董事長林崑海、張秀（林崑海夫人）、張榮華（張秀之弟）三足鼎立之意，而林崑海主要負責頻道上架等對外事務，實際的營運及決策則主要由總經理張榮華及副總經理蘇麗媚（張榮華之妻，現已離職，並創立「夢田文創」）二人負責。然而，三立股權七成以上集中於董事長林崑海家族及其成員所設立的投資公司，因此整體經營模式仍屬家族事業格局。

早在跨足衛星電視頻道產業前，三立電視早已在臺灣影視產業經營近 20 年。其前身爲發跡於高雄市苓雅區的三立影視有限公司，主要業務主要爲錄影帶製作與代理發行，以供應 1980 年代後錄影帶出租市場的龐大需求。自製影視產品則以當時風靡全臺的餐廳秀爲主，例如《豬哥亮歌廳秀》、《點唱秀》，以及造成搶租的《三立五虎將‧金牌點唱秀》系列，三立也由此爲其影視龍頭地位打下基礎。三立影視於 1990 年代中期改制爲股份有限公司，並將總部自高雄遷至臺北，並於 2000 年正式改爲三立電視股份有限公司，其三立衛星電視臺則更名爲「三立電視臺」（Sanlih Entertainment Television，簡稱 SET）。

三立電視臺創始之初，旗下共有「臺灣臺」、「都會臺」以及「新聞臺」三個家族頻道。三立都會臺原爲「三立二臺」，1995 年 9 月由於臺灣唱片業正值蓬勃階段，爲了吸引唱片市場業務，重新定位爲「都會臺」，鎖定都會、流行、年輕群眾，製作《完全娛樂》、《娛樂 PS》、《西洋樂勢力》、《音樂風雲榜》等流行音樂資訊節目。三立都會臺同時也是三立監製或製作的華語戲劇節目播放的主要頻道，並將播放時段區分爲週日偶像劇、週六優質戲劇以及平日八點、九點、十點檔的華人電視

劇，並考量收視市場而採取不同的戲劇題材與類型。而後依市場與內容屬性區隔考量，於 2000 年以華人收視市場為主的「SET 三立國際臺」正式開播，擴增了提供專業理財新聞的「三立財經臺」（2019 年改為 SET iNEWS），以及代理經營華人流行音樂市場領導品牌「MTV」頻道，而使三立電視臺擁有目前全臺最大之有線電視收視占有率。同樣也於 2000 年起，三立開始拓展其海外發行業務，主要的外銷市場則為中國大陸與香港地區，其次為華人人口密度較高的新加坡與馬來西亞，以及其他亞洲市場如印尼、菲律賓、越南、泰國、日本與韓國，而美國也有一定的市場規模。

　　自創立之初，三立即自我定位為內容供應者（content provider），從綜藝類、行腳類、新聞類、臺語本土戲劇，到時裝青春偶像劇，自製率高達九成以上。相較於傳統無線電視臺，或是擁有戲劇類頻道之有線電視臺（例如緯來、東森或八大），三立戲劇節目的自製比例與產量皆居冠，素有「戲劇王國」之稱。除了固定與龐大的節目生產線與規模，由於其較單純之家族企業屬性，容許更大創新經營與行銷策略的空間。戲劇節目製作上，三立擅長掌握市場趨勢與觀眾胃口，例如於 2000 年總統選舉期間，三立趁前總統陳水扁於民間之超高人氣與關注度，而將其生平改編為八點檔連續劇《阿扁與阿珍》，於 2000 年 5 月創下全國有線電視頻道收視總排行的第一名。而後 2003 年三立臺灣臺的八點檔連續劇《臺灣龍捲風》，雖引發不少爭議與批判，仍曾創下 15.72% 的高收視率，改寫臺灣有線電視史最高收視紀錄。

　　而另一方面，在收視率提升上，三立也率先採用與傳統無線電視臺八點檔聯播的做法，透過無線電視臺的普及率進而拉提節目收視率。例如 2001 年由三立都會臺製作的原創偶像劇《薰衣草》，即與臺視進行策略聯盟播出，創下 4% 的收視，而 2002 年偶像劇《MVP 情人》與華視的聯播，除收視率亮眼，更獲得海外市場的青睞。不同於強調臺灣特定文化、語言，或時事脈絡的臺語本土劇，青春偶像劇濃厚的都會氣息、現代感，

以及超脫當代社會文化脈絡的愛情，使得偶像劇成為三立海外版權收入的主力，僅靠偶像劇的海內外版權費，三立每年都能多 9 億元的營收，其偶像劇製作量也居各電視臺之冠。即使面臨韓流壓境的威脅，外加大陸清宮劇的夾擊，三立仍能突破重圍，維持自製原創戲劇節目。而成功為三立打造出偶像劇品牌的關鍵人物，則非總經理張榮華與前執行副總經理蘇麗媚夫婦二人莫屬。

二、關鍵人物

㈠ 總經理：張榮華

一直引導總經理張榮華為三立戲劇王國打拼的最大抱負，即是打造出華人最大影視基地，展現出臺灣華劇（由三立首創名稱，通指國語連續劇）競爭力，更堅持要做臺灣人自己的電視劇。

1956 年出生的張榮華，1980 年代初期退伍之後，便與其姊夫（現任三立董事長林崑海）合力經營錄影帶出租店，兼做空白錄影帶的生產業務之餘，隨著當時風氣與市場需求，張榮華的錄影帶事業也提供節目拷貝的服務，也成為三立影視公司最早的雛形。而當年盛行的餐廳秀，也是張榮華平日最大娛樂，特別不錯過主持人豬哥亮的秀，也因此在看秀時興起拍攝餐廳秀的靈感，進而與餐廳老闆私下協議以場計費錄製影帶。「偷拍的品質差、燈光暗、收音效果又不好，不如自己來拍！」張榮華於是就在南臺灣自己搭製舞臺，設計節目腳本，配上燈光、音響，更挖角最好的美術指導與導播製作「豬哥亮歌廳秀」，並以此打下半片江山。

1995 年與曾是影視青春偶像的蘇麗媚結婚，共同將三立電視打造為臺灣自製戲劇王國。而張榮華的商人本色，總會嗅到商機並創造市場，並用「適當成本」求投資效益的極大化，其敢要求、做事冷面的個性，人生哲學就是「做什麼，像什麼」，時時掛在嘴邊。雖然是專科學歷，仍會安排進修財管、語文、藝術等課程，並親自看八點檔劇本，以及觀看要播的

帶子。由於戲劇是最重要的戰場，當三立於 2000 年轉型之際，張榮華與蘇麗媚成功地帶領三立搭上本土化浪潮，例如《阿扁與阿珍》、《臺灣阿誠》，甚至《臺灣龍捲風》，透過劇情且戰且走、能收能延的製播策略，以求商業利益的極大化，繼之切入偶像劇市場，抓到潮流。而就在 2001 年《流星花園》推出之際，三立也早已著手打造完全原創的偶像劇《薰衣草》（以類似日本漫畫風格為基調，然並非改編自任何作品），之後陸續推出不少叫好又叫座的作品，例如《命中注定我愛你》、《犀利人妻》和《小資女孩向前衝》，海外 15 個國家都可以看到，更讓三立 2011 年營收達 50 億。

(二) 前執行副總：蘇麗媚

相較於以快、準縱橫影視商場的總經理張榮華，前執行副總蘇麗媚則是為三立打造偶像劇品牌之第一把交椅，被外界譽為「偶像劇天后」。雖其於 2011 年辭去三立電視執行副總經理一職，以個人名義創辦夢田文創，仍持續與三立電視臺合作，期望將其最熟悉的偶像劇經營轉型為臺灣特有文創產業。

蘇麗媚於 1980 年代中期以拍攝校園電影出道，也以青春偶像之姿闖蕩星河。1990 年代初期，逐漸淡出演藝圈轉而經營服飾店及 K.K Disco，直到 1994 年進入三立擔任總經理室助理，並於 1995 年嫁給總經理張榮華後，就此真正開啟其事業之路。由於學歷為國光藝校肄業，也無專業背景或經驗，從蘇麗媚進入三立之後，因夫為貴，而使得公司內外多數人抱以看好戲的心態來看其一舉一動。1995 年以後，三立歷經數次重大改革，包括 1998 年蘇麗媚臨危受命，在質疑的眼光下，催生三立新聞臺，並破紀錄在三個月內達到損益平衡；她也主導三立品牌改造，把原本等同於豬哥亮歌廳秀的形象，扭轉為精緻本土路線。蘇麗媚更主動到業務最前線開源，並在一片反彈聲浪中祭出鐵腕手段撙節成本；甚至在日韓外來片壓境時，不但不妥協，還堅持保有 93% 的自製內容。

　　自 2001 年三立推出自製原創偶像劇《薰衣草》，每部偶像劇只要經過她的包裝，都會奇蹟般的爆紅。在其建立三立偶像劇品牌的過程，也成爲偶像推手。一向以獨具慧眼、大膽起用新人著稱的蘇麗媚，不乏將平民百姓變成當紅偶像的例子，例如 2001 年《薰衣草》的許紹洋、陳怡蓉，到 2003 年《海豚灣戀人》的張韶涵、霍建華，以及立威廉、汪芷榆這些原本不被看好的新人，都在蘇麗媚的「巧手加工」後，成爲一個個紅透半邊天的當紅偶像。而三立也曾以投資演藝經紀公司模式（喬傑立娛樂，2000 年創立於三立電視旗下，於 2012 年正式脫離三立電視）培植新人，並爲他們量身打造偶像劇，並搭配音樂或其他模式演出，因戲紅而人紅的偶像不計其數，例如男子團體 5566、183Club，以及爾後以個人發展的明道、王少偉、陳喬恩與王心凌。

　　曾有人形容蘇麗媚是「工作狂」的最佳典範，即使歷經剖腹生產，睜開眼的第一件事竟是批公文（王一芝，2005）。蘇麗媚憑著堅持和努力，改寫傳統電視臺的遊戲規則，讓三立連續兩年成爲最賺錢的電視臺，自己也從青春偶像演員，成功地轉型爲電視臺的經營者。然而，由於經營理念的分歧，蘇麗媚於 2011 年卸下長年以來三立執行副總的頭銜，自立門戶創立「夢田文創」，繼續爲著讓臺灣偶像劇成爲臺灣文創產業的最佳平臺的理想邁進。

參　偶像劇王國品牌與市場經營

　　三立電視的第一部偶像劇《薰衣草》，開創臺灣原創偶像劇之先，2003 年在北京電視臺等一百多個電視臺播出後，更掀起臺製偶像劇熱潮。其 2008 年的《命中注定我愛你》以 13.64% 的收視率，打破臺灣偶像劇節目最高紀錄。三立電視至今已製作近百部偶像劇（華劇），每部皆成功行銷授權海外超過 15 個國家、地區。而這些偶像劇最主要的播放平

臺，即是瞄準年輕、追求流行收視群的三立都會臺。

　　三立於 2000 年改組之際，考量三立都會臺主要的三大收視族群：
(1) 上班族女性（25-34 歲）（28%）；(2) 上班族男性（25-44 歲）；
（26%）(3) 學生族群（15-22 歲）（22%），認為強化自製戲劇和本土外
景節目才能吸引這些年輕族群（徐啓智，2002）。於是自 2001 年推出首
部偶像劇《薰衣草》，以浪漫愛情劇吸引對愛情充滿憧憬的學生族群和女
性觀眾，並利用各種整合行銷手法擴展該劇知名度，為三立的偶像劇品牌
奠定基礎。從 2001 年至今，於週日偶像劇首播時段中每年穩定推出 3 部
新戲，以穩定偶像劇的製作與播放模式，更於 2009 年起另闢週五優質偶
像劇時段（晚間 10 點至 11 點 30 分），穩定增加偶像劇的製作數量。以
下嘗試就三立電視所採用之經營策略與模式進行討論。

一、多角化經營

　　多角化經營是指企業為增大產品種類，透過跨行業生產經營多樣的產
品或業務，擴大企業的生產經營範圍和市場範圍，充分發揮企業特長，利
用企業的各種資源以提高經營效益，保證企業的長期生存與發展。Rumelt
（1982）指出，多角化戰略是通過結合有限的多角化的實力、技能或目
標，與原來活動相關聯的新的活動方式表現出來的戰略。

　　三立自創立之初即以內容提供者為其經營理念，因此擁有多線且完
整的生產線，製作的影視內容，包含偶像劇、華人電視劇、喜劇、娛樂綜
藝、華人娛樂、文化紀錄節目、新聞節目，自製率高達 98%。然而在節
目產製與衛星頻道經營以外，為增加自身競爭力以因應日益多元的市場需
求與挑戰，三立媒體集團同時經營明星經紀、出版業務，以及投資電影、
電子商務，以多角化經營策略，專心投注資源於影視音樂產業發展，以維
持其市場影響力，三立旗下先後（投資）的事業版圖足跡可以圖 4-1 簡示
之。

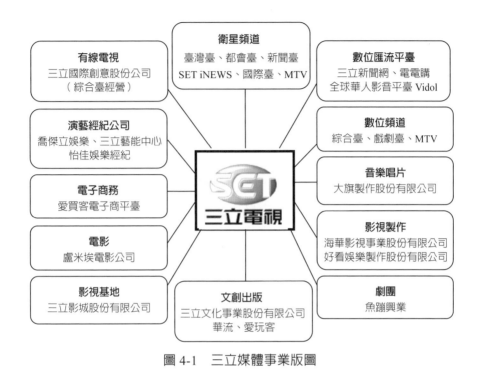

衛星頻道
臺灣臺、都會臺、新聞臺
SET iNEWS、國際臺、MTV

有線電視
三立國際創意股份公司
（綜合臺經營）

數位匯流平臺
三立新聞網、電電購
全球華人影音平臺 Vidol

演藝經紀公司
喬傑立娛樂、三立藝能中心
怡佳娛樂經紀

數位頻道
綜合臺、戲劇臺、MTV

電子商務
愛買客電子商平臺

音樂唱片
大旗製作股份有限公司

電影
盧米埃電影公司

影視製作
海華影視事業股份有限公司
好看娛樂製作股份有限公司

影視基地
三立影城股份有限公司

文創出版
三立文化事業股份有限公司
華流、愛玩客

劇團
魚蹦興業

圖 4-1　三立媒體事業版圖

　　以演藝經紀公司業務而論，三立設立或是投資數家經紀公司，例如喬傑立、最佳娛樂等，以形成特殊的經濟依存關係。這些演藝經紀公司旗下藝人，或參與演出三立的電視劇，或主持三立的節目，戲捧人、人捧戲，這些藝人靠節目維持生計，三立則賺取收視率及廣告費，演藝經紀公司賺取合約金，三方各取所需。同時，三立也會與其他經紀公司，例如 2011 年開始的華劇《真愛找麻煩》即與凱渥、伊林等公司合作，這些經紀公司旗下藝人與三立建立戲劇約，雙方僅就某檔戲合作，如此一來，三立不須鉅額投資培養新人，又能向外借將一線藝人擔綱主要角色以吸引收視；藝人又不會僅被一家公司綁住，發揮空間較大（費用抽成較高）。而此當中如是自己的戲，二線角色選角則會考量自家藝能公司演員。只是，如此互惠的模式也因借將的藝人並非與三立建立獨家經紀約，可能在因戲而紅後，不一定會乘勝追擊繼續與三立合作，而轉向更高報酬的機會。

在電影事業方面，三立在 2005 年成立盧米埃電影公司，自製第一部電影《等待飛魚》，還曾獲入圍釜山及東京影展。而其他主要電影產業的涉入，多以投資製片的模式進行，例如引發國際媒體關注，由王小棣導演所執導的電影《酷馬》。2012 年在臺創下 3 億票房的《陣頭》，則是與三立電視合作多年的電視劇導演馮凱於三立主投資的電影處女作，而此片的成功激勵了三立再投資葉天倫導演拍攝《大稻埕》，於 2014 年春節期間拿下票房排行榜冠軍，也成為熱烈討論話題。而在戲劇內容發展上，三立則從人才培育出發，於 2008 年首辦「我在 159 號」人才徵選計畫，首創線上原生創作人才募集徵選活動。而 2009 年 11 月進而成立「數位敘事工場 Story Lab」以募集影視人才，還曾邀請李安導演、吳宇森導演呼籲全民一起說故事，因為有故事才有力量。這些人才募集與培育計畫即為三立的節目產製提供創意與內容之人才資料庫。

二、偶像劇產銷模式

在偶像劇產製方面，由於有線電視頻道業者與製作公司的優勢資源各有所長，在資源有限的情況下形成無線電視、有線電視、製作公司三者之間的文化分工模式，並形成固定的合作班底。文化分工模式主要分為兩大類，一是由電視臺自製戲劇，另一則是由製作公司自製戲劇。電視臺自製戲劇又可細分兩種：自製和委製。電視臺自製戲劇對人事及設備的投入程度較高，對劇本、導演、選角握有較高的主導權，然而缺點是電視臺在品質要求下容易超出預算。委製模式由電視臺提供製作費委託製作公司拍攝，扣除拍攝成本之後的費用為製作公司所得。儘管委製使得製作費獲得有效控制，但製作公司往往為了節省成本而不願請大卡司、不願延長製作時間等，而削弱戲劇品質。

在電視臺自製模式中，目前由三立和八大形成兩強鼎立的情勢。這種電視臺自製模式由電視臺節目部負責資金調度、企劃構想、整合行銷傳播，中間製作過程交由長期合作的製作公司進行拍攝，最後映演階段與觸

及率較高的無線電視臺形成聯播策略，藉此擴大曝光並累積該劇收視率。

　　由圖 4-2 可知，無論是電視臺自製或製作公司自製模式，製作公司都扮演著節目提供者的核心角色，必須靠每部作品的累積在市場上建立口碑和品牌形象，擴展未來接戲的機會。然而電視臺坐擁的資源仍是中小型製作公司無法相比的，三立的優勢在於能提供穩定資金並擅長行銷宣傳，過去製播多部戲劇的經驗已累積了純熟的商業操作模式，比獨立公司更能打響戲劇的知名度並增加其附加價值。在三者合作關係中，無線電視臺唯一的優勢為其較高的到達率，而成為有線電視臺和製作公司產製的偶像劇最下游的接收者。

　　以三立開拍《薰衣草》（2001）首創與無線電視臺（臺視）合製模式為例，三立向臺視集資，一集約 130 萬元的製作費由雙方出資各半（袁櫻珊，2003），並提供臺視節目，由臺視和三立在當週的不同時段進行聯播。通常由無線電視臺週日晚間 10 點至 11 點半進行首播，有線電臺於隔週六晚間 9 點至 10 點半進行重播。此舉不但降低成本、分攤風險，一方面藉由無線電視臺的高觸及率拉抬該劇的收視率，另一方面又錯開時段避免競爭。

　　三立部分戲劇節目，例如本土劇系列，多採取電視臺自製模式。而偶像劇的製作與映演，則多採用另一種產製方式，即是由影視製作公司集資拍攝，自製戲劇，再直接與無線或有線電視臺接洽版權買賣與播映檔期事

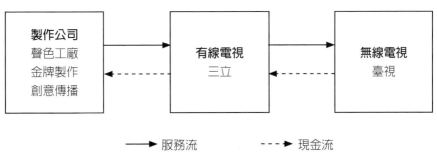

圖 4-2　製作公司、有線電視、無線電視策略合作分工圖

宜，不過仍擁有作品版權。自 2001 年偶像劇初始期，過去長期提供傳統三臺綜藝或單元劇的製作公司，也轉爲拍攝新型態偶像劇。例如過去長期製作中視劇場的映畫傳播事業有限公司、製作華視和中視綜藝節目的全能製作公司以及百是傳播有限公司，還有製作中視綜藝節目的金星製作，都曾跨足偶像劇的製作行列。

　　從 2003 至 2004 年之後，上述製作公司幾乎退出偶像劇製作的市場，完全由另一批製作公司主導，例如星勢力娛樂（製作人：劉瑋慈）、可米瑞智（製作人：柴智屏）、多曼尼製作（製作人：柯宜勤）、可米製作（製作人：王信貴）、紅豆製作（製作人：鈕承澤）、普拉嘉國際意象（導演：蔡岳勳）等。三立合作的製作公司中，又以聲色工廠產製的偶像劇爲大宗，幾乎每年都爲三立製作新戲。較早期（2003-2005）的合作對象則包括麻吉傳播與創億傳播，大量採用喬傑立經紀旗下藝人演出，包括5566、陳喬恩、183 club 等。自 2007 年加入金牌製作，已合作 4 部作品。爲了 2008 年新開關的週五優質戲劇，也首度與王小棣、梁修身、陳希聖等製作人或導演合作。

　　製作公司的特色爲以製作人爲中心，具備整合上下游製作資源的多方能力。不僅擅長劇本創意發想、募集製作經費，製作過程中必須協調演員、導演、經紀人、製片之間的合作關係，還要設法將構想行銷出去。因此，除了戲劇製作本身以外，還須具有整合行銷傳播與商業模式（例如置入性行銷、發行電視原聲帶、販售周邊產品）經營等能力，並直接與無線或有線電視臺接洽版權買賣與播映檔期事宜。

三、整合行銷策略

　　「整合行銷」簡而言之，就是將所有與產品或服務有關的訊息來源加以管理的過程，使消費者或潛在消費者接觸整合的訊息，產生購買或採納行爲，且維持品牌忠誠度（Schultz, 1996）。而狹義的整合行銷則偏重於傳播工具，在一段時間內，針對消費者發展並執行一系列行銷傳播策略的

過程，將各個傳播工具（例如：廣告、公關、直效行銷、事件活動行銷和促銷活動等）進行策略性、階段性的統合，傳遞給消費者，以實現傳播資源效率的最大化。

　　在偶像劇行銷方面，三立充分發揮全方位的整合行銷傳播效能，以全面性的媒體宣傳，創造最高播出效應，例如爲了提升規模效應，擴大市場占有率，三立都會臺曾於 2005 年推出《綠光森林》之際，首創與手機業者合作，掀起「口袋偶像劇」新風潮，並同時授權國際。自社群網站的使用成爲風潮，三立行銷公關部門也新增網路行銷小組，利用 Facebook、Twitter、部落格等各種社群網路管道來吸引觀眾回流。而普遍所採用的典型整合行銷模式如圖 4-3（賴聰筆，2007）。

　　另外，三立電視臺擅用加值策略，以延伸偶像劇的附加價值。突破以往把焦點放在製作本身產製的思維，現在，偶像劇被視爲整合、構連各個

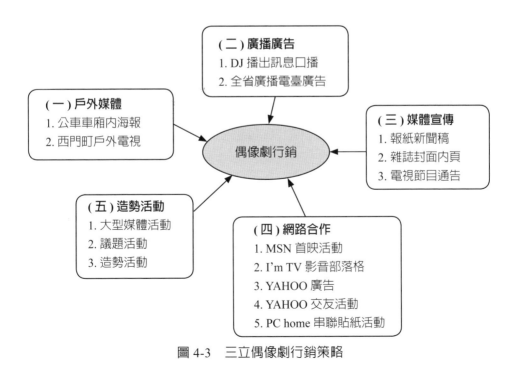

圖 4-3　三立偶像劇行銷策略

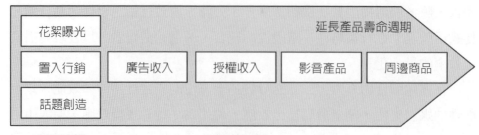

圖 4-4　偶像劇行銷加值策略圖

資料來源：王聖權，2004，頁 82。

橫向相關產業的商業模式，試圖將偶像劇的商品價值發揮到極致、將收視率轉化為收入，也是電視臺致力行銷偶像劇的另一個重點。以三立為例，適時搭配戲劇製作期、上映期和下檔期，向劇迷推出延伸影音產品（例如《拜犬女王》、《我租了一個情人》拍攝前導宣傳微電影、製作花絮短片）、周邊商品，或與企業進行策略聯盟，增加戲外收入。三立臺內設有「版權室」，專門負責周邊商品的授權事宜，以《海豚灣戀人》為例，營業額高達三千多萬（王聖權，2004）。

此外，以偶像劇為核心內容產業，向外擴張發展綜效策略，往往與「唱片」、「數位」、「電玩」、「流行時尚」、「藝人經紀」、「出版」，甚至「文創」、「設計」、「觀光」等周邊相關產業形成策略聯盟，產生產業群聚效應。

四、技術創新與數位匯流

體認到數位匯流與新媒體風潮，三立於 2008 年就希望對內容進行更多的加值與應用，斥資採用新製作設備與技術，並成立以數位與雲端科技為基礎的新媒體事業部。例如 2008 年為迎接數位電視時代來臨，三立電視斥資 6 億打造 HD EFP（多機）攝影棚，製播國內首部 HD 全製程戲劇節目《老王同學會》，成為跨足製作 HDTV（High Definition Television，

高畫質電視）節目的開端。為配合國家政策推動電視數位化，以內容提供者為自居的三立，也將軟硬體設備升級，並打造數位製作環境，自 2012 年後戲劇作品皆以 HD 規格製作。

在電視製作之外，三立也嘗試創立數位品牌「iSET」，透過網路、雲端科技與其內容產製環，建立一整合娛樂數位平臺入口網站、官方網站、創作平臺與電子商務「愛買客」之平臺。而其於 2013 年與 Windows Azure 合作，利用開放且彈性的雲端平臺，建立臺灣第一個雲端化的新聞網，也將平臺的內容與網路社群整合，應用行動多媒體載具，以使內容的產製更加掌握時事趨勢。

而在採用雲端科技與高畫質數位內容製作之前，三立已開始與網路影音平臺業者合作，提供觀眾於固定時段的傳統收視模式之外，另一不受地理位置與時段限制的收看方式。2010 年三立電視首度與大陸視頻網「土豆網」合作，首創臺灣偶像劇與大陸跨平臺合作，帶動大陸互聯網同步觀賞偶像劇的新風潮。例如《偷心大聖 PS 男》首集於土豆網首播，1.5 小時創下 430 萬點閱人次，播出 24 小時，即超過 1,200 萬人次，屢屢刷新土豆網紀錄。另外，三立與城邦文化合作新媒體服務營運平臺，快速推出各個節目專屬 App 以加強與觀眾的互動。三立頻道家族中的「三立戲劇臺」，即是與中華電信 MOD 合作的隨選頻道，提供觀眾全天候三立出品之戲劇節目。

五、善用粉絲經濟

社群媒體風行之際，三立更掌握了另一項利器——「粉絲經濟」。三立旗下擁有眾多明星藝人，因此瞄準了粉絲收藏藝人資訊與照片的需求，於 2016 年 4 月斥資 10 億新臺幣，結合三立最強大的兩大資源：影音內容（Video）與偶像（Idol），打造即時影音串流服務平臺 Vidol，正式投入臺灣 OTT（Over-the-Top）戰場，且快速地在網路上引發粉絲追星熱潮。Vidol 除了播放三立的自製戲劇，例如《我的極品男友》、《愛上

哥們》、《1989 一念間》、《紫色大稻埕》等，也發揮「粉絲經濟」所帶來的效應，例如平臺新增可完整呈現主演明星的介面，讓粉絲能輕鬆明瞭劇中演員，提供明星劇照讓粉絲們收藏與欣賞。同時，粉絲觀眾可利用跨裝置同步觀看。只要能夠連上網，觀眾可於任何時間觀看想看的節目。Vidol 也同步發行中英文版本，因此不論是馬來西亞、新加坡或美國的觀眾，都能透過此影音平臺觀看臺灣產製的戲劇節目。透過由三立經營、近 6 百萬粉絲的各粉絲團推波助瀾，Vidol 開臺兩個月內，就有 25% 的海外收看流量。

再者，三立電視臺行動媒體部的副總經理林慧珍曾解釋，Vidol 經營模式是以粉絲經濟為著力點，為了與以往網路戲劇節目有所區別，Vidol 的製作會於網路論壇，或是年輕人或學生社群中尋找題材，例如曾有 5 集的校園青春偶像劇《同學！我不是故意拿你的學生證啊》，就是取材於學生社群 Dcard 中熱議的校園真實故事，甚至隨著社群討論與真實故事的持續發展，而衍生出續集系列。Vidol 抓準時機改編劇情，不僅是跟上網路社群熱潮，也順勢為節目達到宣傳效果，更開啓了臺灣影視產業少見的原創 IP 劇先例（周怡伶，2016）。

肆　偶像劇面臨挑戰

自 2000 年代中期，臺灣電視圈即籠罩在一股韓流當中，而從中國大陸而來製作精良的歷史、古裝劇，也趁隙而入搶攻部分收視市場，除三立仍維持高內容自製的比例，以及非商業頻道（例如大愛電視、公視、好消息等）或由臺灣代理之國際頻道外，其餘大多數臺灣的電視業者皆降服於大量韓國與大陸影視作品的威脅，甚至連無線電視臺的最後防線，曾是電視臺經營重點的八點檔也拱手讓出，使得國內頻道八點檔黃金時段充斥韓劇、日劇，甚至是大陸劇，而最常看到的黃金時段收視大戰，就是二齣本土劇（三立與民視）和二齣韓劇打對臺的景象。即使 NCC 祭出「本土戲

劇條款」，要求業者增加本土戲劇製播比例，否則評鑑、換照將不予通過，電視臺仍以產業環境惡化，節約成本為考量，購進韓劇、日劇或大陸劇因應。

當然，因產業結構快速變化，收視群眾的習性與喜好也隨之轉變，即使在自製戲劇上仍堅持初衷的三立，也不能倖免。原以為所向披靡的青春偶像劇，需要投入更多的資源經營，卻不一定獲得廣大迴響；在臺灣本地的收視必須與外來的劇種對抗，而市場規模也因「偶像劇」的刻板元素、製作成本與模式，以及經營團隊理念而受限。當前臺灣自製偶像劇面臨的挑戰大致分四大面項，分述於下：

一、題材

前幾年的幾部熱門電視劇《步步驚心》、《後宮甄嬛傳》、《半澤直樹》、《蘭陵王》，或者《來自星星的你》，先不論其為哪一國的製作或行銷策略，其創新的題材與精良的品質，不只成了強大收視磁場，也提供各大新聞媒體與社群網路中熱烈討論的話題，更遑論因戲爆紅或再次翻紅的演員。就以韓劇的題材而論，劇中嘗試了跨戲劇類型之題材重新組合，仍以偶像愛情為基底，再與鬼魅靈異題材結合，例如《主君的太陽》，或是偵探題材的《三滴眼淚》，當然，還有 2014 年初最被關注的《來自星星的你》中，來自外星的角色設定。這些意想不到的結合，帶給觀眾新鮮感與期待，也正是臺灣自製電視劇面臨最大的挑戰。

初期偶像劇主要以青少年至 20 歲初期為主要收視群，然隨著此世代觀眾的成長，近年來的偶像劇則設定 20 多歲輕熟至 40 歲成熟觀眾，當然題材的選擇勢必由對浪漫愛情的憧憬逐漸轉向為愛情、婚姻與現實的平衡，三立的《敗犬女王》與《犀利人妻》即掌握了社會脈動。然而，現今普遍電視劇題材與劇情的選擇，僅少數以作品整體定位考量，大多是以短線收視刺激為考量，因此常有抄襲經典作品或是借梗的情況。例如八大電視的《終極一班 3》，有許多橋段則改編自時下流行電影、電視劇、

節目、廣告,甚至網路用語,因而少了原創可有的新鮮感,例如聯誼情節、主要男性角色的反應,就和韓劇《紳士的品格》每集都有的開場白小劇場如出一轍。而 2013 年臺視自製的家庭倫理劇《親愛的,我愛上別人了》,雖然妻子外遇話題在臺灣電視劇中少見,但韓劇有許多前例,例如金喜愛主演的《妻子的男人》,李察‧基爾電影《出軌》也是該類型經典作品。而三立打造的華劇《真愛黑白配》中胡宇威在棒球場上向陳庭妮告白,日劇《求婚大作戰》中也曾有類似畫面(杜沛學,2013)。

題材通常是決定一齣戲能否擄獲觀眾的關鍵,成功的戲劇作品除了娛樂、故事扣人心弦,也可能因合時合宜的題材而引起觀眾共鳴,甚至成為熱門話題。即使在面臨題材瓶頸之際,三立也曾嘗試以非「偶像劇」富男窮女、浪漫愛情配方所製作之「華劇」(國語時裝劇),例如《含笑食堂》或《二個爸爸》。題材的選擇與包裝必須跟隨社會脈動而調整,否則在少數的經典之作之後,就是大量的守舊與抄襲,長久下來即使曾是忠實的觀眾,也會感到疲乏。

二、製作格局受限,人才流失

即使臺灣偶像劇曾是造就許多影視明星或製作人才的搖籃,也必須面臨近年來嚴重的人才流失問題。三立總經理張榮華認為,臺灣電視劇產製的環境進入嚴峻期,現今電視臺即使撥以每集 180 萬到 200 萬的製作費,已敲不到以往可有的大型卡司或重量級團隊,因為許多人才已外流至提供更高價碼的大陸。一手打造《流星花園》,捧紅 F4、楊丞琳、陳妍希、潘瑋柏等多位偶像明星的柴智屏,也因臺灣電視編劇、導演、演員等人才的流失,於 2012 年底決定停止偶像劇事業,並解散旗下專攻偶像劇的製作單位「可米瑞智」與「可米富亞」。

以往臺製偶像劇的海外播放版權,多以製作團隊與卡司為價碼談判的籌碼,與三立合作多次,也曾以《愛殺 17》、《敗犬女王》入圍金鐘獎的林清振導演感慨,「過去只要戲開拍,就能把題材和卡司排出來,開始

與無線臺或是海外談價碼，像《真心請按兩次鈴》（由夢田文創製作，與華視、東森合作的文創偶像劇）裡面的何潤東和張鈞甯，這卡司一擺出，馬上就可以賣出去了。」然而，現今為數不少的偶像演員，自電視成名後即轉往大銀幕，例如阮經天、趙又廷在拍電影《艋舺》大紅後，逐漸減少電視劇的演出，或是如三立捧紅的明道轉往大陸發展，其他原是以電影為主的演員，例如陳柏霖雖以《我可能不會愛你》獲電視金鐘男主角後，仍以大銀幕為發展主項，這也造成日益嚴重的小生 / 小旦卡司荒難題，間接影響了海外的市場規模（陳慧貞，2013）。

　　近幾年來的廣播電視金鐘獎，獲獎贏家也多是非商業電視臺所製作的優質節目，多為叫好不叫座，收視成效不佳且缺市場潛力。在政府有限的補助或獎勵措施下，叫座的熱門節目，又常因其商業目的濃厚而不受評審青睞，進而削減製作單位投入具市場力之優質節目的製作意願與資金規模。另一現實考量則是收視競爭與成本考量，電視臺逐漸減少自製節目比例，轉向輸入外國具收視競爭力的節目，以節約營運成本，更使既有人才無發揮空間。再加上目前大陸公司提供更優渥的製作經費與環境，在語言文字無障礙的前提下，帶著臺灣時裝偶像劇製作經驗去大陸發展的製作人才不計其數，有些仍往返於臺灣大陸之間，而部分則以大陸市場為發展重心。

三、海外市場競爭與障礙

　　環顧亞洲影視市場，臺灣偶像劇搭載著偶像明星熱潮，是繼日本與韓國偶像劇之後，在華人與東南亞等地區熱播的選項，而包括泰國、馬來西亞、印尼、新加坡等國家，也成了臺灣偶像劇外銷必然之地，外銷版權價格亦有攀升趨勢。三立早期的《薰衣草》、《海豚灣戀人》等劇在東南亞國家創下不錯的銷量與收視率，也帶動自製戲劇劇本、故事書的銷售。2006 年印尼片商 PT. Sinemart Indonesia 看好三立偶像劇當紅的前景商機，以近千萬臺幣向三立買下《天國的嫁衣》、《愛情魔髮師》、《王

子變青蛙》、《綠光森林》、《MVP 情人》、《海豚灣戀人》等 6 部原創劇本，再成功賣給印尼多家電視臺。印尼無線電視臺 RCTI 依照原偶像劇的特性尋找主要演員，翻拍印尼版的《王子變青蛙》（當地播出改名為《灰姑娘的夢》），也成功創造出全國收視第二的佳績。透過如此模式，三立更成功地將其偶像劇行銷至印尼，同時帶動粉絲爭相比較臺灣與印尼版的男女主角、情節等，順勢形成新聞話題。

　　然而，即便三立曾嘗試將自製偶像劇行銷至歐美或其他地區，由於語言與劇情發展的社會或文化脈絡差異，實際服務的觀眾仍是以海外華人為主。臺製戲劇若只能賣到海外華人衛星頻道，成就意義並不大，仍必須朝向海外無線電視臺的播映，或是獲得當地觀眾接受的目標邁進，進而得到當地觀眾的注意和喜愛。再者，近年來泰國與菲律賓的戲劇，也嘗試以配音與較低價格打入國際市場，再加上既有日、韓劇的競爭，海外華人市場可選購的節目種類與來源增加後，不必要依賴臺灣電視提供內容，而使得臺灣戲劇於海外市場的競爭更具挑戰性。

　　相較於臺灣其他電視臺，三立還須面對多一項挑戰。即便三立的海外發行業務不斷擴張，成功打進日、韓市場，但在中國大陸市場卻頻繁受阻。其中最主要的原因多推向三立電視臺經營階層的政治意識型態，並以「臺灣人的電視臺」自我定位，觸及敏感議題，使得三立在進入日益重要的中國大陸影視市場之路布滿障礙。以往臺灣暢銷的偶像劇，例如《流星花園》、《花樣少年少女》，可能以牽涉兒童、青少年的教育功能為由，無法順利在大陸播出。各省級衛星頻道也因政治敏感性避免購買三立電視劇，轉而考量臺灣其他電視臺的熱門作品，例如八大《惡作劇之吻》。三立 2008 年在臺熱播的《命中注定我愛你》就曾遭到大陸禁播，直到 2010 年更名為《愛上琉璃苣女孩》，並將劇中火辣床戲、未婚懷孕等刪除才得以在湖南衛視播出。

　　中國大陸是臺灣電視節目海外版權販售非常重要的一環。大陸對於臺灣節目接受度與偏愛度高，願意高價購買版權，且市場規模巨大，也成

為臺灣各家電視臺兵家必爭之地。在臺灣偶像劇戰場與三立競爭的八大電視，因無政治立場的阻隔，在大陸市場已經營出漂亮成績，像是由何潤東主演的《泡沫之夏》、言承旭的《就想賴著妳》，除了賣往臺灣各電視臺，在中國市場的交易也快速談成。根據八大電視的前行銷公關經理蔡妃喬表示，輝煌時期光是 2012 年上半年，八大在大陸就已售出高達 6 到 7 檔戲的版權。而臺灣不少製作人更直接和中國大陸合拍國產劇，每集製作費可達 420 萬元，比臺灣平均的 150 萬元高出約 3 倍，因此，當戲再賣回臺灣時，臺灣播出收視率的多寡早已不構成壓力。如此巨大誘因，也使得三立必須正視其立場與定位可能帶來的阻礙，2010 至 2011 年間電視臺內人事的異動與節目製作走向的調整，例如反中色彩鮮明的政論節目主持人的撤換與轉型，則是三立為打開大陸市場的因應措施，期待透過色彩淡化作為爭取大陸市場版權的籌碼。

四、收視習慣的改變

以往電視機就是觀賞電視節目唯一的平臺，電視收視是照表抄課，不論是首播或是重播，觀眾就是按時開機觀看喜愛的節目，而花在電視收視的時間也遠多於使用其他媒體形式的時間。進入數位匯流時代後，閱聽眾收視行為正逐漸改變。財團法人資訊工業策進會統計，2013 年國人使用媒體的比例中，每週平均花 23.9 小時使用電腦上網，電視則以 16.5 小時位居第二；手機、平板電腦的使用率也大幅提升，分別為 15.4、8.8 小時。傳播科技使得電視收視戰場延伸至網路與行動載具，收視行為不再受時間與空間的限制，影音內容選擇更多，觀眾可以隨時上網選擇想收看的節目。

此外，隨著數位匯流的趨勢及發展逐漸成熟，行動載具的普及新媒體平臺如 IPTV、網路收聽／收看逐漸成為消費者重要的收視管道之一，也使得收視行為不再限於電視機。由於資訊來源多元，對現行的電視收視率調查產生衝擊，也因此收視率的掌握也必須跳脫傳統計算方式。這些瓜分

傳統電視收視群的收視選擇，對於三立或其他電視臺經營者而言，收視的流失就可能是廣告營收的威脅，然而，也可能是契機。

除三立戲劇臺於 2013 年 6 月 3 日正式在中華電信 MOD 上架播出以外，三立也於 2013 年首度與大陸「土豆網」合作，創造了互聯網同步觀賞偶像劇的新收視模式。由吳建豪擔綱的《愛上巧克力》，每天與電視同步在土豆網播出，一天平均有 20 萬人收看。三立更於 2016 年與影音平臺「Netflix」合作，成為臺灣第一個與全球三大影音平臺合作的電視臺，提供三立原創戲劇，以超過 20 種以上語言全球同步播放。由此可見網路視頻平臺可發揮的影響力不可小覷，臺灣電視劇的製作與播出必須全面進入數位匯流時代。

伍　偶像劇的下一站：轉型？創新？

一、市場轉型與華流創造

「臺灣電視劇該到改變的時候了！」三立總經理張榮華曾這麼說。2011 年正值三立電視面臨一系列的挑戰，為拓展國際市場與一直受挫的大陸市場，對內組織人事進行大幅調整，此時素有三立偶像劇之母的蘇麗媚卸下執行副總，而由總經理張榮華啓動三立戲劇的重大轉型，並於同年東京國際影視節宣布「華劇計畫」，將以製作華人電視劇（以華人為主要市場之國語時裝劇），並創造與韓流抗衡的「華流」，以鞏固三立「華劇」霸主地位（鄭秋霜，2012）。

目前臺灣電視戲劇輸出主力是偶像劇，雖然在海外華人市場很受歡迎，然而一年全臺只產出約 20 部偶像劇（約 500 小時），即使每部品質再精良，數量仍不敷海外市場經營者常會需要排片而有青黃不接的窘境。也因此，偶像劇在海外經營者的頻道裡，通常只能補別人的空檔，很難成主力產品。因此，三立華劇計畫不只在質上有所追求，更要著眼量的增

加，才能創造「流」。三立第一個措施即是將原週五到週日晚間 9 點以後的偶像劇時段，擴展至週一至週四，時段除 9 點檔帶狀時段，也增加平日向來是本土長壽臺語劇稱霸的 8 點帶狀時段（八、九點華劇系列）。此策略逐漸奏效，三立都會臺首推的週間 8 點華劇《眞愛找麻煩》開播以後，還曾創下 4.9% 的有線電視收視，還勝過無線四臺的八點檔，同時也捧紅新人陳庭妮。2012 年的《小資女孩向前衝》除在臺灣單集創下 7.33% 最高收視紀錄，更成功引起「小資」風潮，打進港、日市場。

　　另一方面，爲因應戲劇轉型而來的龐大製作規模，三立在硬體設備也做大規模的擴充。首先斥資 5 億於三重打造占地超過 1,500 坪的「華劇製作中心」，共 5 個 6 米挑高 HD 高畫質的數位攝影棚，未來將成爲華劇專用攝影棚。事實上，此時臺灣其他電視臺也正進行軟硬體的提升或擴編，以因應即將來臨的新電視戰國時代。宏達電董事長王雪紅正式進軍電視圈的第一站 TVBS，即在與三立及民視的競爭下，以 16 億標下新北市影視城林口土地投標案，計畫將此約 4,300 坪打造 8 到 10 間攝影棚。

　　除了大手筆軟硬體提升外，仍面臨資深人才的流失，三立爲了大規模華劇產製的質與量，需要大量人才投入，因而規劃系列人才培育機制，以儲備因應戲劇製作需求，進而建構強大競爭力的自製戲劇能力。三立電視臺曾於 2008 年率先與影音平臺 Youtube 合作舉辦「我在 159 號，讓世界看見你」尋找影像創作人才活動，嘗試融合線上影音分享平臺的優勢與傳統電視媒體資源，號召影像創作新銳及表演新秀，包括導演、編劇、攝影、製片、剪接、演員等。接著正式成立產業人才培育單位「數位敘事工場」，匯集影視界資深工作者與大專院校內影視相關科系合作，期望培養可投入三立媒體產業的儲備人才。

　　另外爲搭配華劇行銷，進而創造趨勢與流行，三立創辦《華流月刊》，主要搭配三立華劇的製作與播映期，從臺灣影視娛樂出發，以旗下與劇中藝人爲包裝，剖析時尚、影劇、生活娛樂等產業文化。當然也包括解構華劇成功因素、經典橋段、場景、服裝搭配。以多元化的角度，完整

結合藝能動態、社會脈動、時尚流行、美食旅遊、音樂文化、名人，以及明星觀點等多種領域，以吸引讀者，並將讀者引導至華劇的收視與市場拓展。

二、跨文創產業創新結合

曾一手打造三立偶像劇品牌的前執行副總蘇麗媚認為，偶像劇不是只有俊男加美女，更是特定世代創作自由的最佳體現，不僅可以串起娛樂產業，更可以創造一種潮流生活，包括音樂、生活、思想風格、微型文創、街區巷弄文化等元素，都會變成戲劇符號，進而成為新的文化資產。也因此，當蘇麗媚離開三立執行副總一職後，一手創立「夢田文創製作公司」，繼續在偶像劇的轉型與創新上耕耘，也仍維持過去三立與無線臺聯播關係。

影視產製與其他產業結合的典範，近 10 年內成功案例首推韓國影視產業。韓國藉由其影視內容的製作與輸出，從內容提升韓國形象，再進一步結合製造業汽車（例如現代汽車）、家電（例如三星、LG）、化妝品（例如 The Face Shop、Leneige）等欲推展海外市場的製造商共同贊助製作戲劇節目，並透過政策低價推廣銷售。而在海外市場播出時，韓國企業亦同時購買韓劇播映時段的廣告，以增加海外播映機構播映韓劇的意願。隨著韓流戲劇在海外市場的熱映，韓流明星也代言各項商品，譬如推廣韓國品牌手機、代言韓國化妝品，韓國偶像明星穿著韓製服飾，提升海外市場對韓國時尚品牌的印象，使得韓劇所帶動的韓流風潮，不僅只限於電視節目，而是所有韓製商品的品牌形象。

藉由相仿模式卻又強調臺灣特色，蘇麗媚認為結合藝術家與偶像劇，臺灣文創商品將會與戲劇併出絢麗火花，也創造新商機。蘇麗媚創立夢田的第一部偶像劇《醉後決定愛上你》中放了很多文創元素與生活型態，包括了世界麵包冠軍的吳寶春、當代藝術大師吳昊、入圍多次葛萊美獎的蕭青陽、雕塑大師楊英風、深受歡迎的魚蹦劇團，甚至還有研究多年

城市巷弄文化的東吳大學社會系副教授劉維公等，使得《醉後》成為臺灣第一齣文創偶像劇，而透過《醉後》的海外行銷，也帶動外國背包客到臺北巷弄做深度的城市與文化觀光。2011 年的《真心請按兩次鈴》，邀請插畫家薩比娜繪製插圖並製成文具，商品進入了日本通路，受到觀眾歡迎，插畫家得到表現的舞臺，也讓偶戲劇製作團隊邀請更多位插畫家參與創作。

　　夢田文創於 2012 年所製作的《粉愛粉愛你》，也是與 10 位微型文創者合作。在外銷市場上，由於偶像劇是最佳文化載體，因此需要尋找跨界整合資源並且可以育成的文創產業，而配合劇中主角為彩妝師，就特別找到百年毛筆、後來轉做彩妝毛刷的「林三益」，來傳達臺灣百年美術的意涵，而整部片子要傳達的就是生活美學。《粉愛粉愛你》原先只希望傳達臺灣百年製筆廠商林三益的文化內涵，在海外播出後，即有丹麥代理商希望代理該品牌，另外也有新加坡廠商表達代理的意願，這些回應讓促成偶像劇與文創結合的夢田團隊受到莫大的鼓舞（鄭圭雯，2014）。

　　在偶像劇與微型文創的無縫結合以外，偶像劇的下一步也可以是跨種類文創產業的整合，以原創故事為核心，將位居國家文創產業龍頭的影視產業，跨界整合平面印刷、動漫、舞臺劇、戲劇、流行音樂、新媒體、遊戲與創意生活等產業，進而建立文化「產業」商轉模式，如此的構想早在臺灣偶像劇製作的初期即有製作人（例如柴智屏、蔡岳勳）曾提出。這其中很重要的概念就是「一源多用」，這裡面又有縱向應用及橫向創作的立體化。

　　在《醉後決定愛上你》的縱向應用，製作團隊還開發了 App，放入行事曆、活動、臉書、微博、獨家內容、內建收費的拍貼、導購等功能，同時也公開 21 個拍戲景點，供粉絲安排旅遊。全世界透過 QR Code 掃描、AR，能看到在此景點拍攝的片段及花絮，進而導入 21 個巷弄店家虛實整合的商業活動。而橫向創作部分，以這個原創故事為核心，跨業創作舞臺劇《瘋狂偶像劇》、醉後動畫影集、社群遊戲。而在 2012 的偶像劇《粉

愛粉愛你》中，可以看到國內百年筆店「林三益」的彩妝刷具、網路品牌Ann'S 的鞋子，以及 CDNE 商品等的「粉愛 SHOP」，透過內容自身成為一個「微平臺」的行銷載體。

　　自 2001 年臺灣進入偶像劇時代，逐漸走出臺灣風格的偶像劇劇種，其劇種原型、題材挑選、行銷包裝、創新整合也必須隨著文化脈動與社會變遷而不停變化。隨著影視（廣播電視）產業所面臨的新挑戰，現今的偶像劇必須轉化成不是一個戲劇類型，而是承載新一代文化資產的行銷載體，一個流動的「微平臺」。當電腦與新媒體將當代文化帶領進數位文化、當敘事文本從印刷時代走入數位時代，三立電視王國、夢田文創、其他電視事業，或是各類文創產業，也許必須跳脫原有單一媒體的思考模式，從一個「跨平臺」、「跨產業」、「跨市場」的角度去推動它，發揚它，延續它。

1. 請選擇一部擁有亮眼收視成績的戲劇作品，試討論在數位匯流趨勢中，其採用哪些整合行銷策略來吸引閱聽眾？而就個人與社會層面而論，這齣電視劇是否帶來何種影響或獲得如何的關注？
2. 請以戲劇題材與敘事元素為出發點，嘗試分析你所認知的偶像劇通常具備的要件有哪些？為何你認為這些才能構成「偶像劇」？
3. 對於電視劇海外市場的潛力，你認為臺灣製作的偶像劇擁有如何的競爭優勢？又在外銷上可能會面臨何種困難？

一、中文

丁曉菁（2019）。**2018 臺灣文化創意產業發展年報**。臺北：文化部。

王聖權（2004）。**媒體自製偶像劇在文化創意產業之多重連結運用：以三立電視臺偶像**

劇經營為例。南臺科技大學資訊傳播學系碩士論文。

吳怡國、姜易慧（2010）。**臺製偶像劇產業發展變遷之歷時性研究**。2010 中華傳播學會年會暨第四屆數位傳播國際學術研討會，嘉義：中正大學。

李天鐸（2006）。**全球競爭時代臺灣影視媒體發展的策略與政策規劃委託研究專案**。臺北：行政院新聞局。

李政忠（2003）。以「連結」觀點思考媒體業者在全球化趨勢中的經營策略。**新聞學研究**，75：1-36。

杜沛學（2013 年 8 月 21 日）。電視劇愛借梗。**聯合報**，第 C01 版。

林貞吟（2009）。**成功偶像劇的團隊與領導**。中山大學人力資源管理專班碩士論文。

徐啟智（2002）。**有線電視頻道區隔定位與整合行銷傳播運用之研究——以三立電視臺為例**。世新大學傳播研究所碩士論文。

袁櫻珊（2003）。**華語地區無線電視產業競爭策略研究**。淡江大學大眾傳播學系碩士論文。

陳慧貞（2013 年 1 月 23 日）。兩部連續劇敲不到男主角「彩虹的那一邊」、「願嫁金龜婿」籌備半年仍無法開拍。**聯合報**，第 C01 版。

揚起鳳（2013 年 11 月 18 日）。電視圈寒冬 今年正要開始。**聯合報**，第 C04 版。

鄭秋霜（2012 年 2 月 6 日）。臺灣電視劇 要創華流奇蹟。**經濟日報**，第 C09 版。

賴聰筆（2007）。從臺灣的戲劇市場看韓流的消長與華流的未來。**第十二屆海峽兩岸影視文化交流與合作座談會特刊**，第 6-15 頁。

二、外文

Rumelt, R. P. (1982). Diversification strategy and profitability. *Strategic Management Journal, 3*(4), 359-369.

Schultz, D. E. (1996). IMC Has become a global concept. *Marketing News, 30*(5), 6.

三、網路資料

王一芝（2005 年 1 月）。蘇麗媚改寫遊戲規則。**遠見雜誌**，第 233 期。取自 https://www.gvm.com.tw/Boardcontent_10463.html

李翠卿（2003 年 8 月）。張榮華的戲夢人生。**遠見雜誌**，第 206 期。取自 http://store.gvm.com.tw/article_content_331.html

周怡伶（2016 年 11 月）。媒體囚徒困境？看三立如何善用「粉絲經濟」，斥資 10

億打造網路影音平臺「Vidol」。**天地人文創**。取自 https://blog.tiandiren.tw/archives/22580

郭明琪、張凱茹（2012 年 8 月）。2012 年 MVP 經理人：三立電視臺總經理張榮華。**經理人月刊**。取自 http://www.managertoday.com.tw/?p=33960。

廖于禪（2012 年 12 月 12 日）。三立電視以 Windows Azure 開創新媒體契機。**雲端 DitiTimes**。取自 http://www.digitimes.com.tw/tw/cloud/shwnws.asp?cnlid=16&cat=10&cat1=20&id=0000360413_5DC5G6CH06WO9N4C38JJ8#ixzz2uZuYqbBU〉

鄭圭雯（2014 年 1 月 19 日）。蘇麗媚結合藝術家和偶像劇。**旺報**。取自 http://www.chinatimes.com/newspapers/20140119000860-260301

第5章

數位匯流
內容產業的展望與挑戰

李欣蓉

Creative

Cultural

Industry

壹　歷史沿革

數位匯流是四種傳統上相對獨立的產業的融合過程。這四種傳統產業指的是 IT 產業（Information Technology）、電信產業（Telecommunication）、消費性電子產業（Consumer Electronics）和娛樂產業（Entertainment）。[1]

在文創產業的子產業分類中，數位匯流則跨越了「數位內容產業」、「廣播電視產業」、「流行音樂產業」、「電影產業」、「出版產業」、「廣告產業」……等，對所有內容產業均將造成巨大的衝擊。

因應內容消費市場的需求，跨產業的融合無時、無形地在你我生活中發生。內容廠商不斷推出新奇的使用介面、服務機制、營利模式，市場上呈現百家爭鳴的狀態。人們運用一個載體，同時收到圖文、影音、多媒體及互動式遊戲，「大大地改變我們的工作與生活型態。」[2]（Harry Strasser, 2013）。數位匯流重組了許多產業的型態，也成為不可逆轉的趨勢。這趨勢不但創造出新的應用環境，更會創造出龐大的應用商機。

一、影視產業

影視產業初期最主要的即是電影和電視產業。這不僅是文化內容的產品，也是文化傳播的媒介。影視產業曾經創造出可觀的產值，可說位居文創產業的核心。傳統電影產業的龍頭——美國好萊塢，藉著超人氣的卡司、刺激緊湊的劇本和高超的動畫特效技術，總能叫好又賣座。在臺灣，2012 年經立法院通過之《文化部影視及流行音樂產業局組織法》，整合行政院相關部門所成立的文化部「影視及流行音樂產業局」，負責管理與

1　資料來源：維基百科，《數位匯流》，http://zh.wikipedia.org/zh-tw/%E6%95%B8%E4%BD%8D%E5%8C%AF%E6%B5%81

2　資料來源：摘自 DIGITAL CONVERGENCE，http://www.digitalconvergence.eu/

協助臺灣電影、廣播、電視和流行音樂，以及其衍生之流行文化內容產業
發展。此外，「影視及流行音樂產業局」亦主辦金馬獎、金鐘獎、金曲獎
和金音創作獎、電視劇本創作獎等國家級文化活動。

　　在政府倡導、鼓勵及創作者不斷的努力後，近年來也拍出許多令人驚
嘆的作品。綜觀 2016 年至 2017 年電影產業營業家數的表現，電影製作
業、電影後製業及電影映演業分別成長 21.28%、11.43% 及 0.91%，電影
發行業則衰退 3.51%。[3] 由此可見國內電影製作業及電影後製業逐漸走向大
型化以及專業分工。

　　一個好的作品永遠需要不同的專業，即便具有各種能力的個人，單槍
匹馬獨立奮鬥創作，也較無法持久。近期臺灣電影逐漸產業化，開始有精
密的專業分工。除了演員的表演外，幕後工作均分配給不同專業的工作人
員，例如：導演、副導演、導演助理、場記、劇務、攝影師、服裝、攝影
助理、劇照師、化妝、燈光、製片、美術指導、道具電工、場務……等。
而電視產業從最早無線三臺的節目播出，直至 1994 年開放第四家無線電
視申請，以及有線電視合法化，頻道數與播放時段增多，使得開放初期外
包型製作公司如雨後春筍般的成立，造就臺灣電視節目盛世。

　　2000 年前後開啟的網路時代，逐漸分散既有收視族群，收視率降低
直接影響電視節目製作費的規劃。在高度競爭的結構下，電視臺開始購買
國外節目版權，雖所費不低，但利益遠大於自製節目的盈餘，因此大量買
進國外節目，這個歷程直接壓縮臺灣自製節目的生存空間。電視臺引進外
來劇，確實增加觀眾的多元選擇，卻也同時威脅本土節目的成長：沒有足
夠預算的節目製作，其代價就是收視率大幅降低，讓國人對自己的影視作
品失去信心。2010 年代進入人手一機的時代，多元的收視方式及收視平
臺，更重創原本就低迷的收視率至一蹶不振，傳統的收視率調查雖並不能

---

3 資料來源：文化部影視及流行音樂產業局，《2017 影視廣播產業趨勢研究調查報
告—電影產業》，取自：https://www.bamid.gov.tw/information_243_95905.html
（查詢日期 2019/8/30）

體現真正收視族群，但也進一步的確認電視機前觀眾年齡層的上升。當低成本的節目開始無限制的被製播及重播，不只觀眾覺得無趣，也連帶影響許多臺灣演藝人員工作機會少，而出走中國。如此惡性循環之下，影視產業目前面臨的狀況實為堪憂。

　　2017 年《通靈少女》是公共電視與 HBO Asia 合作的首部臺灣製播且全中文發音影集；2018 年由量子娛樂、金星娛樂聯合製作的《聲林之王》與直播平臺浪 Live、數位音樂平臺 KKBOX 等異業合作，ETtoday 新聞雲網路 APP（台新銀行冠名[4]）首播，臺視為主頻道、中天綜合臺等頻道聯合播出，且在各頻道有不同的冠名廠商。2019 年《我們與惡的距離》除了公視、HBO Asia，更加入了 CATCHPLAY（威望國際）首度跨國際平臺合作影集，且在 2019 年入圍金鐘 14 項大獎，創下年度入圍數最多的紀錄。以上在在顯示，唯有穩穩站在優質內容的製播基礎上，將節目與商業合作彈性增大，加上開放平臺頻道的合作，節目成功的機會更大。

二、數位內容產業

　　根據經濟部數位經濟內容產業推動辦公室《107 年數位內容產業年鑑》，數位內容在臺灣的定義，經多年研展，歸納如圖 5-1。而數位內容產業涵蓋八大次領域產業，分別為：數位遊戲、電腦動畫、數位影音、數位出版與典藏、數位學習等 5 大核心產業，以及行動應用服務、內容軟體、網路服務等 3 大關聯產業。[5]

4　資料來源：中時電子報，《「聲林之王」選秀夯 台新冠名贊助》，取自：https://www.chinatimes.com/realtimenews/20181114003345-260410?chdtv（查詢日期 2019/8/30）

5　資料來源：經濟部數位經濟內容產業推動辦公室，《2016 數位內容產業年鑑》，取自：https://dcipo.org.tw/wp-content/uploads/2017/10/2016industry.pdf（查詢日期 2019/8/30）

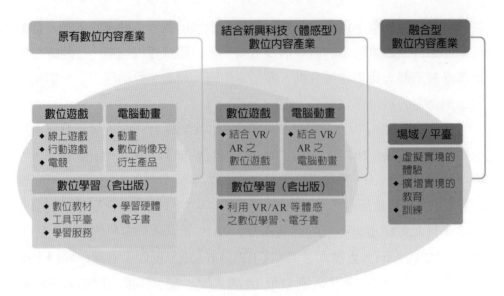

圖 5-1　數位內容在臺灣的定義

資料來源：經濟部數位經濟內容產業推動辦公室，《107 數位內容產業年鑑》，取自：https://www.dcipo.org.tw/wp-content/uploads/2018/10/2017industry.pdf（查詢日期 2019/4/30）

(一) 數位遊戲

運用資訊科技開發遊戲及與其整合之產品或服務。包含：電視遊戲（TV Game）、電腦遊戲（PC Game）、可攜式遊戲（Handheld Game）等。市面上許多精緻的遊戲，例如前陣子造成轟動的暗黑破壞神系列，每次的新作品都讓玩家為之著迷。

(二) 電腦動畫

運用電腦產生或協助製作的連續聲音影像，廣泛應用於娛樂及其他工商業用途者。包含：電腦動畫（2D/3D 動畫）、網路動畫（Flash）、網路多元化動畫應用內容（電腦、手機、PDA）等。許多影音作品呈現的方式不再只可能是由人扮演角色，而是透過電腦科技去製作連續聲音影像而成精細的動畫，例如日本動畫之父宮崎駿，用幾十年傾力製作出一部部膾炙人口的動畫作品。

⒠ 數位學習

運用資訊科技數位化學習內容，所進行之網路連線或離線等服務及產品等學習活動。包含：學習內容製作工具、軟體建置服務、學習課程服務、數位內容教學服務等。許多的外語教學服務不再限定於面對面，而是透過數位資料庫提供服務給消費者，例如 TutorABC 提供的線上英語家教服務。

⒡ 數位影音應用

將傳統類比影音資料（例如電影、電視、音樂等）加以數位化，或以數位方式拍攝或錄製影音資料，再透過離線或連線方式，傳送整合應用之產品及服務。例如：市面上販售的音樂 CD、DVD、VCD、線上音樂、影片播放下載服務、線上（數位）KTV、隨選多媒體服務 MOD、（有線與無線）數位電視、數位廣播等。

⒢ 行動應用服務

使用行動終端設備產品，經由行動通訊網路接取多樣化行動數據內容及應用之服務。包含：行動通訊服務、行動娛行服務、行動交友服務、行動資訊服務、行動定位服務等。

⒣ 網路服務

提供網路內容、連線、儲存、傳送、播放等相關服務稱爲網路服務產業。包含：內容服務、應用服務、平臺服務、通訊／網路加值服務、接取服務。

⒤ 內容軟體

製作、管理、組織與傳遞數位內容之相關軟體、工具或平臺稱爲內容軟體。包含：多媒體製作工具（Authoring Tools）、多媒體影音串

流（Steaming Media）、內嵌式系統（Embedded System）、網站內容管理（Web Content Management, WCM）、企業內容管理（Enterprise Content Management, ECM）、數位資產管理（Digital Asset Management, DAM）、數位權利管理（Digital Rights Management, DRM）等。

(八) 數位出版典藏

含傳統出版、數位化流通、電子化出版、數位典藏等產業。數位出版是運用網際網路、資訊科技、硬體設備等技術及版權管理機制，讓傳統出版在經營上產生改變，創造新的營運模式及所衍生之新市場，帶動數位知識的生產、流通及服務鏈發展。產品或服務包含圖像或文字之光碟出版品、電子書、電子雜誌、電子資料庫、電子化出版（e-publishing）、數位化流通（digital distribution）、資訊加值服務（enabling services）等。

表 5-1　2012 年至 2017 年臺灣數位內容產業之產值結構（單位：新臺幣億元）[6]

數位內容產業／年度		2012	2013	2014	2015	2016	2017
核心產業	數位遊戲	404	453	506	532	572	531
	電腦動畫	53	58	67	70	75	76
	數位影音	668	861	1,270	1,780	2,128	2,212
	數位出版與典藏	515	528	492	445	448	438
	數位學習	465	569	719	903	1,102	1,323
關聯產業	行動應用	845	1,025	1,353	1,630	1,692	1,889
	內容軟體	1,942	2,029	2,100	2,166	2,240	2,011
	網路服務	1,443	1,781	1,935	1,988	2,058	1,980
總產值		6,335	7,304	8,442	9,514	10,315	10,460

---

[6] 資料來源：經濟部數位內容產業推動辦公室，《2017 數位內容產業年鑑》，取自：https://www.dcipo.org.tw/wp-content/uploads/2018/10/2017industry.pdf（查詢日期2019/4/30）

　　隨著科技的發展、環境保護與便利性的考量，數位遊戲已成爲廣受歡迎的休閒娛樂，而電子書既不占空間，還能減少紙張的消耗，也增加多元影音閱讀的方式。因此數位遊戲和電子書的發展是數位匯流中跨產業融合相當重要的兩項產業。

貳　商業模式

　　我們以 KKBOX 爲例（http://www.kkbox.com/），來說明數位內容產業的商業模式（Business model generation）。[7] 它將商業模式拆解成九大模塊，如圖 5-2。

　　這個圖 5-2 剛好分成上下兩部分：上半部，由左至右，可視爲一個商業模式的上游到下游。下半部，則是上半部模塊在財務上的意涵，左半邊與成本有關，右半邊則是跟營收有關。KKBOX 的商業模式如圖 5-3。

　　KKBOX 是由願境網訊於 2004 年 10 月推出的一個「臺灣線上音樂平臺」，並經過社團法人中華音樂著作權協會（MUST）與國內外數百家唱片公司爲其合法性背書。支持正版音樂，因此 KKBOX 提供的音樂都已受到各大唱片公司的授權。主要提供的服務是線上串流音樂播放服務，另外也提供條件式的下載歌曲服務，此服務屬於一種雲端運算服務方式，

圖 5-2　商業模式

事業夥伴	主營業務	價值主張	客戶關係	目標客群
✓歌手 ✓唱片公司	✓提供好聽的歌曲無限制串流方式隨選隨聽 ✓提供方便、快速音樂購買、播放的選擇	✓解決沒空逛唱片行的人們取得音樂的問題 ✓滿足歌迷想聽到最新歌曲的問題	✓養成客戶固定消費的習慣	✓忙碌的上班族 ✓死忠歌迷 ✓冷門音樂愛好者
	關鍵資源		通路	
	✓免於被竊取音樂的技術 ✓開發更方便的消費方法		✓網路	
成本結構			營收來源	
✓資本額 6,040 萬元			✓使用者帳戶儲值	

圖 5-3　KKBOX 的商業模式

而當無連接網路狀態時另可離線播放使用。KKBOX 平臺內包含個人化歌單管理、音樂資料網頁瀏覽器及社交網路服務功能等。另外，KKBOX 的月租會員每月收取固定費用，即可自由點播線上目錄中的歌曲。2012 年 4 月推出音樂商店功能，主要販售相較於線上串流音質更佳的數位單曲（320kbps／AAC 格式），其檔案購買下載後則可轉存至 mp3 播放器、手機，或燒錄至光碟使用。

一、跨界競合

　　早期在談數位匯流時，著重在電信與媒體的「跨界競合」。彼時媒體的數位化、高畫質化是焦點。但隨著智慧型設備、高畫質設備的普及，數位匯流的新趨勢已經成為「跨裝置」、「跨產業」與「跨國界」的「跨界競爭」了。當所有的產業都卯足全力地數位化，將如何提高品質並從競爭中脫穎而出？

二、政府政策 / 管理改變

㈠ 國家通訊傳播委員會（簡稱通傳會、NCC）

是中華民國有關電信通訊、網路和廣播電視等訊息流通事業的最高主管機構，是受行政院監督的獨立機關。NCC 的功能為建立公平、獨立的管理機制，以保障公眾之權益，也為各業者們建立了公平的競爭與發展環境，而社會大眾也寄望於透過 NCC 來改善當前媒體內容的亂象。[8] 然而，NCC 標榜著「獨立」，藉由所謂「專家學者」的自由心證與武斷決定，也引進了產業經營的「不確定」因素。

㈡ 文化部

是中華民國全國文化事務的最高主管機關，負責國家各項文化、藝術、出版相關業務，以及廣播影視產業的推廣輔導工作，其最大的資源即是掌握對於影視媒體輔導預算分配。這一種中央集權式的資源分配法，自然與自由經濟市場機制並不相容，於是時常出現「叫好不叫座」（或正好相反）的情形；尤其當資源分配不均時，無法取得補助者的抱怨聲浪不絕於耳，甚至轉變成政治鬥爭的籌碼。

㈢ 經濟部工業局（簡稱工業局）

為中華民國經濟部所屬之行政機關，主管全國工業發展任務，提供產業服務，帶領臺灣工業創新升級、轉型，提高生產力及國際競爭力。數位內容產業的輔導機關向來劃歸工業局所管轄。然而，工業局傳統以來都是「製造業思維」，工程師與商人欠缺對文化藝術的理解，因此有許多政策顯得與內容產業格格不入。

8　褚瑞婷（2007），《以 NCC 取代新聞局，有那麼難嗎？》，國政評論，取自：https://www.npf.org.tw/1/3209（查詢日期 2019/8/30）

三、品味／生活方式的轉變：從客廳到臥房、從臥房到捷運

數位內容從單一的載具（電視），至今已發展出各式各樣的數位載具，例如：智慧型手機、平板電腦、穿戴式裝置……等，人們生活習慣也被科技影響而改變。除了各式硬體之外，多樣且有趣的軟體與內容也是幕後功臣。而看不見卻最重要的推手當然要歸功「網際網路」（Internet）頻寬的急速發展——人們可以隨時隨地從家裡客廳、房間，到出外走路、捷運、餐廳等任何場合，都能隨時連線裝置、埋頭苦滑。

2012 年的遊戲「Candy Crush Saga」，一款操作模式容易的「消消樂」益智遊戲，發行不久後即創下每月玩家玩遊戲超過 90 億次；每月固定玩家超過 4,500 萬人的驚人成績，也讓全球幾千萬人為它低頭、為它廢寢忘食！[9] 2016 年奠基在虛擬與實境之間的「Pokémon GO」造就了另一波熱潮：從室內單打獨鬥走向室外群眾抓寶。這體現人們與科技共同進步，同時在不自覺的過程中改變我們的生活型態。

四、SCP 分析

產業經營可利用 SCP 分析模型（Structure-Conduct-Performance Model，結構－行為－績效模型）來分析。

(一) 行業結構（Structure）

完全競爭市場存在眾多的買者和賣者，企業的規模很小以至於不能單獨對市場上的價格產生影響，只能是市場價格的接受者。一般情況下，隨著交易雙方數目的減少，雙方的規模會相應增大，價格變動的潛力愈來愈強，出現壟斷的可能性愈來愈大，到了一定階段，必然會出現賣方壟斷。在臺灣的數位內容產業，最具壟斷性破壞力的，就「偽民營實國營」的中

---

[9] 中時電子報（2013），《Digital Taipei 2013 國際論壇 Candy crush 讓世界集體失眠的秘訣》，取自 https://www.chinatimes.com/realtimenews/20130820002150-260412?chdtv（查詢日期 2019/8/30）

華電信（英語譯名：Chunghwa Telecom，簡稱中華電、CHT）。

　　「最後一哩」（last mile）最原先的意思是寬頻業者連接到用戶電腦的這一段線路。而前不久引爆的話題中，獨占鰲頭的中華電信被認為「最後一哩」是它的企業優勢，也是在重建電信市場結構的一大關鍵。

　　固網的建設需要大量的資金和成本，中華電信從一開始就投入了大量的花費去建設和維護業務的營運，而 NCC 曾經提過《電信法》的草案第25 及 45 條中，曾要求固網業務市場的主導者提供並分享用戶迴路和其他電路的全部管道等管線基礎設施的所在位址給其他業者，讓其他新進業者能夠有個楷模可以學習、仿效。

　　「固網主要分成三塊，市內電話、長途電話以及國際電話。而中華電信在市內電話市占率約 97%，長途電話 70%，國際電話 60%。」[10] 對中華電信來說，面對直接立法要求共享是不公平的，但政府即是希望在網路建設當中，為了避免壟斷，各業者應該能夠更平等的接近關鍵設施，讓彼此有公平競爭的機會，而最終的目的則是能保護消費者的權益。

　　隨著數位匯流的趨勢，電信業者在發展有線電視數位化及無線寬頻網路後，所謂的「最後一哩」的管道必然趨向更多元的樣貌，中華電信未必能一直獨占「最後一哩」，與其認為資源、客源被壟斷，不如多加強督促積極投入新的電信數位建設，提升自己的競爭力。

1. 產品差異化

　　產生壟斷的可能性很多，增加產品的差異性是其中一個。產品差異化分為垂直差異和水平差異，垂直差異是指比競爭對手更好的產品；水平差異是與競爭對手不同的產品。在理想的完全競爭環境中，企業出售同質的商品只能透過價格進行競爭，價格低者相對能受歡迎。在現實的世界中，企業間若透過技術創新、建立品牌、定位品牌的形象，甚至是加強服務，

---

[10] 黃郁棋（2012），《強迫開放最後一哩？中華電：要建設時其他家都不來啊》，ETtoday 東森新聞雲，取自：https://www.ettoday.net/news/20120727/79725.htm（查詢日期 2019/8/30）

因此在依照企業之定位設計產品後，能使產品在某些方面存在差異性。隨著差異度的增加，不同企業所生產的產品替代性則變弱，企業獲取壟斷地位的可能性相對提高，進而建築了讓其他企業進入該市場的壟斷壁壘，形成競爭優勢。[11] 數位內容產業具有製造業所無的「自然差異化」特色：每一項內容，都自然與其他內容有所不同。因此，若要建立差異化優勢，必須由內容（節目）入手，而非於電信服務的軟硬體入手。

2.進入壁壘

自從民國 77 年解除報禁，至今臺灣的新聞、報業仍面臨許多難題。當旺中集團順利地併購了三中：「中時、中視、中天」，後來又併購壹傳媒集團，股權高達 32%。且一旦併購《蘋果日報》後，中時加蘋果的市占率將上衝 50%，而造成實際參與媒體的經營及代理人都是同一群人，如此一來，新聞和資訊被部分人掌握，對公平競爭與言論多元化的影響甚大。

新自由主義的意識型態造就大資本家能從中獲利，資本家參與媒體且以強大的財力占有之，而無法提供多面向的資訊、客觀的經營。所謂媒體應置於公共層面做全盤性的思考，因為「權力愈大，責任愈大」。管中祥表示：「資本家要賺錢應該去做賺錢的平臺，而非干預內容。」[12] 假若市面上只剩市占率過大的媒體獨占，則可能成為特定人士、團體、政黨乃至政府的打手，站在單一立場提供偏頗資訊，造成資訊不對等，危害公眾利益，將降低了民主及社會的多元價值，並減弱媒體監督政府、促進社會進步的「第四權」功能。

----

[11] MBA 智庫，《產品差異化》，MBAlib 智庫百科，取自：http://wiki.mbalib.com/zh-tw/%E4%BA%A7%E5%93%81%E5%B7%AE%E5%BC%82%E5%8C%96（查詢日期 2019/8/30）

[12] 陳韻涵（2013），《傳播學者談壹傳媒併購案》，財團法人卓越新聞獎基金會，取自：https://www.feja.org.tw/39451（查詢日期 2019/8/30）

(二) 企業行為（Conduct）

中華電信是臺灣最大的電信服務業者，業務範圍涵蓋行動通訊、固定通訊、網際網路和 MOD 電視等。

1. 行動通訊市占率為 33.5%，市占第一，因此常被媒體將它與遠傳電信及臺灣大哥大並稱「電信三雄」。

2. 固定通訊包括市內電話、國內長途電話、國際電話及寬頻接取服務，目前市內電話與長途市內電話，有90%以上由中華電信掌控。

3. 中華電信網際網路服務 HiNet，除了提供傳統的電信服務，也提供企業客戶特定的資通訊服務與雲端運算服務，開發新的營收成長來源。主要服務有 HiNet 撥接上網、HiNet ADSL、HiNet 光世代、中華電信MOD，並於公共場所布建CHT Wi-Fi熱點供其用戶使用。

4. MOD 是中華電信推出的一種多媒體平臺 IPTV 服務，全名中華電信多媒體內容傳輸平臺，簡稱 MOD；開臺時名稱為中華電信大電視。該服務是透過雙向的寬頻網路將各種影音資訊傳至機上盒，再呈現在電視機上。[13]

中華電信陸續釋出電信業的周邊配備，例如 4G 平臺、伺服器、加值服務系統等採購訂單。而與中華電信並稱「電信三雄」的遠傳電信及臺灣大哥大也陸續加快釋出 4G 設備訂單。在其他的新進業者中，以鴻海旗下的國碁電子動作最為積極，在 2016 年併購亞太電信後，截至 2019 年 8 月底之統計資料，共設有 253,592 個基地臺，是為後起之秀。[14]

---

[13] 資料來源：維基百科，《中華電信》，http://zh.wikipedia.org/wiki/%E4%B8%AD%E8%8F%AF%E9%9B%BB%E4%BF%A1

[14] 林淑惠（2013），《中華電首波 4G 採購開標》，中時電子報，取自：https://www.chinatimes.com/newspapers/20131204000050-260202?chdtv（查詢日期 2019/8/30）；國家通訊傳播委員會（2019），《行動通信業務基地臺統計數（區分縣市業者）》，取自：https://www.ncc.gov.tw/chinese/opendata_item.aspx?menu_function_sn=208（查詢日期 2019/8/30）

　　我們可以發現，中華電信的企業行為，集中於強化核心競爭力——亦即與壟斷最後一哩力量息息相關的垂直性內容整合；而將與其核心競爭力關聯較弱的周邊軟硬體設備與服務：(1) 外包（outsourcing）；(2) 透過壟斷力量，以「搭售」（bundling）方式攫取上下游相關產業的附加價值。

　　如我們先前分析過的 KKBOX，現在最主要股東即是中華電信，以「硬體（電信）搭軟體、軟體搭內容」的方式，逐步向數位匯流後的新媒體時代邁進。

㈢ 績效模型（Performance Model）

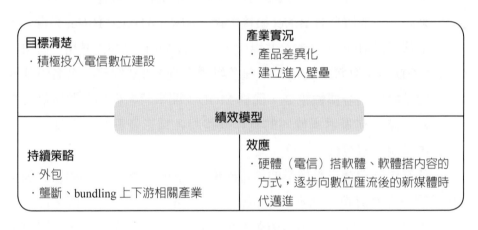

目標清楚 · 積極投入電信數位建設	產業實況 · 產品差異化 · 建立進入壁壘
績效模型	
持續策略 · 外包 · 壟斷、bundling 上下游相關產業	效應 · 硬體（電信）搭軟體、軟體搭內容的方式，逐步向數位匯流後的新媒體時代邁進

圖 5-4　績效模型

參　展望與挑戰

一、智慧財產議題

　　數位匯流的便利性也將可能帶來危害或挑戰，智慧財產權即是其中最為嚴重的議題。不管是電視、電影、音樂，甚至是電子書……等皆有可能被有心人士複製、盜用，和販賣而牟利。身處於科技日新月異的時代，不管有多麼堅固、嚴謹的防盜系統，都有可能在下一秒被破解而造成對於創

作人之權益有所危害。

　　以電子書為例，2012 年爆紅的網路作家九把刀的多部小說，被不肖業者製作成盜版電子書並在蘋果公司（Apple Inc.）的 AppStore 供下載。爾後九把刀非常憤怒，並親自寫信要求蘋果全數下架。

　　因此若欲發展電子書產業，將須得到著作人的授權，將紙本轉化為數位電子檔必須取得「重製權」之授權；將數位電子檔透過網路傳輸，供讀者閱覽或下載，必須取得「公開傳輸權」之授權。使用電子書的讀者必須意識到自己僅是取得授權接觸資訊，沒有取得任何所有權，對於所有各種資訊，只有依契約約定閱覽之權利，不得將此權利轉換予他人。

　　在軟體方面，臺灣仍有許多人使用盜版，不論是公司行號、個人使用等，都習以為常的使用。尤其更能在各大搜尋引擎發現，只要輸入一個軟體名稱，就會出現許多相關盜版的關鍵字，像是：破解、序號、下載等。

　　讓我們來了解一下，使用盜版軟體到底是做錯了什麼呢？只要是將盜版軟體安裝進電腦內，則會構成侵害重製權，可依《著作權法》第 91 條處罰。然而，除了盜版，我們還有自由軟體這個選擇。

　　對於自由軟體的推廣，國內也試圖與國際接軌，開始提倡智慧財產權的重要，並倡導大眾不使用盜版軟體。所謂「自由軟體」（Free Software）或稱「開放原始碼軟體」（Open Source Software），卻不全然等於「免費軟體」。根據自由軟體基金會的定義，是一種可以不受限制地自由使用、複製、研究、修改和分發的軟體。大部分的自由軟體都是在線上（online）發布，並且不收任何費用；或是以離線（off-line）實體的方式發行，有時會酌情收工本費用，而人們可用任何價格來販售這些軟體。然而，自由軟體與商業軟體是可以共同並立存在的，因為比價格與技術更重要的是它背後鼓勵合作的理念。

二、數位匯流趨勢

　　Netflix 是一家線上影音租售公司，於 2013 年 2 月 1 日推出自製影集《House of Cards》（紙牌屋），是一部以政治爲題材的美國電視連續劇，根據 Michael Dobbs 小說的同名 BBC 電視劇改編，由 Beau Willimon 製作。此一影集第一季的推出並非是一集一集地播映，而是一口氣把第一季的 13 集在匯流媒體服務商 Netflix 平臺全部上架（總共 26 集），讓 Netflix 用戶一次看個夠！這違反了電視臺操作影集的常規，不按牌理出牌的策略引發廣泛討論。但 Netflix 認爲他們只做對使用者有意義與有利的事，讓用戶能夠在自身可利用的時間去觀看想看的內容，是最有意義且更貼近人性。

　　除了《House of Cards》自製影集以外，Netflix 也做了許多自製內容的測試。Netflix 分析了用戶每天超過 3,000 萬條播放紀錄，包括用戶觀看什麼內容、時間、地點，以及使用的設備；另外也觀察用戶將節目添加爲恐怖、必看的個性標籤；並記錄用戶在操作 Netflix 平臺的同時，進行大量截圖，分析用戶在音量、畫面色彩、場景的喜好。Netflix 的 CEO Hastings 在 2013 年的預測：「未來的電視將在 App 裡面。」[15] 這個論點已經透過網路傳輸速度提升、高畫質影片獲得滿足的今天實現。

　　科技不斷日新月異，在數位匯流產業中除了創新的技術以外，內容更是重要的關鍵 —— 各大平臺推出的功能則逐漸調整爲一個傳送內容的「管道」。2019 年 4 月迪士尼公司開發一套人工智慧系統 —— 將劇本直接轉換成動畫。[16] 雖然研發團隊表示目前系統不算完美，但在科技技術與人類

---

[15] Cecilia Kang（2013），《Netflix CEO says future of TV is in apps》，華盛頓郵報，取自：https://www.washingtonpost.com/business/technology/netflix-ceo-says-future-of-tv-is-in-apps/2013/04/26/f21f5cce-adc7-11e2-98ef-d1072ed3cc27_story.html?noredirect=on（查詢日期 2019/8/30）

[16] Yeyao Zhang 等（2019），《Generating Animations from Screenplays》，取自：https://arxiv.org/pdf/1904.05440.pdf（查詢日期 2019/8/30）

智慧的結合面向，這個「管道」已然成形。

　　臺灣數位匯流相關技術已非常成熟，在發展上如何跟上世界趨勢？遊戲橘子執行長特助何振國先生表示：「臺灣在地的傳統民間素材及新興素材，都非常適合發展數位內容產業。但是，業界普遍認為結合度仍不足，是十分可惜的地方。」[17] 對臺灣的創作者而言，文化與歷史傳承的獨特性是不可取代的，若能將臺灣多元文化當作創作的素材，融合運用數位內容產業技術，將可能成為未來數位匯流的新趨勢，闖出臺灣特有的型態。

誌 謝

　　本章特別感謝國立屏東大學文化創意產業學系陳亦婷同學協助蒐集、整理資料並進行文獻校對。她曾獲國科會大專生參與專題研究計畫獎助，並在嗨森數位文創公司實習，對數位內容產業研究尤深。

動 腦 時 間

1. 故事是文創產業的核心，請問在數位內容產業如何發揮故事的潛力，並用其增加產品或服務的價值？
2. 最近出現了所謂「資訊自由」的呼聲，有人主張內容應該以無償的方式來讓人們取得所有想要的資訊，你認為對數位內容產業會造成什麼樣的衝擊？盜版到底是「有理」，還是「無理」？你支持何者？為什麼？
3. 量變將引發質變，內容產業已經陸續有國際性、千億級（以上）的大型企業（例如：Amazon、Google、Apple 等三巨頭）進駐，對於未來的數位媒體形式，你有什麼想像？

---

[17] 鄧宇佑，《數位內容產業 大眾娛樂新趨勢》，取自：http://youngeagle.kkp.nsysu.edu.tw/files/16-1174-82011.php（查詢日期 2019/8/30）

第 6 章

軸轉！出版產業的創新與轉型
以溫世仁先生的明日工作室為例

施百俊

Creative

Cultural

Industry

　　「軸轉」（Pivot）是近來創新與創業理論的當紅思潮，根據《精實創業》一書的描述，軸轉「是一個有組織性的路線更改，用以測試有關產品、策略、成長引擎的全新基礎假設。」[1]也就是說，企業要能夠快速的從與客戶的互動結果中，調整經營方向，才能適應變化日益加速的市場，提升存活的機率。

　　文化創意產業以故事爲核心。[2]最核心的故事文本（IP, Intellectual Property）由出版產業所供給，而後才能據以發展出影視動漫等戲劇作品；更進一步，衍生出各類的文創商品；最終擴及廣告、觀光以及各類創意生活產業。因此，出版產業雖不是文創產業中產值最大的子產業，但其重要性不言而喻。

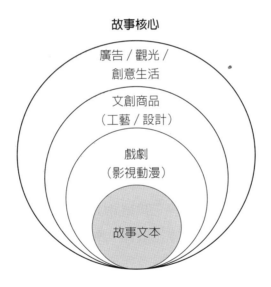

故事核心

圖 6-1　文化創意產業價值結構圖
資料來源：施百俊，2013。

----

1 《精實創業》，頁 194。
2 《故事與劇本》，頁 37。

在文創產業的各種分支中，出版產業可以說是相對古老的產業。但是由於近年來資通訊技術的快速進步，也為出版產業帶來革命性而「不得不變」的衝擊。因此，在本章中，將以「明日工作室」[3]為例，具體而微來說明出版產業的軸轉。

壹　出版產業分析

出版產業可利用 SCP 分析模型（Structure-Conduct-Performance Model，結構—行為—績效模型）來進行分析：

一、行業結構（Structure）

據中華民國行業標準分類定義：出版業為從事新聞、雜誌（期刊）、書籍及其他出版品、軟體等具有著作權商品發行之行業。行業結構則是指特定的市場中的企業在數量、份額、規模上的關係。一個特定的市場屬於哪種市場結構類型，一般取決於以下要素：

(一) 交易雙方的數目和規模分布：出版集團與獨立出版社

1. 出版集團

例如城邦文化、圓神出版等。以城邦文化而言，城邦為目前臺灣最大的出版集團，旗下擁有數十多家出版社，例如麥田出版、貓頭鷹出版、商周出版、尖端出版等。出版品相當多元，有文學、漫畫、小說、各種系列叢書、電子書等，涵蓋內容廣泛，也因此讀者幾乎可以說是囊括市場的各年齡層與族群。

3　http://www.tomor.com/。再版特別說明：經過多次的軸轉，今日的明日工作室已非本書初版前的樣貌，本章的內容多為 2014 年前所蒐集論證並取得授權，輔以若干再版定稿前的外部資料更新。為保留引用出處的貢獻，部分網址或已失效，仍予註明。

2. 獨立出版集團

例如逗點、一人、雅言、櫻桃園、自轉星球⋯⋯等。特色是規模比較小，甚至有出版社全數工作交由一人負責，一人作企劃、翻譯、出版⋯⋯等一人全包，因此費時費工，需要長時間才能醞釀出一本書。而且出版方向多爲限定類型，市場也因而受限。以逗點文創爲例，創辦人陳夏民先生不僅曾自己兼任翻譯，還必須監督出版的各個流程細節。他和新銳作家合作，搭配獨特的出版企劃，以出版新穎、有質感的書籍爲主要方向，規劃純文學類、藝術生活類、與創意人合作的叢書這三類書系。創新做法使純文學小說銷量打破過去不被看好的紀錄，但也有部分書籍因設計太過特殊新穎，再版不易，發行完便絕版。

(二) 市場份額和市場集中度

從最新出爐的 2018 博客來年度報告[4]來觀察臺灣的出版市場，首先，在暢銷書排行榜上，第一、六名都是多益英文考試用參考書，可見臺灣的低薪環境產生龐大的求職、升職壓力，從高中到大學時常有的強制性英文門檻產生的市場需求，造成銷售急速成長。其次，投資理財類型的書籍始終有需求，年年上榜；第三，漫畫類型書籍銷售量成長，尤其是偏向熟齡讀者。可見捨棄文字閱讀、改向視覺圖畫閱讀的趨勢明顯；最後，文學類書籍的銷售也偏向類型小說和影視小說。

以讀者數量而言，20 歲以下讀者最多；30-39 歲讀者爲最主力購買群，集中購買翻譯文學、人文社科、漫畫、童書與商業等五類書籍，購買量爲其他族群的五倍。顯然，在消費者端也有長尾效應。[5]

歷來的排行榜統計的前十名書籍雖然有些許差異，但會發現名次裡有很大的一部分是被相同的出版集團所拿下，例如在博客來 2012 年度排行

---

[4] https://okapi.books.com.tw/article/11620

[5] 文創產業中，尤其是內容產業都有長尾效應，有興趣的讀者可以參考《開心玩文創》一書，建立經營文創產業的理論基礎。

榜中，寂寞、方智、先覺都是圓神出版集團名下的出版社，占了排行榜的二分之一，而 2012 年金石堂的排行榜中春光、尖端就同屬城邦出版集團的出版品，銷售的比例也是不容小覷。

　　另外排行榜中非本國作者就常占超過一半的數量。也就是說，在暢銷榜上近一半的書籍都是翻譯書。「臺灣自製暢銷書的能力與每年出版 5 萬本書的出版能量兩者相比，十分不對稱，導致臺灣成為版權輸入國而非輸出國，文化無法外銷，只能進口，只能代工。」[6]讀者市場和出版社若習慣這種模式，本土創作人會因為市場不買單，使得臺灣原創的內容愈來愈少。

　　(三) 進入壁壘：中國市場的管制、通路為王

　　「海外華文市場一直是臺灣出版業的重要標的。從圖書出口數據來看，星馬地區應有雙倍成長的潛力，文化部將投入資源持續開發。至於中國大陸僅占整體出口值 6.2%，主因是受限大陸之圖書進口審批制度，再加上大陸關稅高達 10% 至 18%，導致書價偏高，市場拓展不易。」[7]中國政府會對「在中國內地印刷、發行及從境外（含港澳臺）進口的書籍、報刊、影視作品等出版物進行內容審查。」[8]書籍必須得到由新聞出版總署發出的書號才能上市發行，只有官方認可的出版機關才能得到書號，民間出版社須透過「買書號」才能發行。作者在交稿讓編輯審核後，須不斷修改直到出版社同意，出版社會讓所在省的新聞出版局審查，通過後才能出版，使得有些中國作家會為了出版完整作品，改選擇在香港或臺灣出版社發行。

6　引自臺灣出版資訊網，〈暢銷書，更需要關心的是本土自製品的比重〉，王乾任撰，2013/03/21，https://paper.udn.com/udnpaper/POI0013/232177/web/index.html

7　引自文化部，〈龍應台：出版是國力也是國安〉，2013/03/21，https://www.moc.gov.tw/information_250_12968.html

8　引自維基百科，http://zh.wikipedia.org/wiki/ 中華人民共和國出版物審查制度

二、企業行爲（Conduct）

企業行爲是市場結構、經濟績效的聯繫紐帶，企業行爲通過各種策略對潛在進入者施加壓力從而影響市場結構。[9]接下來，我們來看明日工作室企業行爲的面向：

㈠ 營銷

1. 各書系的定價策略與經銷

搭配通路商在各通路做販賣，包含實體通路和虛擬通路，例如誠品、金石堂、博客來、讀冊生活等，較特別是開創超商通路，是一般出版社較少有的經銷通路。商品通常在書店銷售會以促銷價格販賣，以博客來而言，新書通常會打 75 折到 9 折不等，若銷量好也可能有 66 折的折扣，藉此讓銷售量更提高；也可能在上市前推出預購活動，像是更優惠的折扣，或搭配「限量」紀念品或作家簽名等，可以打廣告還能刺激讀者購買。

2. 廣告行銷

基本宣傳方式通常是在書店張貼海報、放置新書宣傳 DM 來宣傳相關資訊，並以粉絲頁或網站強力行銷；也可能邀請作者做新書發表、簽書會、座談會、參加書展等，或是和其他媒體合作，像是發新聞稿在報章雜誌刊登、讓作者上節目或電臺宣傳新書，現在也常見到爲新書拍短片做宣傳的方式。

各種通路和販售平臺不斷崛起，卻只有少部分的新書會被讀者所看到，因爲部分出版社沒有「行銷企劃」的專職人員，來進行新書發表會、座談會、廣播媒體宣傳等行銷宣傳活動，甚至連新書的提報都沒有做。在新書出版量愈來愈多，但被看到的空間有限的情況下，書店採購不下單，讀者能看到的書就愈來愈少，某些實體書店甚至只陳列大出版社的重點新書，小出版社的書籍完全沒有上架機會，這些新書連曝光機會都沒有，當

---

9 引自 MBA 智庫，http://wiki.mbalib.com/zh-tw/SCP 分析模型

然難以在市場中被賣出，即使書做得再好，若缺少此環節，實在難以被讀者看見。

明日工作室出版過推理、奇幻、愛情、職人等等書系，而最廣爲人知的還是武俠與驚悚類型，劉總編說：「編輯們需要跳脫自己的偏好找到市場偏好，所以要多觀察出版市場、閱讀其他類型的作品，但即使如此還是很難精準的找到接下來的市場潮流。我們會要求編輯保有自己的觀點，並試著判斷接下來的時間點會流行又不至於被大量複製的東西，同時也要注意讀者目前的偏好，作出能引導讀者偏好的出版品。像暢銷書就是這樣的概念，書籍出版上市前沒有人能預期會創造出多大的風潮，像在《哈利波特》出版前，市面上也有相當多奇幻或魔法類型的小說，但在它出版後對全球的奇幻小說市場產生了一個聚焦的力量，這也是暢銷書影響出版潮流的一個例子。但在這方面很難依靠單本的暢銷書造成什麼轟動，還是必須取決於出版社在特定類型出版品上的耕耘。我們出版社在過去 8 年主力出版爲驚悚恐怖類的小說，確實也有過一個高峰期，但閱讀本身有週期性，當這波趨勢漸緩後，該觀察的是接下來會由什麼類型來主導市場潮流。」

3. 倉儲

由於並非所有的作品都能販賣完全，鋪貨後在限定時間內若這些作品仍未賣完，通路會將書退還給出版社，出版社必須額外租用倉儲來存放這些作品，也造成了相當沉重的成本負擔。

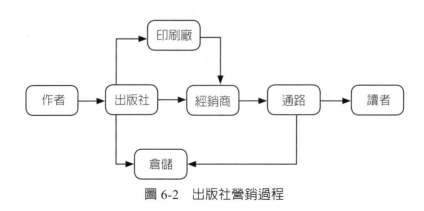

圖 6-2　出版社營銷過程

(二) 產能改變

出版業唯一的產能限制就是在「人」。同樣的職位上，比如編輯工作，所生產的最終產品的數量、品質均不相同，無法以標準化 SOP 的方式來管理。也就是說，產能因「人」而異。說起來有許多運氣的成分，如果能找到適當的人，無論產能和成本結構都能大幅改善，提升效率；反之亦然。

(三) 內部效率

1. 成本控制

每本書的成本結構、書籍製作的速度，製表 6-1 如下：

表 6-1　書籍編輯流程（以明日工作室為例）

1	稿件初審	一般稿件的來源有邀稿和自行投稿，邀稿會依照過去的合作經驗選擇寫作類型適合的作者，自行投稿則是過去沒有出版經驗或是未和我們出版社合作過的作者投稿作品。
2	審核提案	稿件會由編輯作審稿，審稿標準是根據出版類型、方向和稿件本身的品質作決定，自行投稿的稿件我們大約會在三個月內決定是否採用。
3	作者合約	若決定採用稿件就會和作者簽訂合約，邀稿的作者可能會在大綱擬定時就先簽合約。
	封面設定	通常有三種方式： ◎照片：攝影集封面可能會使用作者所拍攝的照片，或書籍以作者照片作封面，例如陳夏民的《飛踢，醜哭，白鼻毛：第一次開出版社就大賣——騙你的》。 ◎繪圖：由美編接洽適合的繪者幫書畫封面，例如畢名的《靈異出版社》系列。 ◎設計：交由美編自行設計封面。
	申請 ISBN 與 CIP	編輯以出版社名義到國家圖書館網頁申請 ISBN（國際標準書號 International Standard Book Number）與 CIP（出版品預行編目 Cataloging in Publication）。申請時內容需要包含書名頁、目錄、版權頁、部分內容資訊、尺寸、價格等大致書籍資訊。這對上市書籍是很重要的一個步驟，ISBN 在封底、CIP 在版權頁可看到。

（續上表）

	定稿	書籍大致內容確定後會交由美編進行內頁排版。
4	封面提報	由出版社的行銷企劃或責任編輯向通路（例如誠品、博客來）進行新書提報，幫助通路的採購者快速了解並決定新書的採購數量。
5	校稿	編輯會和作者進行幾次校稿、修稿，校稿時會檢視是否有錯字或內容有誤等做些微的修改。
6	數位樣校稿	以美編排版完成的檔案印刷成接近書裝訂的樣子，編輯會再次確認內容是否還有需要修改的部分。
7	回樣	將有誤的部分修改後作回覆，若沒問題就進行印刷。

2. 退書成本

「過去一本新書出版，鋪貨上架後可賣三個月甚至半年，名家的暢銷書賣得更久。但現在出版的新書，上架不到一個月通路商就退書，退書率達五成以上，消費者不買書、通路退書頻繁，對小型出版社的經營形成極大壓力。」[10]

三、經營績效（Performance）

經營績效是指特定市場結構下，通過特定企業行為使某一產業在價格、產量、成本、利潤、產品質量、品種及技術進入等方面達到的狀態。[11] 分述如下：

㈠ 財務

在臺灣，書籍出版的成本結構大致如下：以一本書的定價為 100%，由於慣常性的削價競爭，由末端書店通路發售給讀者的價錢，通常是 79-90%。因此，出版社批交給發行通路商時，大約只會收到 50% 的價錢，而

---

[10] 引自彭宣雅（2012/02/05），〈出版界寒冬！去年消失了數百家〉，《聯合晚報》A6．焦點。

[11] 引自 MBA 智庫，http://wiki.mbalib.com/zh-tw/SCP 分析模型

且是在出版三個月至半年後，才能依實際銷量結清。作者的版稅率大約10-15%。

　　從這個結構我們可以發現，末端書店通路其實只是扮演「寄賣」的角色，毛利率大約有 30-40%。再扣掉作者的版稅分成以及退貨、倉儲的成本，出版社本身頂多只有30% 的毛利率。再扣除管銷、人事……等等，獲利寥寥無幾，能夠達到 5% 就算是經營績效良好了。更大部分，都是處於長期虧損的狀態。獲利的唯一可能，是十中有一、百中有一，偶而「會中」的暢銷書，可以用來彌補其他書籍的虧損。業界常說出版業是「良心」事業，潛臺詞就是「虧錢」事業。若非口袋夠深，可能等不到一本暢銷書就要宣布倒閉。

　　明日工作室的財務績效也與產業平均標準差不多。但由於通路勢力龐大的超商常會要求一筆「龐大」的「上架費」，而且就配送、倉儲與退貨的成本而言，「便利書」的成本也較一般書更高，再加上價格更低，所以，獲利能力也就大打折扣。

㈡ 僱傭對象

1. 作者

　　在出版產業中，作者可以說是商品的來源。他創作且生產出內容，「在市場上說穿了就是一個產品的品牌，一個成功的作者背後一定有一個慧眼編輯與製作團隊，支持著作者的創作，使其發光發亮，為讀者所接受。」[12] 作者與編輯間的關係應當相當緊密：作者寫出作品、編輯幫忙編成成品，然後推廣到市面上，兩者互相幫助。少數的暢銷型作家才較容易獲得不同出版社邀稿，其他作者通常必須透過自行投稿或與某家出版社長期合作，才可能獲得一些出版機會，收入也較無保障。

----

[12] 引自 PChome，〈淺論編輯與作者間的關係—伯樂、母親、密友情人〉，2007/07/20，Zen 撰，https://zen1976.com/post-1291110993/

2. 編輯

「在歐美，暢銷類型小說作家有專門替其蒐集創作資料的助理編輯；在日本，優秀的編輯是能夠和大師平起平坐對話，要求大師修改文稿，甚至進而提出企劃案，邀請大師為其出版社寫書；近年來中國大陸也日漸看重編輯的企劃能力，針對作者專長，做創作提案。」[13] 而在臺灣，編輯需要找尋有潛力的作者、處理文稿、監督創作進度、整合各項業務、協助作品上市發行等，他們就像是作家對外的經紀人。很多人都認為編輯僅是校正內文的文字、標點、排版罷了，但其實他們在出版產業中扮演相當重要的角色。

3. 行銷企劃

行銷企劃在出版產業中並不多見，稍微有規模的出版社才可能有超過一位的行銷企劃，小型出版社甚至可能直接由編輯兼任。然而行銷工作卻是相當重要，他需要透過各種辦法讓新書在通路市場上被看見、讓讀者願意支持並花錢購買。畢竟在各種資訊爆炸的現今，一年書出版的數量如此之多，讀者在時間與金錢都有限的情況下，縱使書的內容製作得再好，若沒有透過相當的行銷，要被讀者看到實在很困難，更不用說是想在大批書海中脫穎而出了。畢竟若「落入量滾量但退書率日高、銷售量遞減的惡性循環，對出版產業只有傷害沒有幫助。」[14]

關於出版產業的職涯，明日工作室的劉叔慧總編這麼認為：「我認為選擇進入出版行業前應該慎重考慮，因為出版業並非是個投資報酬率高的行業，也不可能馬上就功成名就，但對有某些特質的人是非常理想的行業，比如說個性內向且不需要隨時保持戰鬥的人。編輯的工作是需要耐煩的，我們很多工作都是發生在水面之下，讀者只看到水面上的小船默默在

---

[13] 同註 12。

[14] 引自臺灣出版資訊網，〈太多的編輯，太少的行銷〉，2013/07/05，王乾任撰，https://paper.udn.com/udnpaper/POI0013/239991/web/index.html#%E6%9C%AC%E9%80%B1%E5%B0%88%E6%AC%84

航行，但這卻是需要經過水面下很多人的努力才能促使小船平安前行，這些工作不被看見，但付出的努力卻相當大。編輯必須儲備有很強的能量，包括閱讀的能力、觀察的能力、品味等多種的條件累積，能有這些特質又對這樣工作有強烈認同感的人就多能待下來，也許因爲編輯耐煩的特質，事實上這個圈子的流動率很低，很多編輯一待就是十幾二十年，即便轉換跑道也只是換家出版社，但若你不適合這工作，大概待半年左右就會離開吧。」

貳　軸轉！創新求變

　　明日工作室爲已故世的溫世仁先生於 1998 年所創立，截稿前經營已堂堂邁入 20 年，由於產業環境的變遷，遭遇了許多嚴苛的挑戰。與其退縮保守，明日工作室選擇的是軸轉──正面迎戰，積極的創新與轉型。

　　溫世仁先生認爲：「歷史的演變和進動，人，是最大的因素。任何創造或毀滅，成功或失敗，都源自於人和人的行爲。挑戰自己的極限，朝更美好的未來邁進是人類的天性。」[15] 他成立明日工作室的原因就是希望能爲人們打造出更美好的明天和未來。他說：「接觸得到人的東西是我最重視的，也是最想要掌握的。」他在專訪中談到內容的重要性，「從資訊化的過程來看，內容的形式一直在改變，從最早附加於電腦硬體之內，到獨立於硬體之外的軟體，再到網際網路時代，軟體又轉變爲數位內容。」[16] 他認爲硬體的追求有限，軟體的價值無窮，所以一切的首要任務就是要知道如何作內容，因而將明日工作室定位爲內容提供者。

　　他透過書寫人文、科技、商業、英文、武俠等著作向大眾表達他的想

---

[15] 引自明日工作室網站，http://ebook.tomor.com/index.php?showtype=about

[16] 引自數位時代，2002/11/01，陳延昇撰，http://www.bnext.com.tw/LocalityView_4315

法，並且推廣語言學習及教育。出身窮苦的他也以實際行動關懷弱勢的地區，將自己所得到的都回饋社會。他創辦了海外第一所臺灣學校——檳城臺校，想讓當地華人子女也能學習華人文化；也為甘肅河西走廊的貧困農村黃羊川引進網路，希望用教育讓他們找到出路並脫離貧困。

溫世仁先生從臺大電機研究所畢業後，曾任職於數家電子產業。到了50歲左右，領悟到「文化」才是一切的根本，科技只是輔佐。為了保存這些前人的知識和智慧結晶資產，他和漫畫家蔡志忠先生創辦明日工作室，投身文化創意產業中，「致力於人文與科技的結合，以企業化的經營方式，整理並開發人類最珍貴的創意資產。」[17] 他出版書籍、培養作家、推廣創作，他相信這樣才能將觀念傳遞到下一代，不僅自己開始寫作，也將弟弟們一同帶到這個行業中，他期望明日能成為「優質內容的集散地，創意文化的釀酒池。」[18]

溫世仁先生用新的思維帶領明日工作室，在文創產業中不斷嘗試各種可能性，試圖突破傳統框架。他的創業核心，始終在於「創意」。創辦初期曾想將工作室定位成「寫作公司」，於是讓作家以上班形式集體創作，希望把作家的創意「量產」。

這一舉在出版產業可謂石破天驚。因為，有著悠久傳統的出版產業，向來是以「按件計酬」、「按字計酬」的方式來取得內容。比如說：作家投稿到各類報章雜誌，必須先經過編輯單位的篩檢，確定刊用後，再計算字數，用以核發稿酬（從0.5元／字到數元一字不等）。若是長篇成書的作品，則是以版稅抽成（約10-20%）的方式取得報酬——對作者／內容生產者來說十分辛苦、不利，因為這是獎勵產出（output），不獎勵投入（input）。也就是說，工作了多久、多辛苦，並不是拿來衡量報酬

---

17 引自行政院新聞局網站，http://service.wordpedia.com/events/ePublish/Company.aspx?id=71

18 同註 17。

的標準；而是工作的成果能不能獲得刊用發行，最後才依量計酬。工作量和收入不成比例，許多作者無法以創作為生，紛紛退出行業。

溫世仁先生觀察到這個現象，試圖要將創作變成科技業般的「生產線」來量產。將作者當作領固定薪酬的勞工，定時打卡上下班。原本是一番美意，卻逐漸變調。經過一段期間的實驗，發現作品的質跟量，都無法像生產線般獲得控制與保證。為什麼呢？因為字數多並不等於品質好；打字工並不等於作者。一樣的一天工作 8 小時、產出 1 萬字，有可能是黃金，也有可能是垃圾。永遠不要忘了孔子所謂「困而後作」的道理，人唯有在體會到生活的現實時，才能寫出優秀的作品。

可想而知，這一次經營模式的實驗失敗了，只好軸轉。

一、第一次軸轉

窮則變、變則通，這是明日工作室的第一次軸轉。溫世仁放棄以固定月薪養作者來生產內容的經營模式，「改以取得過去的名著、暢銷書授權的方式，將內容轉換成電子書，號稱讓好書永不下架。」[19] 這個想法本身沒什麼問題，因為自有人類文明以來，經典好書的數量幾乎是無限大，而且，大多已經過了著作權保護期間，成為全人類共享的文化遺產。可以說是取之不盡、用之不竭。

溫先生興沖沖的開始了新計畫，第一波就是將合夥人蔡志忠先生所繪製的經典系列，例如《老子說》、《莊子說》……等，變成電子書的形式來發行，至今仍然可以在架上找到。

然而，後來檢討起來，這個經營模式卻忽略了一些基本事實：其一，既然是經典，代表你可以做，別人也可以做。你可以重新演繹《老子》、《莊子》來出版，別人也可以。市場上同樣／類似內容的版本太多了，形

---

[19] 引自數位時代，〈明日工作室，溫世仁三兄弟的夢想實驗室〉，2002/11/15，數位時代撰，http://www.bnext.com.tw/article/view/id/6776

成了一種高度競爭關係。其二，經典本身或許已經沒有著作權問題，但後人出版的經典就有它的獨立版權。尤其是優秀的譯本、詮釋本，取得授權的成本並不低。相對的，讀者並不一定能區分得出各種版本的品質差異。故收入不一定能彌補偏高的成本。

　　最終，伴隨著網路快速普及，盜版防不勝防。往往電子書一上市，馬上就被盜版，又難以追償損失，此計畫最後只好宣告失敗。再一次進行軸轉。

二、第二次軸轉

　　雖然電子版權收購的行動遭遇挫折，但也使得整個對數位化趨勢感覺遲鈍的出版產業開始重視電子版權，紛紛開始檢視制式的出版合約，試著加入電子版權的條款。另一方面，作者也忽然領悟到，「啊！原來還有電子版權！」而開始爭取相關的權利。隨著電子書出版的形式隨科技而改變，也造成了出版產業的急遽變化。

　　「初創公司看待生產力的正確方式，不應以製造了多少成品為標準，而應以在努力的過程中獲得了多少驗證過的學習成果為標準。」[20] 對明日工作室本身而言，這一次實驗所付出的代價是划算的，因為在這個實驗中更了解了數位內容市場的生態與趨勢。於是進一步成立了多媒體與內容事業群，也將書籍結合科技專長製作有聲書、多媒體書、電子書，以及成立網路未來書城。2003 年，溫世仁先生曾在數位新視界前瞻論壇 [21] 中提到下一代已經是「screen generation（螢幕世代）」，年輕的人們有很大一部分的知識來源是電視和電腦，所以在資訊傳達面不能只是以紙張傳播，必須以多媒體（multi-media）的方式呈現，才能吸引他們的注意力。他也將這個想法實踐在明日工作室，開始開發網際網路事業：明日書城

---

[20]《精實創業》，頁 77。

[21] 引自 iThome，〈林百里、溫世仁、張安平聚首，描繪數位臺灣〉，2003/08/19，楊惠芳撰，https://www.ithome.com.tw/node/21703

（www.bookfree.com）、卡通福利園（www.cartoonfree.com）、網路英語教室（www.englishfree.com）、總裁學苑（www.ceo21.org）等多個網站。在網路狂潮破滅後，積極修正事業發展策略。

明日工作室也製作各種數位內容產品，例如虛擬人生系列遊戲、英文翻譯軟體譯典通、一見通電腦軟體、空中書城、莊子說系列有聲書、英文教學的英語直通車軟體等等。在多媒體書籍方面也屢屢獲得獎項，曾獲得四次經濟部工業局「數位內容產品獎」、三次行政院新聞局「Best FromTaiwan 版權推介」文學獎、漫畫工會「第五屆漫畫金像獎」漫畫獎、三次「中小學生優良課外讀物推介」、兩次新聞局「數位出版金鼎獎」最佳多媒體出版品獎入圍、「中華民國年度傑出產品金鋒獎」等等。溫先生所寫的武俠小說《秦時明月》也在 2007 年被改編成動畫播出。

在十多年前明日工作室就曾出版過電子書，溫先生認爲閱讀可以有更多選擇，而非只有紙本工具可行，但由於當時科技尚未完善，閱讀電子書還必須額外購買閱讀平臺或軟體，導致了策略的失敗。然而，目前人手一臺智慧型手機、平板電腦，讀者能輕易閱讀電子書籍，例如便利書系列與嗨森數位文創合作，讀者使用「明日書城」APP 就能直接線上閱讀電子書，相當方便，也證明當時溫先生的方向是正確的，只是當時時機尚未成熟罷了。

三、第三次軸轉

另一方面，明日工作室作出前所未有的口袋型便利書，讀者用一手可掌握的大小能輕易的攜帶、閱讀。同時突破過往書籍一定要在書店販賣的概念，率先在各大超商販賣書籍。明日合夥人蔡志忠以作者身分強調：「作家不在意書的定價多少，而在乎賣了多少。」[22] 他們主張降低售價來

---

[22] 引自民生報，〈溫世仁：書的改革 邁向普及 專攻便利超商通路〉，2003/06/13，徐開塵撰。

提高銷量，以此方式提高書的附加價值，讓作者的理念、想法可以被更多人看見。

小開本的便利書用 49 元的價格在市場販賣，便宜的價格容易引發讀者購買，溫先生曾表示：「二、三十元賣十萬本，與二、三百元賣一萬本，對作者收益是一樣的，但作家出書是爲了把思想和感受傳遞給讀者，當然期望更多人閱讀。」[23]經營 10 年以來，由於紙價、印刷費等各項物價上漲，故將書系改以文庫系列出版，開本尺寸變大、頁數增多、更改紙材等，改以 99 元販賣。其他書系也因爲紙材、印刷、封面處理等方式不同，價格略有差異，像輕小說約 190 元、「明日名家」爲 220 元，「職人」則因爲內頁的彩色印刷與特殊封面設計，價格落在 280-350 元左右。電子書沒有印刷、紙材、存放等成本，價格幾乎皆定價爲 150 元左右。

明日出版的書籍以臺灣作者的著作爲主，書系種類也相當多，像是出版最多的「異色館」、「無間系列」便利書，皆是以恐怖驚悚爲主的書籍，還有出版溫世仁武俠小說大獎得獎作品的「明日武俠」系列，以及和「明日名家」等菁、龍雲、柚臻、振鑫、D51 等人合作的系列小說，另外有輕小說、繪本、推理、奇幻、愛情、職人等多種類型。總編輯劉叔慧女士說：「明日出版社和純文學的出版社不太一樣，主要出版方向都是較爲通俗類型的小說。我覺得一般人的閱讀經驗都是在尋求一種全新的體驗，因爲每個人的人生經驗有限，作者透過書寫、讀者透過閱讀體驗不同的人生，這也是某些類型的小說即使不斷的被複製，讀者卻依然買帳的原因。比方說愛情小說，其實讀者都知道接下來的發展，但我們還是會對這類型的故事體驗有所需求，在閱讀時傾向去尋求自己認爲愉悅的體驗，藉由作品來體驗這些美好的過程。另一種類型就像明日出版最多的恐怖小說，喜歡這種類型的讀者不代表他們想體驗撞鬼或被殺害的驚悚經驗，相反的，我們是提供讀者能夠在一個安全的距離裡，用旁觀的立場體驗某些讀者在

----

[23] 同註 22。

現實生活中會迴避或者是厭惡的情節。無論讀者是想追求正面或尋求安全而客觀的體驗，都是在一種自己熟悉的領域中尋求認同，只要讀者能得到他所需要的，那對他而言就是好故事。」

　　這一次軸轉，獲得巨大的成功。明日工作室以溫世仁武俠小說百萬大獎以及固定的網路徵文來網羅新作家，並且和眾多本土作家合作，除了出版武俠、驚悚等內容類型外，也有愛情、職人……等多元內容。數年間，在各大超商販售、輕薄短小的「明日便利書」構成明日工作室主要的營收來源。」[24] 終於找到了公司的定位，建立了利基市場。

　　在此階段，明日工作室的商業模式（Business Model）進入了較長時間的穩定狀態。用 Businessmodelgeneration[25] 公司的圖形來理解，可將商業模式拆解成九大模塊，如圖 6-3。

圖 6-3　商業模式

　　圖 6-3 剛好分成上下兩部分：上半部，由左至右，可視爲一個商業模式的上游到下游。下半部，則是上半部模塊在財務上的意涵：左半邊與成本有關，右半邊則是跟營收有關。

　　以這個模型，繪製此階段明日工作室的商業模式，如圖 6-4。

---

24 引自施百俊（2009），《美學經濟密碼》，第 218-219 頁，商周出版社。

25 引自 www.businessmodelgeneration.com

事業夥伴	主營業務	價值主張	客戶關係	目標客群
作者 印刷廠商 通路商	製作與販售類型小說及其他書籍 將出版內容製成電子書	帶給讀者更多的閱讀選擇 便利書主張降低價格達到普及，並提高書的附加價值 多媒體書整合紙本書與電子資訊平臺	忠實追隨者固定購買某些類型或作者的小說	對驚悚、武俠等類型小說有興趣的讀者
	關鍵資源		通路	
	溫世仁百萬武俠小說大獎 本土作家著作		超商（7-11、全家等） 實體書店 網路書店	
成本結構			營收來源	
人力（作者版稅、編輯薪資） 印刷 行銷宣傳 倉儲			便利書與文庫系列銷售 電子書版權銷售	

圖 6-4　2014 年明日工作室的商業模式

　　明日工作室軸轉提出「便利書」和「多媒體書」兩種產品，前者以開創不同的通路（過往在超商賣的書只是書店暢銷書的精選而已），後者以開拓更多閱讀平臺（一本書同時可聽、可看、可讀）作為突破的切入點。前者的核心在於降低出版門檻，壓低書的售價和製作成本（即「變動成本」，更容易行銷）；後者的核心在於提高出版門檻（動畫或遊戲光碟加值的成本高於一本書很多很多，讓競爭者更難進入），看似互相衝突的兩個策略，其實都命中了創意產品經營成功的關鍵核心。

四、最近一次軸轉

　　2014 年，也就是本書初版那一年，溫世仁武俠小說大賞在連續舉辦10 年後，畫下句點。這一個比賽，是承繼著溫世仁先生的未竟之志而舉辦的，每年都在他的忌日，全球華文世界的頂尖武俠小說齊聚一堂，慶賀最新科的武林盟主誕生，也共飲一杯，遙祭天上的溫世仁先生。而比賽的停止舉辦，也暗示著主辦單位明日工作室即將迎來下一次軸轉。

主因是由於主要的營收來源「便利書」受到了嚴峻的挑戰。明日的便利書以低價策略在超商大賣特賣後，各家出版商爭相進入這個市場，在各方面造成了衝擊：其一，作者們發現自己的作品這麼賺錢，當然會要求更高的版稅比例，提高了經營成本；其二，各家出版商競相爭取暢銷作者簽約，也進一步抬高了他們的身價，墊高經營成本；其三，各大超商通路也發現，原來超商通路賣書可以賣得比傳統書店更好，也想要提高上架門檻。這些因素綜合起來，壓縮了便利書的獲利空間與銷售量，也使得存貨、退貨成本更進一步提高。甚至還出現上萬本滯銷的便利書，一卡車倒入紙漿機銷毀的慘狀。

為了降低經營成本，明日工作室先將原位於臺北市松山精華區的編輯部辦公室遷移到新北市淡水區，節省租金。並且裁撤某些不賺錢的事業部，對內部組織進行縮編。這進一步造成了書籍的出版量下降。內容產業向來喜新厭舊，缺乏多樣化的新產品上架，更會壓縮到總體的銷售量……如此惡性循環下來，終於在 2016 年到了非得結束便利書出版部門的一天，全體工作人員也都另謀他就，但還是都留在出版產業努力著。

如今的明日工作室，由另一組人馬秉持著溫世仁先生的理念，轉型出版童書繪本、點讀教材等產品，繼續邁著大步往未知前進著。會不會再有下一次軸轉？誰也說不準。

參　出版產業的展望與挑戰

一、技術突破：電子書與多媒體技術

科技進步使電子書開始崛起，也愈來愈多人開始投入製作，但由於電子載具和形式不一，像手機、個人電腦（PC）、個人數位助理（PDA）、專用閱讀器（reader）等各種行動裝置，光是廠牌就有幾十種，每家的格式功能又不盡相同，再加上電子書檔案的格式也有 ePub（Electronic

Publication）、PDF、FlipViewer 等不同格式，在格式轉換上，造成經營的一定困難。

二、政府政策／管理改變：新聞局與文化部出版局

因為政府組織改造，從 2012 年 5 月 20 日後，行政院新聞局出版事業處將原有圖書、報紙、雜誌、漫畫及數位出版事業之輔導、獎勵、補助、管理及資訊蒐集等工作併入文化部之「人文及出版司」辦理。[26]

科技的改變雖使出版產業不同於過往，但內容仍是一切的核心。政府協助出版產業並鼓勵業者以多元媒體異業合作，例如與電視、電影產業合作；協助產業數位化，例如協助提升電子書製作的質量、推動出版品的雲端化；也幫助業者拓廣國際市場，例如參加國際書展、獎助出版品版權輸出等；更以補助和獎勵的形式鼓勵出版業者，例如辦理「國家出版獎」、「金鼎獎」等。

三、國內：通路與平臺勢力

零售通路的連鎖書店有誠品、金石堂、三民、五南、墊腳石、敦煌等；網路書店有博客來、TAAZE 讀冊；以及其他特色、獨立書店；近年來，連量販店、便利超商也都成了出版通路商。部分通路以複合式經營，除了書籍外也販售生活雜貨，例如誠品生活、博客來，專賣書籍的通路逐漸減低。

國際電子書市場以亞馬遜（Amazon）為龍頭，其他平臺有蘋果 ibook、Google Play 等平臺。例如 Google Play 圖書應用程式登陸臺灣，和遠流、城邦、時報文化、尖端等多家出版社合作，讀者能直接使用網路、平板或智慧手機購買中、外文電子書，以個人雲端書櫃的方式，登入

----

[26] 引自文化部網站，https://grants.moc.gov.tw/Web/PointList.jsp?SelMenu=2&K=A&Type=MOC&Key=3

帳戶跨平臺使用。

四、國際：翻譯書與簡體書

「據統計，臺灣每年出版 4 萬冊新書，扣除教科書等非一般讀物不計，外文翻譯書約占總量的 25%，看似數量不多，卻來勢洶洶，囊括 50% 以上的暢銷榜名額。」[27]「當社會關注影視充斥著韓流、陸劇時，卻不知臺灣民眾愛讀的書早已被翻譯作品取代，2011 年連鎖書店的暢銷榜高達八成是翻譯書，而臺灣圖書版權輸入是版權輸出4.78倍。」[28] 兩則報導都顯示著國人的作品數量並不少，但真正吸引讀者願意購買的卻多數是外國作家的作品，對我國的出版業相當不利。而翻譯書的電子版權通常取得不易，也間接阻擋了電子書的同步發行，不利於電子書市的發展。

由於中國人口眾多，翻譯人才也來得多，原文書的翻譯速度常比臺灣來得快且多；中國市場也比臺灣來得大，很多簡體發行的書都是臺灣沒有的，價格換算後也常常比臺灣繁體書更爲便宜，於是簡體書開放進口販賣對國內出版業者無疑是一大挑戰。

五、口味／生活方式的轉變：國人的閱讀量下滑與品味趨勢

「根據圖書出版產業每兩年進行一次的調查報告指出，民國 99 年國人每週看書 4.7 小時，每天看 40.3 分鐘；一年內未購書者占 47.5%，其中有 35.1% 表示沒興趣看書；每人每年購書金額爲 1,536 元（占臺灣國民平均所得 0.29%）。」[29] 另一報導爲文化部根據「臺灣出版產業發展策略」

---

[27] 引自台灣光華雜誌，〈外文翻譯書版權大戰！〉，2010/05，王婉嘉撰，http://www.taiwan-panorama.com/show_issue.php?id=201059905038c.txt&table=0&cur_page=1&distype=text

[28] 引自文化部，〈龍應台：出版是國力也是國安〉，2013/03/21，https://www.moc.gov.tw/information_250_12968.html

[29] 引自自由時報，〈臺灣人不愛閱讀 每人每年只看 2 本書〉，2013/03/22，邱燕玲撰，https://news.ltn.com.tw/news/life/paper/663854

報告分析「目前出版產業面臨國人閱讀風氣及買書意願低落，國人每年平均閱讀 2 本書，遠低於日、韓；外銷市場以華文地區為主；版權輸入高於輸出，年度暢銷排名有四成以上為翻譯作品；數位出版的產值成長率不高，出版業者無出版電子書意願等困境。」[30] 但這份報告並未公開報告統計的進行方式，只下了結論，讓不少人質疑客觀性。因為借書、租書、二手店買書，這些數據並不會顯示在國人買書的比例中。如何才算是「閱讀」也並沒有清楚的界定，科技愈來愈發達的現在，各種的資訊取得並不只是仰賴紙本書籍，在網路上、數位的平臺裡也都能閱讀，我們能知道的僅是閱讀形式產生變革，使得紙本書的閱讀量日漸下降。

「從 2012 博客來報告、2012 金石堂出版紀事及誠品書店公布的暢銷書排行榜可看出，提升職場競爭力、小資理財術、養生等主題書籍，皆為各大書局暢銷排行榜的常勝軍。因應經濟的不景氣、社會的混亂、食品安全亮紅燈等，小資理財術、生活實用書、思辨書籍、健康保健書等主題，相對暢銷。」[31] 也能由此看出臺灣人的閱讀趨勢是愈來愈偏向生活與實用的層面。

六、閱讀品味的轉變

從博客來前幾年年度排行榜 [32] 來看，2009 年暢銷榜由奇幻愛情小說《暮光之城》四部曲奪下前幾名，其他分別是心靈勵志的《祕密》，奇幻小說《哈利波特》，文學類《大江大海一九四九》、《目送》、《小團圓》，職場工作《FBI 教你讀心術》等書。

---

30 引自行政院，〈江院長聽取「臺灣出版產業發展策略」報告〉，2013/03/21，http://www.ey.gov.tw/News_Content2.aspx?n=F8BAEBE9491FC830&s=4EC5DB716B126E35

31 引自全國新書資訊月刊，〈2012 臺灣圖書出版回顧〉，李國蓉撰，http://isbn.ncl.edu.tw/NCL_ISBNNet/C00_index.php?Pfile=2502&KeepThis=true&TB_iframe=true&width=900&height=650

32 引自博客來網路書店，https://www.books.com.tw/activity/2009/07/top100/

　　2010 年除《祕密》仍在榜上，其他上榜爲生活風格《我愛故我在》，醫療保健類《醫行天下》系列，商業理財《這輩子，只能這樣嗎？》，推理懸疑小說《失落的符號》、《直搗蜂窩的女孩》，文學類《不乖》、《享受吧！一個人的旅行》，心靈勵志《蔡康永的說話之道》。

　　2011 年幾乎全數大洗牌，財經企管文學《賈伯斯傳》、《華頓商學院最受歡迎的談判課》，哲學類《正義：一場思辨之旅》，生活類《女醫師教你眞正愉悅的性愛》，愛情小說《那些年，我們一起追的女孩》，商業理財《黑心建商的告白》，驚悚文學小說《別相信任何人》，文學散文《這些人，那些事》，教育類《教育應該不一樣》，心靈勵志《The Power 力量》。

　　2012 年醫療保健《眞原醫》、《食在有健康》，驚悚文學小說《別相信任何人》，生活《精・瘦・美 KIMIKO'S 明星指定美型課》、《塑身女皇教你打造完美曲線》、《塑身女皇完美曲線伸展操》，心靈勵志《怦然心動的人生整理魔法》，文學《深夜食堂》、《我就是忍不住笑了》等書。

　　排行榜會因爲每家店客群不同略有差異，每家暢銷榜的排名和進榜書單也有不同。但從博客來 4 年間的暢銷榜，我們仍能看出群眾閱讀的種類逐漸有所轉變，前幾年以文學類型書籍居多，之後幾年和人們生活相關的保健、美體、職場、理財等實用類的書增加不少，甚至有不少爲名人的著作。

　　過去曾有一陣子流行愛情小說，甚至讀者會因爲喜愛的作家出書就一定會購買收藏；後來部落格風行，網路文學開始崛起，出現了作家九把刀；之後奇幻小說《哈利波特》、《暮光之城》走紅，也紛紛拍成電影；近期則出現科幻小說《飢餓遊戲》、言情小說《格雷的五十道陰影》……等，每一波流行的趨勢都不同，但沒人知道下一個領導市場的走向是什麼，又能持續多久？劉總編說道：「一個故事可能會被喜愛或暢銷的原因，通常是因爲劇情可以和讀者的現實經驗有相當的連結，完全天馬行空

卻沒有任何現實情節的故事就比例上不太可能成為市場的暢銷作品，像奇幻小說《哈利波特》是以魔法的虛構情節加上非常寫實的背景，像少年的成長過程、家庭間的互動、同儕師長等，這些情感上的架構都是我們非常熟悉的元素，你會認同劇中同伴們的情誼、正邪的對抗鬥爭，這些令我們感到熟悉的部分，並非完全的跳脫現實。近來火紅的電視劇《後宮甄嬛傳》也是如此，一樣類型的宮廷劇或穿越劇早在市場上流行多年，但甄嬛傳卻能在眾多作品中脫穎而出，最大的原因就是它在故事細節和敘述方式上切合了某些人熟悉的生活經驗，例如後宮的權力鬥爭和職場就有所雷同，讀者就能藉由故事和自身熟悉的經驗找到契合點。所以縱使所有的故事翻來覆去都是老梗，我們還是可以找到熟悉的部分，而作者的決勝點就是如何在這些熟悉的排列組合裡，重新創造出新的敘事觀點或說故事的方法，使讀者感到耳目一新。」

　　正因我們很難精準的找到接下來流行的市場偏好，所有的書籍在出版前也沒人能預測是否會造成新的風潮，只能靠編輯們不斷的觀察，試著發展出讀者可能喜愛的趨勢，而非哪些類型暢銷就往哪去，這樣對出版產業相當危險。畢竟很可能幾百本書中只會有一本暢銷，若每一家出版社都只是想出暢銷書，勢必會壓縮到其他小眾市場，也可能失去讓某些類型崛起的機會，那只會使得我們的出版類型愈來愈狹隘。

七、電子書的衝擊

　　因為電子書的出現，傳統紙本市場開始遭到衝擊，近年來大量更新的科技產品，更加快電子書發展的速度。「顧問公司 PwC 預估，2013 年，電子書占北美書籍銷售的比重，將從去年的 1.5% 增至約 6%。賽門舒斯特出版社執行長萊蒂更估計，3-5 年內，電子書就會搶下美國書市 25% 的占有率。只要 iPad 賣得好、亞馬遜 Kindle 等閱讀器不斷降價、愈來愈多

人開始用智慧手機看書，她的估算就可能成真。」[33] 此發展大大衝擊出版商，電子書無論是對讀者還是業者來說，都具有紙本書籍沒有的優勢，例如方便個人化、更新容易、節省空間等等，但因此產生了書籍被廉價化的影響，不須印刷費用、實體銷售的電子書因為價格便宜，影響了紙本實體書的販賣。當出版商實體書發行量將降低，實體書販售的店舖也可能受到影響，甚至因此大量減少，若出版商沒能找到其他方式行銷，新書能曝光展示的銷售機會也將降低。

誌謝

特別感謝國立屏東大學文化創意產業學系林怡伶同學協助蒐集、整理資料並進行文獻校對。她是屏教大文創系系刊《GOGO 文創》主編，並曾在明日工作室實習。畢業後，也還在出版產業努力奮鬥著。

動腦時間

1. 隨著數位傳播技術（網路）的普及，人們資訊的取得更加容易，你認為位於讀者與作家之間的「出版產業」（出版社、編輯等「中間人」），會更形重要或是漸漸消失其重要性？為什麼？

2. 最近出現了所謂「資訊自由」的呼聲，有人主張內容應該以無償的方式來讓人們取得所有想要的資訊，包括書籍，你認為對出版業會造成什麼樣的衝擊？盜版到底是「有理」，還是「無理」？你支持何者？為什麼？

3. 量變將引發質變，出版市場已經陸續有國際性、千億級（以上）的大型企業（例如：Amazon、Google、Apple 等三巨頭）進駐，對於未來的出版，你有什麼樣的想像？

---

[33] 天下雜誌 444 期，〈平面出版不能再「平」〉，2010/04/07，https://www.cw.com.tw/article/article.action?id=5000461

施百俊（2014）。**故事與劇本寫作：文創、電影、電視、動漫、遊戲**。臺北市：五南出版社。

艾瑞克・萊斯（2012）。**精實創業：用小實驗玩出大事業**。臺北市：行人文化實驗室。

第**7**章

文化資產與創意碰撞的火花
皇尚企業鹽產業文化資產再利用

林思玲

Creative

Cultural

Industry

前言

位於臺南市安平區古堡街上的「夕遊出張所」（市定古蹟，原臺灣總督府專賣局臺南支局安平分室），是一棟再利用的文化資產。目前夕遊出張所經營以鹽為主題的文化商品販售，具文化創意的經營策略，造成廣大的迴響，吸引非常多遊客造訪。這個由皇尚企業所經營的文化資產，其經營權開始於 2010 年。除了夕遊出張所之外，皇尚企業運用企業化經營策略，結合臺南沿海地帶數個以鹽為主題的產業文化資產：北門之夕遊井仔腳（歷史建築，原北門井仔腳瓦盤鹽田）、七股夕遊鹽樂活村（歷史建築，原七股鹽場）、音波觀光工廠（原臺南安順鹽場所在地）、夕遊日式宿舍（原臺鹽日式宿舍）、夕遊安平海關（市定古蹟，原安平海關／運河博物館）各個景點。皇尚企業以臺灣歷史文化為根本，打造「夕遊鹽之旅」，讓遊客體驗昔日臺灣曬鹽、產鹽、運鹽與賣鹽之鹽業文化。

在這個文化創意產業（以下簡稱「文創產業」）的經營個案，皇尚企業將鹽產業文化資產的歷史與文化應用於文化創意產業之中，讓文化資產與文化創意產業相結合，並且利用企業原有的傳統產業經營策略，為文化資產的再利用創造了一個有意義、有趣且可創造利潤的經營方式。本文利用產業經濟學的 SCP 分析架構，討論文化資產應用及展演設施產業的市場結構與政府政策。並且於 2013 年 12 月訪談皇尚企業董事長莊世豪，進一步分析皇尚企業經營臺南「夕遊鹽之旅」鹽產業文化資產的廠商行為與績效，最後再總結皇尚企業的商業模式（Business Model）。

壹　文化資產應用及展演設施產業 SCP 分析與商業模式

在《文化創意產業發展法》中，第三類為「文化資產應用及展演設施產業」，這裡所指稱的文化資產，行政院另有定義解釋之。行政院文化部

於 2010 年 8 月 30 日所頒發的「文化創意產業內容及範圍」中對這個產業項目的範圍定義為：「指從事文化資產利用、展演設施（例如劇院、音樂廳、露天廣場、美術館、博物館、藝術館／村、演藝廳等）經營管理之行業。」其備註說明：「所稱文化資產利用，限於該資產之場地或空間之利用。」因此，在這樣的定義下，這個文創產業的類別狹義地是指具文化資產身分的建築空間被再利用。

在《2013 臺灣文化創意產業發展年報》中定義了這項文創產業的產業類別。根據財政部「稅務行業標準分類」第七次修訂，文化資產應用及展演設施產業包括劇院、劇場經營、音樂廳、音樂展演空間經營、其他藝術表演場所經營、社會教育館及其他博物館、歷史遺址及其他類似機構等五項行業（行政院文化部主編，2013：63），行業代碼與定義如下表 7-1 所示。由表 7-1 可知，行業代碼 9103-99 包含了從事保存、維護、陳列、展示（覽）具歷史、文化、藝術或教育價值之文物、古蹟、歷史建築、考古遺址或自然文化景觀之行業，本文所談皇尚企業經營的文化資產場域再利用即在這個文創產業行業別之中。

表 7-1　文化資產應用及展演設施產業之行業代碼與名稱

行業代碼	名稱	定義
9031-11	劇院、劇場經營	從事經營戲劇院之行業。
9031-12	音樂廳、音樂展演空間經營	從事經營音樂廳之行業
9031-99	其他藝術表演場所經營	從事經營其他藝術表演場所之行業
9103-11	社會教育館	從事保存、維護、陳列、展示（覽）具歷史、文化、藝術或教育價值之文物、古蹟、歷史建築、考古遺址或自然文化景觀之行業。
9103-99	其他博物館、歷史遺址及其他類似機構	

資料來源：中華民國稅務行業標準分類（第 7 次修訂），採自《2013 臺灣文化創意產業發展年報》（行政院文化部主編，2013：63）。

　　「產業」（industry）是指一群從事類似經營活動、彼此有競爭性的企業群體，即生產或販賣相關的同類且具高度替代性產品或服務給相同顧客之企業所組成之群體（Porter, 1985）。「產業經濟學」是個體經濟學的一環，是專門討論經濟體系內各種產業組織或結構、分析廠商的行為及彼此之間的關係，以及不同產業結構的經濟績效，而對於足以影響廠商行為、產業結構，以及整體經濟績效的政府政策、法令等，亦在它的討論範圍之內。由於它的討論重心在於產業結構與廠商行為，因此它又稱為「產業結構」（industrial construction）或「產業組織」（industrial organization）（陳正倉等，2009：2）。產業經濟學的研究方法主要有兩個，一是以結構—行為—績效（structure-conduct-performance）的架構來分析產業結構與廠商行為及經濟績效間的關係。另一個是以價格理論（price theory）中的經濟模型來研究廠商的行為及市場結構（陳正倉等，2009：5）。本文主要採用結構—行為—績效的架構來討論文化資產場域再利用的文化創意產業。

一、SCP 分析與商業模式

　　結構—行為—績效的分析架構創始於 Harvard 大學的 E. S. Mason 教授，其後繼者如 J. Bain、G. Stigler 等學者所闡釋。按照傳統的理論，結構、行為、績效的關係是單向的，即市場結構決定廠商行為，廠商行為決定市場績效。而產業經濟學後來的發展則愈來愈注重結構、行為、績效之間的雙向關係和動態變化。在這個分析的架構中，產業經濟學研究的主題有決定市場結構的基本條件（供給面與需求面）、市場結構的特性、廠商的行為、經濟績效、政府政策（陳正倉等，2009：5）。在這個架構中，基本條件影響市場結構，市場結構影響廠商的行為，而政府的政策同時會影響市場結構與廠商行為，最後產生不同的經濟績效。這也形成了本文論述這項文創產業的主要分析架構。

　　在 SCP 分析之後，本文最後會將 SCP 分析中相關的內容整理成商業

圖 7-1　商業模式

模式（Business Model）。商業模式是一家企業所經營事業的基礎模型，是由 Alexander Osterwalder 與 Yves Pigneur（2010）所提出，他們將商業模式拆解成商業模式圖（Business Model Canvas），如圖 7-1 所示。

　　商業模式圖是把一個創業體系分為九個重點區塊，這個圖剛好分成上下兩部分：上半部，由左至右，可視為一個商業模式的上游到下游，分別是事業夥伴、主管業務、關鍵資源、價值主張、客戶關係、通路、目標客群。下半部，則是上半部區塊在財務上的意涵，左半邊是與成本有關的成本結構；右半邊則是跟營收有關的營收來源。這個圖透過精心的視覺設計讓人一目了然企業經營九大重點之間的關係。而營收減掉成本，就是企業的獲利模式。

二、市場結構

　　個體經濟學指出，個別商品或服務的價格係市場價格機能的結果。一般而言，最終產品的買方都是個別的消費者，而個別消費者對價格的影響力相對都很小，因此價格的決定主要為賣方的生產廠商，而生產廠商對價格的影響力主要視產業結構為何而定。市場結構或產業結構可分為完全獨占市場、寡占市場、獨占性競爭市場與完全競爭市場等四種市場。嚴謹來說，區分一個市場的結構不能僅以廠商數目來決定，而應考慮廠商的規模分配（陳正倉等，2009：60-63）。產業內廠商規模的大小與廠商數目多

寡的分配，即是所謂的產業結構或市場結構。產業結構是產業內依廠商之市場占有率的高低次序排列而成的分配（陳正倉等，2009：59-60）。衡量市場結構或產業結構的指標有兩類，第一類指標包括前四大廠商集中度（four-firm concentration ratio）、HHI、E 係數及 Gini 係數等；第二類指標是以績效導向（performance-oriented）來衡量，例如 Lerner index 及利潤率指標（陳正倉等，2009：63）。這些指標都需要有詳細的廠商資料，包括數量與市場占有率才可進行計算。例如以獨占性競爭市場來說，其定義為許多有效競爭廠商存在，且最大 4 家廠商的集中度小於 40%。另一種完全競爭市場，其定義為若超過 50 個競爭廠商，每一廠商的占有率很小，小於 3%（陳正倉等，2009：68）。這裡所指的集中度與占有率都必須經過計算。

　　市場結構會牽涉到廠商的預期利潤。一般而言，完全競爭市場商品或服務的價格完全由市場決定，無法由廠商自行訂價，廠商是價格的接受者（price taker）。因為在完全競爭市場下每個廠商的產品品質相同，而且每個廠商的供給量僅占整個市場很小的比例。因此個別廠商僅能在現行市場價格下賣出他的商品或服務（陳正倉等，2009：125）。相對地，商品或服務的市場結構若為獨占性，因為市場只有一個廠商生產沒有替代品的產品，因此廠商具有決定價格的能力（陳正倉等，2009：158）。若商品或服務的市場結構為寡占或獨占性競爭，則廠商之間會有一些影響力，商品或服務的價格也會相互影響。就廠商的預期利潤而言，獨占性市場結構的廠商可自行訂定商品或服務的價格，因此有較大的機會賺取高額利潤。完全競爭市場結構的廠商無法自行訂定價格，賺取高額利潤的機會較少。寡占或獨占性競爭市場結構的廠商賺取高額利潤的機會，則介於獨占與完全競爭市場結構之間。

　　廠商數目的多寡會影響產業結構，進而影響經濟績效。而廠商的加入與退出則會影響廠商數目的多寡。因此廠商的加入與退出為產業結構的決定因素。理論上，若無任何加入退出的障礙，則廠商可以自由加入或退出

市場，此時該市場將趨近於完全競爭市場結構；反之，若存在著加入退出
的障礙，則市場將趨於寡占或獨占（陳正倉等，2009：89）。

影響廠商的加入與退出其中一個重要的因素，就是商品或服務的差異
性。所謂產品差異是指消費者主觀認為兩種商品或服務是不相同的。亦即
若有兩種功能或用途相同的產品，不論是否有實質上的差異，消費者偏好
其中一種，願意支付較高的價格。或者在相同的價格下，消費者偏好其中
的一種，此時兩種產品即具有差異性（陳正倉等，2009：110）。一般而
言，產品差異性愈大，廠商的獨占力愈高，潛在廠商加入的障礙愈大，加
入就愈困難，因此形成寡占或獨占的市場結構（陳正倉等，2009：111）。

在《2013 臺灣文化創意產業發展年報》中，統計全臺灣「文化資
產應用及展演設施產業」到 2012 年共有 103 家（行政院文化部主編，
2013：21），如表 7-2 所示。因此若就整個文化資產應用及展演設施這個
產業來看，全臺灣家數已超過 50 家。就這個產業別中個別的廠商來說，
其所提供的商品或服務，若能利用文化創意來創造產品的差異性，就會產
生獨占性競爭的市場結構。獨占性競爭市場與完全競爭市場類似，廠商數
量多且可自由進出市場，但不一樣的是獨占性競爭廠商所生產的商品具有
差異性，商品的差異性使得獨占性競爭廠商能吸引特定的顧客群，對於這
些特定的廠商，獨占性競爭廠商具有決定價格的能力（郭國興等，2014：
211），進而創造廠商的經濟利潤。

表 7- 2　2008-2012 年臺灣文化創意產業（部分類別）家數及成長率──次產業別

（單位：家、百分比）

		2008 年	2009 年	2010 年	2011 年	2012 年	2012 年占比	CAGR
視覺藝術產業	家數	2,571	2,503	2,479	2,498	2,496	4.83%	-0.74%
	成長率		-2.64%	-0.96%	0.77%	-0.08%		
音樂及表演藝術產業	家數	1,376	1,517	1,790	2,007	2,200	4.26%	12.45%
	成長率		10.25%	18.00%	12.12%	9.62%		

（續上表）

		2008 年	2009 年	2010 年	2011 年	2012 年	2012 年占比	CAGR
文化資產應用及展演設施產業	家數	51	54	61	80	103	0.20%	19.21%
	成長率		5.88%	12.96%	31.15%	28.75%		
工藝產業	家數	10,630	10,535	10,804	10,997	11,134	21.55%	1.16%
	成長率		-0.89%	2.55%	1.79%	1.25%		
電影產業	家數	674	700	731	762	803	1.55%	4.48%
	成長率		3.86%	4.43%	4.24%	5.38%		
廣播電視產業	家數	1,548	1,568	1,579	1,557	1,561	3.02%	0.21%
	成長率		1.29%	0.70%	-1.39%	0.26%		

資料來源：採自《2013 臺灣文化創意產業發展年報》（行政院文化部主編，2013：21）。

貳　政府政策

　　在公部門政策方面，文化資產應用及展演設施產業這項產業別會牽涉到文化資產與文化創意產業的相關政策。

　　在文化資產相關政策方面，個人或廠商可透過委託、委任或委辦的方式，或者標租的方式，來使用公有的文化資產建築物。《文化資產保存法》（以下簡稱《文資法》）第 18 條：「古蹟由所有人、使用人或管理人管理維護。公有古蹟必要時得委任、委辦其所屬機關（構）或委託其他機關（構）、登記有案之團體或個人管理維護。」另《國有財產法》第42 條：「非公用財產類不動產之出租，得以標租方式辦理。」此外，「文化部文化資產局產業文化資產再生計畫輔助作業要點」中鼓勵地方政府部門與產業單位，可針對產業文化資產以產業有形或無形文化資產為開發元素，進行轉化與加值創造，發掘文化資產產值，形塑文化資產保存與再生有利環境。

以夕遊出張所這棟古蹟為例，2010 年臺南市政府辦理古蹟再利用公開招標，由皇尚企業取得經營權，第一年合約為 3 年，2014 年再取得第二次經營權。契約所規定的委託服務內容有：

1. 建物、附屬設備及事務機具之營運管理維護事項。
2. 主動辦理或提供服務事項，包括規劃辦理藝文活動、各項行銷宣傳辦理事項、建立所提供各項服務方案之資料檔案、餐飲服務（須以無油煙之輕食商品服務為主）、環境清潔維護、辦理顧客滿意度調查。

合約中還規定，欲增設營業項目及商業行為必須先提出營運與財務計畫，建築物內部空間及戶外園區應以辦理藝文展演活動為主，不得閒置，有關餐飲、商品等商業行為之營運，不得超過總樓地板面積 50%。[1] 由以上合約內容可以了解臺南市政府對於夕遊出張所這棟古蹟再利用委外辦理事項的規定與要求。此外，因使用的建築物為文化資產，建築物整修必須遵守《文資法》的相關規定。因此夕遊出張所的室內若須進行空間或設備裝修，須備妥計畫書再送臺南市政府審查通過後，始得辦理。

在文創產業相關政策方面，政府為鼓勵文創產業發展，目前有許多融資的方案來供企業申請。皇尚企業曾申請政府補助的貸款計畫，成為臺南市第一個拿到貸款的文創產業，政府補貼利息 2%，協助皇尚企業發展文創產業。

一、文化資產與再利用

皇尚企業所經營的文化資產，是在日治時期以生產鹽這種產業的產業文化資產。所謂文化資產，以嚴謹定義來說，是指經臺灣的《文化資產保存法》指定或登錄，具有歷史、藝術、科學等文化價值之資產。

產業文化資產（industry cultural heritage）不是《文化資產保存

---

[1] 詳閱夕遊出張所委外契約（皇尚企業提供）。

法》裡所定義的項目，根據國際工業遺產保存委員會（The International Committee for the Conservation of the Industrial Heritage, TICCIH）在 2003 年頒布的「下塔吉爾憲章」中，對產業遺產的內涵採取一種較為宏觀的向度，內容包括產業物質、產業空間、產業建築、工廠、機具和設備，及其周圍之工業住房、產業景觀，以及此工業社會所涵蓋之產品、產業製程和文獻史料等等，皆屬於產業遺產的範圍（楊敏芝編，2012：14）。因此，更細緻來說，產業文化資產的內容包括各產業相關的原料、生產過程（技術、設備、勞力）、資金、主副產品等主題，包括 (1) 無形部分：產業歷史沿革、組織與職掌、工作項目與內容、生產（原料、製程與技術）、文獻（設計圖書、設備與流程圖說、公文書、老照片、技術手冊、圖書）、職工口述建檔（重要生產技術、生活、活動）等。(2) 有形部分：建造物（生產工廠、原料與製品倉庫、事務所、職工宿舍、醫院、戲院等附屬設施、機械、設備），以及其他資本、財產與文物（土地、運輸、事務用具）等訊息（張崑振，2013：2）。根據以上的定義，我們可以知道產業文化資產所涵蓋的不只是建築物，還包含各種產業相關的有形及無形資產。

　　而文化資產場域的「再利用」，係指受文化資產法保護之老建築，在原使用機能喪失後，經由整修並賦予新的使用機能。因此必須先透過「保存」，然後思考「再利用」之行為。再利用之文化資產必須為建築體經修復，部分會有增改建的情況後，再賦予一個與原使用方式不同的新機能。透過「可適性再利用」（adaptive reuse）的方式對建物賦予新的使用功能，並發展成為經濟上可行的新利用。這種建物循環利用（recycling）成為歷史保存重要且有效的工具，也成為保護歷史建物免於毀壞的方法之一（Fitch, 1998：44）。

二、日治時期製鹽產業與其文化資產

　　夕遊出張所的建築物原名稱為「原臺灣總督府專賣局臺南支局安平分室」。出張所意指某某轄區的行政機關，「出張」的日語即出差的意思。出張所用現代的詞語來說，就是離總公司遠處的出差辦公機關。因此，在日治時期有各種出張所，例如稅務出張所、專賣局出張所、郵便出張所。

　　日治時期的臺灣鹽，因具有經濟效益，臺灣總督府以專賣方式進行控管。1899 年（明治 32 年）開始實施鹽專賣，銷鹽的鹽務支館多交給臺籍仕紳主持，同年並頒布《臺灣鹽田規則》。1901 年（明治 34 年）5 月正式成立「臺灣總督府專賣局」。1919 年（大正 8 年）7 月於安平設立臺灣製鹽株式會社，獨占煎熬製鹽技術。當時臺南地區的鹽務場共有四個，包括安平、鹽埕、安順、灣裡等，早期是臺灣總督府專賣局鹽務課所屬。1922 年（大正 11 年）4 月鹽務課設立「臺灣總督府專賣局安平支局」，同年 11 月，更名為「臺南專賣支局安平出張所」，下屬單位有「灣裡鹽分室」、「鹽埕鹽分室」及「安順鹽分室」。1924 年（大正 13 年）12 月，臺灣總督府專賣局精簡組織，將「臺南專賣支局安平出張所」改制為「臺灣總督府專賣局臺南支局安平分室」，與「安順分室」和「鹽埕分室」（整併了原「鹽埕鹽分室」和「灣裡鹽分室」）為平行單位，共同隸屬於「臺灣總督府專賣局臺南支局」。[2]

　　臺南支局安平分室建築物於 1927 年竣工。昔日，在鹽產業鼎盛時期，緊鄰安平分室東邊方向是煎熬鹽第三工廠、儲碳場、倉庫與宿舍，北邊方向為實驗室與真空鹽工廠；西邊方向為粉碎洗滌鹽工廠、鹽納屋、臺灣製鹽株式會社事務所及煎熬鹽第一工廠；南面則是宿舍區與試驗鹽田。戰後初期，「安平分室」事務室改為宿舍，提供鹽務總局的員工與其家眷進住。1945 年之後，臺南支局安平分室改為鹽務退休人員宿舍。2003

---

2 詳閱《臺南市市定古蹟原「臺灣總督府專賣局臺南支局安平分室」暨周圍環境調查研究與修復計畫》。

圖 7-2　夕遊出張所
（2014 年林思玲拍攝）

圖 7-3　七股夕遊鹽樂活村醃漬館
（2014 年林思玲拍攝）

年被指定為臺南市市定古蹟。皇尚企業於 2010 年取得委外經營權，同年
12 月 25 日開始營運。之後陸續取得由臺南市政府與雲嘉南濱海國家風景
區管理處所委託的北門之夕遊井仔腳（歷史建築，原北門井仔腳瓦盤鹽
田）、七股夕遊鹽樂活村（歷史建築，原七股鹽場）、夕遊日式宿舍（原
臺鹽日式宿舍）、夕遊安平海關（市定古蹟，原安平海關／運河博物館）
各個景點。目前一共有五個 OT[3] 委外經營的計畫由皇尚企業所經營。

參　廠商行為與績效

一、跨足文化創意產業的皇尚企業股份有限公司

　　皇尚企業股份有限公司成立於 1982 年，公司地點在臺南市安南區的
科技工業區之內，是一個經營傳統產業的企業。成立後陸續奠定熱熔膠塗
布設備、化妝品充填設備、精密壓電陶瓷等產業基礎，並逐步開拓全球市

3　OT 是英文字 operate 與 transfer 兩字的縮寫，意指由政府投資新建（古蹟本體修
　護）完成後，委託（transfer）民間機構營運（operate）；營運期間屆滿後，營運
　權歸還政府。這類多為營運自償率低或文化資產已完成修護工程之前期投資者，
　例如臺北市古蹟臺北之家與臺北故事館。

場至今。其產品的研發、設計、生產到後端的行銷與售後服務堅持自行控管品質，產品已通過各國多項認證，行銷至全球 20 多國。其美容儀器研發製造代工（ODM）已有 20 年的經驗，銷售遍布六大洲，陸續取得各國相關認證許可。皇尚企業在國際美容儀器製造商中，在音波技術應用上，占有領先地位，技術與專業獨步全球。[4]

　　莊世豪提到，皇尚企業幾年前想要發展成音波美容儀器的觀光工廠，讓顧客知道我們的產品是在臺灣生產。成立觀光工廠後，得知位於安平的古蹟「原臺灣總督府專賣局臺南支局安平分室」修復完成，正在委外招標。當時想要把位於科技工業區內的觀光工廠延伸到觀光人潮較多的安平區，因此參與了招標，並且順利取得經營權。一開始在摸索經營時，有股東建議賣滷肉飯或賣麵。當時莊世豪的想法認為，這間古蹟經營的內容必須與公司的形象相符，後來請行銷公司協助設計經營的產品，行銷公司還到日本考察，而後以這棟古蹟製鹽產業的歷史為發想，並設計出有各種顏色的「366 生日鹽」，這項產品也讓夕遊出張所一炮而紅。而後皇尚企業陸續承包了臺南沿海數個與鹽產業相關的古蹟景點，開始了以鹽產業文化資產為經營主題的文化創意相關事業。

　　皇尚企業跨足文化創意產業後，剛開始很多產品是委託給其他廠商設計，但因規模愈來愈大，考量產品研發的效率性，因此開始自己聘請設計人員進行產品設計，之後乾脆連包裝與行銷都自己來。莊世豪笑說，皇尚企業跨足文創產業，就如同一個顧客原本只是想要喝牛奶就到超市去買就好，後來卻自己開始養牛並且開設牧場當起酪農，進而開創了皇尚企業的文創事業。

　　根據文化資產再利用與文化創意產業發展的願景，皇尚企業訂定了四

----

4 詳閱皇尚企業公司網頁介紹：http://www.hes.com.tw/cosmetics/index.php（瀏覽日期：2014 年 2 月 19 日）。

個發展目標，[5] 分別是：

1. 歷史建築古蹟的修復與維護。
2. 延續鹽文化與產業體驗。
3. 結合時尙音波科技，提供傳統鹽與高科技 SPA 的呵護。
4. 以臺灣歷史文化爲根本，讓世界透過體驗文創認識臺灣鹽文化的軟實力。

二、以傳統產業的思維經營文化資產

皇尙企業原本是以傳統製造業起家的企業。[6] 莊世豪說：「當時投入文創產業時，我們公司沒有人知道什麼是文創，也不知如何經營。我們有 30 年製造業的經驗，因此我以製造業的經營經驗來經營夕遊出張所。我幾乎每天親自在現場，一有什麼問題，我馬上可以叫人家處理，所以處理問題的速度才會很快。」對於投入的事前評估，莊世豪坦言：「沒有任何事前評估，完全是一名門外漢。我們當時經營公司的理念是要做就要把它做好。」皇尙企業在夕遊出張所一開始投入約 300 萬的裝修與產品開發的成本。但在第一次合約只有 3 年的情況下，這樣的投資成本是具有很高的風險。

關於經營的內容，皇尙企業想要走不一樣的路。莊世豪回想當時公司在擬定經營方向時，他考慮若由其他廠商經營夕遊出張所，可能會想要經營成餐廳。但是莊世豪思考那個點做餐飲不會成功，因爲在安平老街就已經有那麼多美味的傳統小吃，顧客不可能還跑到夕遊出張所來吃東西。因此，朝著與鹽相關的文創產業的方向去思考經營方向，投入資金進行建築

---

5 詳閱夕遊出張所網頁介紹：http://www.sio-house.com.tw/index.phphttp://www.hes.com.tw/cosmetics/index.php（瀏覽日期：2014 年 2 月 19 日）。

6 所謂製造業，可概括劃分為傳統製造業及非傳統製造業，傳統製造業係指民生、化學、金屬機械工業；非傳統製造業則指資訊電子工業，包括電子零組件、電腦、通訊及視聽電子業、光學製品及電子設備製造等，即一般所稱高科技產業。

物的裝修布置，並且向臺鹽買了多種產品。但莊世豪表示：「我認為經營好就一定可以繼續，所以就用投資的觀念。我們公司已經有一個名聲在，當時我一定不能做得太差。」

此外，莊世豪提到一個經營的特色，就是利用傳統產業的部門來領導設計部門，也就是利用原來傳統產業機械設計部門，去幫忙設計現在的文創商品。因為文創設計人才總是天馬行空，必須利用原來傳統產業的設計人員來將產品落實，成為可以製造販賣的產品。

三、經營規模與項目

整個經營團隊分為三個部門，分別是設計部門、行銷部門、銷售部門。現在有七個現場的銷售部門。銷售部門共有 22 個正職人員，加上工讀生將近 50 人。設計部門有 8 人，行銷部門有 5 人，鹽工廠還有聘請曬鹽工人，整體正式編制人員約有 50 個人。目前各點的經營項目大致上有三類，一為文創商品；二為餐飲；三為體驗活動。另外有些景點，例如夕遊出張所，不定期會有藝文表演。此外，皇尚企業將原本經營的傳統產業轉型觀光工廠，結合鹽主題的文創商品，進行體驗行銷，成為一個極具特色的觀光工廠。

圖 7-4　文創商品雪鹽燒
（2014 年林思玲拍攝）

圖 7-5　夕遊鹽樂活村鹽鹵足之浴
（2014 年林思玲拍攝）

圖 7-6　音波科技觀光工廠內鹽文創商
　　　　品展示區
　　　　（2013 年林思玲拍攝）

圖 7-7　音波科技觀光工廠
　　　　（2013 年林思玲拍攝）

四、文化創意的策略

　　文化創意產業的產品在於強調地方的故事性、傳奇性、典故及其商品的獨特性，藉此感動消費者的情感，喚起消費者的文化認知和地方認同，提升消費者的獨特品味（陳振杰等人，2008：65）。文化資產的故事，必須能夠傳遞與彰顯歷史空間的文化資產價值，也就是與文化資產相關的歷史、文化、藝術與科學的價值。文化資產的歷史、文化、藝術與科學會展現於與文化資產相關的有形文化資源與無形文化資源之中，這些與文化資產相關的各種價值、有形文化資源與無形文化資源就成為了文化資產的文化創意來源，也就是故事的來源。

　　皇尚企業所經營的鹽產業相關文化資產，有形文化資源為生產鹽所使用的建築物與設備；無形文化資源為製鹽的技術。皇尚企業利用這些有形與無形文化資源所發展的文化創意產業，可從幾個方向來討論：

㈠ 古蹟名稱的文化創意

　　以「夕遊出張所」為例，「夕遊」這個名稱來自於鹽的日語發音 SIO（しお），為此棟古蹟取名「夕遊出張所」，再加上其地理位置非常適合

觀賞夕陽，是一個適合大家「午後賞夕出遊的場所」。而出張所爲此建築物本身過去的功能，意指某某轄區的行政機關，「出張」的日語即是出差的意思。換句話說，出張所用現代的詞語來說明，有點像出差辦公的辦公室。結合以上三個元素，因此取名「夕遊出張所」。

(二) 以臺灣鹽來說故事的文化創意

用高成本臺灣製的鹽來做文創商品，是皇尙企業堅持說的鹽產業故事。莊世豪提到，現在臺灣的鹽都是澳洲進口，成本是臺灣製鹽的五分之一。但爲了說臺灣鹽的故事，皇尙企業用自己的鹽田生產的鹽，讓遊客購買文創商品之後，能夠認識到臺灣的製鹽產業。爲了了解臺灣的鹽產業，莊世豪仔細的閱讀了所有關於製鹽的書籍，了解世界上哪個地方能生產什麼鹽，以及不同鹽的製程。他進一步指出，臺灣鹽不同於進口的工業鹽，臺灣原本生產的鹽是天然鹽。臺灣鹽特別的製程，是透過潟湖把海水過濾、沉澱、淨化，然後進到鹽田裡面，然後再經過蒸發、沉澱。透過這樣古老曬鹽的方法，所製造出來的鹽才是健康與好吃的鹽。皇尙企業的理想就是把臺灣固有的東西，把這個好的食物、好的食材留給大家來享用。

因此，在這樣的想法之下，皇尙企業利用原來鹽產業相關的幾個產業點：曬鹽的北門之夕遊井仔腳（北門井仔腳鹽田）；賣鹽的夕遊出張所（原臺灣總督府專賣局臺南支局安平分室）、夕遊日式宿舍（原臺鹽日式宿舍）、運鹽的夕遊安平海關（原安平海關），利用曬鹽、產鹽的過程成爲文創商品故事的原料，利用原鹽產業的製作流程來說文創商品的故事。

皇尙企業文創商品所使用的鹽，全部來自自己經營的鹽田所生產的鹽。曾說自己是最「鹹」的人，莊世豪自信的說：「我就是用這種方式行銷我們的文創商品，因爲我們自己經營兩個鹽田，我敢講就是全臺灣沒有一個人產的鹽、曬的鹽比我多，爲什麼我是最『鹹』的人就是這樣。」

圖 7-8　皇尚企業莊世豪董事長　　　　圖 7-9　366 生日鹽展示
　　　（2013 年林思玲拍攝）　　　　　　　（2014 年林思玲拍攝）

㈢ 以鹽主題為產品的文化創意

　　皇尚企業從鹽產業為發想，以「鹽」為主題開發了各式各樣相關的文創商品。例如以鹽可淨化、除穢以及避邪的意義，結合一年 366 天的色彩能量，形成獨具特色的 366 色生日彩鹽。其他文創商品還有鹽料理雪鹽燒（鹽包裹蛋加以烘焙）、愛情鹽心、鯤鯓王五行能量鹽、劍獅鹽雕生日鹽掛飾、夕遊平安鹽御守、祈福御守……等。其中 366 生日彩鹽與媽祖祈福平安鹽袋兩項產品獲得 2011 年臺南十大文創商品；開運舒喜燒獲得 2012 年臺南十大文創商品；以「夕遊鹽之有悟」作為文創品牌所推出的「366 鹽花印章」，則於 2013 年榮獲臺南十大文創商品。

五、空間營造的想法

　　莊世豪研究海關的歷史，利用海關來塑造夕遊出張所的空間氛圍，讓遊客在夕遊出張所遊玩時，能夠聯想到昔日海關的樣貌。因此，當時夕遊出張所裝修室內空間時，即希望能呈現這樣的空間氛圍。莊世豪提到遠流出版社王榮文董事長的說法：「到古蹟參訪，第一個就是經驗，第二個就是朝聖，第三個就是回憶。」因此，夕遊是一種經驗，建築物又充滿懷舊氣氛，代表日本時代的回憶，而遊客一進門看到頗具知名度的 366 生日

鹽，就像是朝聖般的心情。因此，夕遊出張所讓遊客充滿夕遊驚艷、日本時代回憶與向 366 生日鹽朝聖。五感體驗的經營手法，讓古蹟不再只是一部商業機器，而是可以喚起遊客美好時光的創意空間。莊世豪強調：「文創就是要生活化，因此古蹟的歷史背景一定要留起來，不然的話，古蹟少了回憶，就少很多東西。」

對於空間氣氛的經營，莊世豪提到：「我們要塑造成為一個介紹鹽與鹽文創的空間。很重要的一點是，不能讓遊客覺得這是一個商業氣息太重的空間。夕遊出張所的空間要讓遊客感受到是自由參觀的心情，而不是進入到一個賣東西的場所。對於門票的策略，夕遊出張所堅持不賣門票，讓遊客可以沒壓力自由進出參觀。尤其針對旅行社團客，若收費會降低旅行社的利潤，就會連帶降低旅行社帶團來參觀的意願。莊世豪認為「只要人到了，業績就會到。」在不收門票的策略下，從年紀輕到年紀老的顧客都可輕鬆入園。有人潮，就會帶動電視與報紙等各種媒體的報導，這個景點一經媒體報導，就會帶入更多的人，這是夕遊出張所很重要的經營策略。

六、行銷

美國行銷協會（American Marketing Association, AMA）將行銷（marketing）定義為「創造、溝通與傳遞價值給顧客，以及經營顧客關係以便讓組織與其利益關係人受益的一種組織功能與程序。」行銷的目的在於透過交換的過程，以達成交換雙方的目標。也就是，組織透過行銷創造與傳遞價值給顧客，重視顧客關係並滿足對方的需求，以便讓它本身及其利益關係人（就企業而言，包含員工、股東、供應商、經銷商等）受惠，而組織為了達成目標，必須了解交換雙方的需求、影響交換過程的外部環境，以及交換過程所涉及的因素與活動。行銷功能必須包含一系列活動，包含產品（product）、價格（price）、通路與配銷（Place and distribution）、推廣（promotion），這些功能簡稱行銷組合（marketing mix）或 4P（曾光華，2010：22-23）。一個企業在規劃與應用行銷時，

必須考慮行銷組合中所有的元素，行銷才會成功。

㈠ 產品策略

　　一開始為了了解顧客需求，在經營的第一年，莊世豪將自己的辦公室設在夕遊出張所中，在夕遊出張所辦公，並且親自為遊客進行導覽，以了解顧客需求。也因為用心經營，獲得許多部落客撰文報導。在產品策略上，莊世豪提到：「一組設計、研發的人員只為一個景點來做產品的開發，成本太高，做什麼事情一定要有一個整套的想法。因此我就利用『鹽之旅』這樣的想法，從曬鹽、做鹽、賣鹽，變成一條龍去處理。將觀光工廠與其他點串聯起來，以降低產品開發的人力成本。」皇尚企業利用多點多產品的「規模經濟」[7]經營策略，來降低成本，創造利潤。

　　另一個產品的策略，則是呈現於企業對於人力的運用。莊世豪提到：「我認為個人的專長必須要能發揮，設計的人才專門做設計就好，行銷的人才專門做行銷就好，製造的人才或財務的人才所做的工作都必須能發揮他們自己的專長。現在文創產業一個很重要的問題，就是叫做設計的文創人才去進行製作與銷售，這是很困難的。設計人才的想法很特別，想法特別的才可以去做文創，也因為這樣才有辦法設計出好的文創。但要叫這種人才去經營生意，是非常困難的，畢竟這是不同專業的能力。」莊世豪接著說：「臺灣年輕人其實很優秀，年輕人的設計作品經常在國際間得獎。但很重要的是應該積極地將這些設計商業化，才會產生商業價值。因此文創能與產業結合，才能為臺灣帶來新的進步。」

　　皇尚企業還與許多大學與研究機構合作，例如成功大學文創育成與研發中心、崑山科技大學藝文創產中心、臺南應用科技大學文創中心、工業研究院、生產力中心等，利用產、官、學合作，為文創產業進行創新與加

---

[7] 所謂「規模經濟」（economies of scale），意指當廠商的規模擴大，其長期平均成本呈現遞減的現象。反之，當廠商的規模擴大，其長期平均成本呈現遞增的現象時，稱為「規模不經濟」（diseconomies of scale）（陳正倉等，2009：95）。

值。皇尚企業也會協助這些大學與研究機構，把產業的經驗應用在文創的發展上。

皇尚企業所開發的鹽產業文創商品，範圍涵蓋各種吃、喝、玩、樂面向。例如鹽之花，加在咖啡、巧克力、冰淇淋、果汁，都會帶來不一樣的效果。鹽花非常珍貴，皇尚企業的鹽花 250 克要賣 500 塊，且供不應求。

莊世豪指出，文創商品的客層結構主要以 25 歲以下高中生與大學生為消費主力，遊覽車（銀髮族團客）與推嬰兒車的家庭客居次。關於目標客群的設計，莊世豪希望「老少通吃」，也就是年輕人購買文創商品、中年人會購買高級的鹽花。因此阿公阿嬤團愛買實用性高、每袋 100 元的食用鹽，學生族群則多帶紀念品。也因為每個年齡層入園後都可消費，因此客戶群從年輕到老皆有涵蓋。

(二) 訂價

皇尚企業的文創商品，從庫存管理、採購、量化、銷售，都是利用傳統產業的經營觀念去生產與管理。莊世豪強調：「文化創意產業的『產業』不能丟掉，要用產業的觀點去做生意，不要用『文創』的觀點去做生意。」以往的文創商品因為無法量產，因此成本無法降低，導致售價很高。皇尚企業利用傳統製造業的思維，利用量產，將文創商品的成本降低，提高顧客購買的意願，達到文創商品生活化與普及化的目的。莊世豪指出：「皇尚企業的文創商品會成功，是因為企業 30 年傳統製造業的經營經驗所支持，包括經營者、財務、採購……等所有的人，都是有工廠的底子才有辦法達到今天的成果。」

在產品定價的設計上，皇尚企業把產品區分為兩大類，一為量產平價可大量銷售的產品；另一為特殊設計單價較高的產品。在可大量銷售產品的訂價方面，是以製造業的訂價策略「成本加成訂價法」來規劃，也就是在成本上加上某一百分比的訂價法。依照經濟學家 J. Galbraith 教授的想法，他認為企業家在投入大量的資本之後，面對各種複雜的技術及多變的

市場，希望能夠掌握原料、零件、資金來源，即以適當的價格銷售產品，穩穩當當地獲取合理的利潤，並且常常久久，而不是求利潤之極大。由於廠商最容易掌握的是成本資料，因此廠商在訂價時，只要在成本上加上某一個成數（百分比）如一成（10%）、一成五（15%）或兩成（20%）當作利潤即可（陳正倉等，2009：321）。皇尚企業生產成本 1 元的產品，至少要賣 4 元，才有利潤。若產品批貨至直營店與加盟店，批貨價必須為 2 元，而產品售價必須為 4 元。皇尚企業的文創商品就是以此訂價策略來制定價格，這也就是莊世豪提到的傳統產業「產銷的秩序」。莊世豪提到以往皇尚企業所生產的美容產品外銷到美國：「產品一個報價 1 塊錢美金，到了當地的零售店一定是賣 4 塊美金，這個訂價原則是固定的。因為這樣的訂價才有辦法涵蓋所有產銷過程的成本，商店要有利潤才會幫廠商代銷產品。」這也就是傳統製造業的訂價觀念，皇尚企業堅持：「文創商品的價格一定要平民化，不能太貴，曲高會和寡。」莊世豪認為文創產業的經營是「讓每一個店、每一個販賣點能夠存活、能夠賺錢，這樣才有辦法推廣文化創意的理想，否則一切都是白談。」另一方面，單價較高的特殊設計產品，則是以 10 倍或 20 倍的售價販賣。皇尚企業利用平價可大量銷售的產品來維持營運基本的成本，利用單價較高的特殊設計產品來增加營運的特色及利潤，形成產品定價的布局法則。

⑶ 通路

　　皇尚企業所開發的文創商品主要通路為實體店面，設置於七股夕遊鹽樂活村、北門夕遊井仔腳、音波觀光工廠、夕遊出張所、夕遊日式宿舍、夕遊安平海關等處，另外亦可在官方網站上購買。部分文創商品也在臺北市松山文創園區設立專櫃販售。

(四) 廣告

1. 雜誌

皇尚企業會在雄獅旅行社《趣遊玩》雜誌、《縱橫天下》雜誌、《臺灣購物指南》雜誌刊登平面廣告。《縱橫天下》雜誌是全臺灣所有的旅行業者、導遊會隨身攜帶的雜誌，另《臺灣購物指南》雜誌則是在臺灣許多飯店裡面的房間擺放。皇尚企業在這些與旅行業相關的雜誌中刊登廣告，以吸引觀光旅遊的客群。

2. 夕遊出張所網站

皇尚企業架設了一個網站，提供皇尚企業跨足文創產業之鹽業文化相關各景點及旅遊路線的介紹，還有各種文創商品的目錄及網購資訊。網頁也提供各活動的最新消息，與皇尚企業其他相關網頁的連結。

3. 社群網站 facebook

皇尚企業在 facebook 開設了一個社群網站，介紹各種文創商品及各景點的最新動態，提供遊客更便利的訊息服務。

4. 活動辦理

皇尚企業也利用活動的辦理來進行行銷。皇尚樂團不定期會到夕遊出張所、夕遊安平海關等處演奏。此外，還會於特殊節日辦理應景節慶，例如 2011 年辦理了「鯤鯓王平安鹽祭」；2012 年辦理「萬聖節—不灑鹽就搗蛋」；2013 年辦理「臺南送夕陽三部曲」。

七、法律行為

皇尚企業所開發的文創商品，都有申請專利進行智慧財產權的保護。在推動文化創意產業的過程會與創意、創新有關，而這些創意與創新會與廠商營收相關，為避免創意與創新被其他廠商利用，影響到原開發這些創意與創新廠商的利潤，因此必須使用智慧財產權保護。文化創意產業的商品或服務，可能屬於著作權法的「著作」，或者著作權「著作」的重

製物、衍生著作，或者是利用公共所有著作而創作生產之「新著作」，或者發生「商標」、「專利」等關係（張瓏，2011：135）。莊世豪提到：「每一樣產品我都會去申請專利，專利最重要的是因為有獨特性與唯一性，也就是這其中隱含的故事。」皇尚企業利用自己生產的鹽，從曬鹽、做鹽到賣鹽都是一貫生產，利用臺灣的鹽產業來創造產品的獨特性與唯一性。莊世豪強調：「文創若沒有獨特性與唯一性，是很難生存的。」

八、績效（Performance）

關於績效，莊世豪認為 3 年是文創產業廠商經營的一個試煉期。他指出：「3 年是一個基本經營的時間，如果要做文創的東西，沒有 3 年是無法累積品牌的知名度。但如果 3 年沒有賺錢，是無法維持經營的，這時就要考慮是否不要做了。」

肆　商業模式

綜合以上的討論，可繪製出皇尚企業經營臺南鹽產業文化資產的商業模式，如圖 7-10 所示。在這個商業模式裡，「價值主張」是皇尚企業成功的關鍵因素。皇尚企業藉由關鍵資源（建築空間意義與鹽），將商品注入以鹽產業為主題的文化創意，並且形成具文化與歷史、設計與創意、平價與多樣的商品新價值。在清楚設定目標客群後，透過輕鬆無負擔的消費方式建立客戶關係，以實體店面、觀光工廠、網路、松山文創園區發展多樣通路，以銷售量創造營業利潤。這樣的商業模式可以讓其他欲以產業文化資產為經營主題的文創產業者作為參考。

事業夥伴	主營業務	價值主張	客戶關係	目標客群
旅行社 通路商（松山文創園區）	文創商品 餐飲 體驗活動	文化與歷史 設計與創意 平價與多樣	輕鬆無負擔的消費方式	對鹽產業文化歷史有興趣的遊客 對古蹟有興趣的遊客 對鹽文創商品有興趣的遊客
	關鍵資源		通路	
	文化資產 鹽產業		實體店面 觀光工廠 網路 松山文創園區	
成本結構			營收來源	
人力（設計、行銷、製作） 行銷宣傳 現場人員 產品材料及包裝			文創商品 餐飲 體驗活動	

圖 7-10　皇尚企業經營臺南鹽產業文化資產的商業模式

結論

　　皇尚企業曾在傳統產業經營中遇到瓶頸後，將生產重心移至大陸，先進的技術曾為企業創造新的巔峰。企業經營重心重新回到臺灣後，利用傳統產業的經營思維來開發文創產業，配合政府文化資產委外經營與文創產業的相關政策，利用鹽產業文化資產相關的有形文化資源與無形文化資源，發想各種文化創意，成為「夕遊鹽之旅」各類商品故事的來源，以有趣且饒富意義的方式，傳遞與彰顯文化資產場域的價值，讓文化資產與創意碰撞出絢爛的火花。

1. 請說明皇尚企業如何利用文化資產來發展文化創意產業？
2. 請說明皇尚企業如何利用傳統產業經營的經驗來發展文化創意產業？
3. 請說明皇尚企業「夕遊」文創商品的行銷策略有哪些？

一、中文

行政院文化部主編（2013）。**2013 臺灣文化創意產業發展年報**。臺北市：行政院文化部。

張玉璜建築師事務所（2004）。**臺南市市定古蹟原「臺灣總督府專賣局臺南支局安平分室」暨周圍環境調查研究與修復計畫**。臺南市政府。

張逸民譯（2010）。Gary Armstrong、Philip Kotler 原著。**行銷學**。臺北：華泰。

張瓏（2011）。法令規章。**文化創意產業理論與實務**（頁 125-148）。臺北：師大書苑。

張崑振（2013）。**臺灣產業文化資產體系與價值：菸、茶、糖篇**。行政院文化部文化資產局。

陳振杰、黃茱珺、蔡漢生、吳連賞（2008）。高雄市文化創意產業發展的現狀與前景規劃之研究。**環境與世界**，第 18 期，頁 43-73。

陳正倉、林惠玲、陳忠榮、莊春發（2009）。**產業經濟學**。臺北：雙葉書廊。

郭國興、李政德、陳勇諺、廖俊杰（2014），**經濟學：理論解析與時論觀點**（二版）。臺北：雙葉書廊。

曾光華（2010）。**行銷管理概論：探索原理與體驗實務**。臺北：前程文化事業有限公司。

楊敏芝編（2012）。**機會──產業文化資產保存與再利用管理參考手冊**。行政院文化部文化資產局。

夕遊出張所委外契約（皇尚企業提供）。

二、外文

Fitch, J. M. (1998). *Historic Preservation: Curatorial Management of the Built World*. Charlottesville: University of Virginia Press.

Osterwalder, A. & Pigneur, Y. (2010). *Business Model Generation: A Handbook for Visionaries, Game Changers, and Challengers*. NJ: John Willey & Sons, Inc.

Porter, M. E. (1985). *Competitive Advantage: Creating and Sustaining Superior Performance*. NY: Free Press.

三、網路資料

皇尚企業公司網站：http://www.hes.com.tw/cosmetics/index.php（瀏覽日期：2014 年 2 月 19 日）

夕遊出張所網站：http://www.sio-house.com.tw/index.phphttp://www.hes.com.tw/cosmetics/index.php（瀏覽日期：2014 年 2 月 19 日）

第8章

客家文創
美濃錦興行藍衫產業之個案分析

陳運星

前言

　　常言道：「人靠衣裝，佛靠金裝。」自有人類歷史以來，衣服穿著的自我裝飾（self-adornment），一向是人們用來表達個人身分和社會地位的重要工具。除此之外，社會整體人口服裝的轉變亦可反映其經濟及社會文化的變化；反之，個人或社群服裝消費的改變則反映其主觀身分及文化認同等問題（陳效能，2001：259-260）。

　　走在 21 世紀的現代化都會中，假如你放眼望去，觀察周遭熙熙攘攘走在十字路口的人群，你將會發現：絕大多數的人們，都是穿著經過工業化工廠製作之西洋式的服裝，男的也許是 T 恤、襯衫、西裝打領帶，女的也許是洋裝、套裝、禮服……。鮮少有人是穿著中國傳統式的長袍馬褂或是旗袍，當然，也很難看到客家人的傳統服飾：「藍衫」（圖 8-1）。

圖 8-1　客家人的傳統服飾：「藍衫」
資料來源：作者，2008/5/25。

　　如今，臺灣人的衣著可說是澈底的「西化」，市區地方大部分人的衣著多以西式便服為主，遊客若想看到仍然穿著中式衫褲或藍衫的臺灣人，必須到偏遠地區的客家庄，才可能見到穿著「傳統的服飾」的老婦人。

　　服飾是一個民族文化的具體象徵，是該民族傳統歷史文化中很重要的一環，所以要去探究客家藍衫服飾，就必得先從客家民族文化的立場上去觀察，去了解藍衫的時代背景及特質，才能發現它之所以存在的意義是什麼，我們不僅要去了解藍衫外在的表面型態，更要去了解藍衫內在的意識型態。換言之，我們應該探究客家傳統服飾「藍衫」和它的民族性，以及所顯示的文化特性。

　　客家人因為長期過著顛沛流離的遷移生活，所以孕育了他們勤勞節儉、勇敢耐苦的習性。而且移民來臺之際，因為環境惡劣，為了求生存，所以不管男生女生都要共同負擔起墾殖的重任。他們生活得非常艱苦，再加上居住地的封閉性，長時間與外界阻隔的情況下，造成了他們極度保守的生活方式，也因此生活習慣、服飾上都仍承襲了先人的保守傳統。

壹　客家藍衫服飾文化產業概說

　　近年來，因為臺灣的客家族群意識抬頭，加上文化創意產業的興起，傳統服飾廣被重視，象徵客家婦女堅毅刻苦、勤勞美德的藍衫，已成為一個重要的客家人象徵符號。在許多客家文化活動中，常有各種專為某項表演性質而改良的藍衫樣式出現，更有許多用心傳承客家文化的工作者，運用藍衫的各項特徵作為創作的元素，設計出許多具生活創意的藍衫，為古老的傳統服裝開啟了新的生命風貌。

一、傳統客家服飾藍衫的特色

　　藍衫是古早時客家人一般的日常穿著，不論下田耕種亦或是婚喪喜慶時通通都是穿著藍衫。藍衫的顏色雖然均一，不過隨著穿著年齡的不同，

領口會有花領、素領、黑領等差別，另外藍衫的袖口有做反折，等於現在的口袋，很適合下田耕種時藏放物品。

連橫在《臺灣通史》卷二十三〈風俗志〉「衣服」中寫到：

漳泉婦女大都纏足，以小為美。三寸弓鞋，繡造極工。而粵人則否，耕田力役，無異男子，平時且多跣足。粵籍業農，群處山中，其風儉樸，故衣青黑之布。婦女之衣，僅以本色為緣，而袴相同。每出門，以黑布覆髻上，纏繞項後，俗不著裙，富家亦然，以其便於操作也。

歸清以後，悉遵清制，而有三不降之約。則官降吏不降，男降女不降，生降死不降也。清代官服皆有品級，而胥吏仍舊。婚時，男子紅帽袍褂，而女子則珠冠霞佩，蟒襖角帶，端莊華麗，儼然明代之宮裝。若入殮之時，男女皆用明服，唯有功名者始從清制。故國之思，悠然遠矣！（連橫，1997：470-471）

根據連橫的記載，我們可以初步地得知：

1. 漳州、泉州婦女大都是纏足，以小腳美觀，三寸金蓮之弓鞋，繡工講究；然而客家婦女須耕田勞作，卻多打赤腳，無人纏足，婦女平日穿著青黑色之衣袴，不穿裙，以黑布挽髮於頭髻，窮家富家都一樣，以便於操作家務。

2. 臺灣投降清朝以後，全皆遵行清朝制度，卻有「三不降之約」：官降吏不降，男降女不降，生降死不降。男女婚嫁、喪殮，皆用明代的服裝，唯有功名者才從清朝服制。

總之，臺灣的客家人僻處山區，為耕役需要，民風儉樸，「衣青黑之布」，以青黑色為主，因其不易沾汙，又為便利勞動耕作，男女皆穿著衣褲，「俗不著裙」，客家婦女係天足，不纏腳，平時多跣足，外出慣以黑布裹頭，以防海風山瘴（唐淑芬，1991：124-125）。

　　臺灣第一本關於客家的專書《客家人》（1978年9月初版），作者陳運棟先生說到：

　　由於強烈的自尊心，縱然被滿清統治了將近三百年，但是客家人的傳統服飾還是穿明朝的服裝，不穿清朝的服飾。這種服裝普通叫「唐裝」；客家人叫做「衫褲」。男人女人穿的都是上下裝，上面的是衫，下面的是褲。

　　男人穿的衫是長袖，正面開縫，穿到身上後，再用鈕釦扣起，企領。褲子很闊很大，所以叫做「大褲管」、「大褲襠」或「大褲腳」；……女人穿的褲子和男人穿的褲子作法一樣；而她們穿的衫叫做「藍衫」，也叫做「長衫」、「大衿衫」，或「士林衫」。（陳運棟，1978：340）

　　根據上述之引文，約略可以得知：臺灣的客家人由於自尊心，沿襲中國傳統保守之民族性，而固守明朝的漢式傳統服裝，不依清朝的服裝潮流，別樹一格，客語稱此唐裝叫做「衫褲」，男人穿的服裝叫做「大褲管」，女人穿的服裝叫做「藍衫」。

二、消失中的產業：藍染

　　在臺灣早期民間的常民生活服飾中，藍衫是客家人尤其是客家婦女傳統的服裝，是最具代表性的客家衣著文物，它在客家族群的歷史中，一直是扮演著重要的象徵意義。在臺灣早期客家庄的農林莊稼生活，那段和大自然搏鬥的開荒墾地歲月裡，吸汗、實用、不怕髒的藍衫，更是將客家人那種刻苦奮發、勇敢堅強、內斂的精神表現得淋漓盡致。儘管工商時代的進步，臺灣人民的服飾趨於國際化的潮流，藍衫在今天21世紀的臺灣社會中，乍看之下似乎已不合時宜，但總還是有一部分的復古、念舊的人，對它不能忘情，寶貝似的收藏著它，甚至有的人遇到特別的場合，都要從

衣櫃中翻出來穿穿呢！（劉還月，1999：253-254）

　　「藍衫」是運用藍染技術而製作形成的，所謂「藍染」，顧名思義是用一種藍色染料去染布的概稱，而此布料裁製而成的衣服，就是我們一般所知的客家傳統服裝——藍衫。目前臺灣只在北部三峽與南部美濃，尚可見到殘留的一些片段記憶痕跡了。就以三峽為例，清代道光年間，安溪移民大量進駐三峽，他們從原鄉帶來染布技藝，碰巧當地環境及氣候適合原料（大菁）的生長，於是在聚居的市集中開始以染布為業，奠定了「藍染業」的基礎；隨著投資商人的增加，染布業者更在街庄同行結市，開啟「三角湧染布街」的榮景（林炯任，2008）。再以美濃為例，美濃曾經是染料重要的種植地，日治時代以前，在美濃的九芎林地區有許多農民種植「菁仔」，當地也曾經有染布業，農業時代是「藍衫」的全盛時期，美濃地區的店號有將近 30 間，當時以實用為主要樣式，到日治後期，由於日本政府從 1941 年起在臺灣推動「皇民化運動」，不只是「錦興行」，所有商號都被強制停止製作傳統的漢人服飾，直到光復之後，「藍衫」才又得以回到美濃人的身上。

　　「藍染」是一種萃取植物顏色來染布的工藝技術，它的顏色以「藍色」為大宗，所以稱作「藍染」。「藍染」使用大菁（山藍）、蕃菁、木藍等植物為原料，經過了採藍→製藍→建藍→染藍，多道流程才能完成，最後才能販藍。日治大正初年以後，由於合成染料的普及，各地染布業者也逐漸採用，其中藍色系又為其大宗，也獨立稱為「藍染」。染布業在日治時期的職業別是「染藍業」，商人職稱是為「染物商」，染布工人稱為「染物夫」。

　　「藍染」原是昔日臺灣民間生活中不可或缺的一項文化特色，由於受到石化工業與現代紡織技術的衝擊，這項「藍染」傳統產業技術，如今幾乎已經完全消逝於現代社會之中。《荀子·勸學》：「君子曰：學不可以已。青，取之於藍，而青於藍；冰，水為之，而寒於水。」強調不斷學習、青出於藍的勵志精神。天藍色的（cerulean）是一個藍色系的顏色，

近似於天空的顏色，在大自然中所見，藍是天空、大海的顏色，是開闊自在的，象徵著人類在日常生活中，呈現出樸實自在的堅定風貌，就像是藍染的原料——大菁（又稱山藍、馬藍，曾爲臺灣早期之大宗經濟作物，也曾是 19 世紀臺灣重要的出口產物），在不起眼的外表下，隱藏了神祕的藍。這種樸實無華的植物，經過了生活的沉澱、萃取後，顯現了踏實、穩重的質感，也迸發了堅毅不撓的生命光彩（陳玲香、李瑞宗，2000：2-3）。

三、客家人的勤儉精神：藍衫

客家婦女傳統服裝一般稱爲「長衫」、「藍衫」或「大襟衫」（俗以上衣右掩前胸的部分稱爲「大襟」，相對的被掩在裡面的稱爲「小襟」）。「長衫」是指其衣長及膝，「藍衫」則是指稱其布料顏色，「大襟衫」則是以其開大襟的形式而言。六堆客家人的傳統服飾，男性穿著無領布扣衫及唐衫，多爲白色或灰色，褲子則多爲黑色的大褲管；女性則身著藍衫，下身也是大褲管，戰前臺灣客家婦女仍穿著藍衫，直到戰後才慢慢被西式衣裳所取代。今日臺灣僅在美濃鎭裡 80 歲以上的老婦人身上，仍然穿著「藍衫」，散發出樸實無華的氣息（戴寶村編著，2006：28-29）。

「上穿大襟衫，下穿大襠褲」是客家傳統服飾的最佳寫照。藍衫在客家的歷史中，一直扮演著重要的象徵，尤其在客家人開荒墾地的年歲中，吸汗、不怕髒的藍衫，正是客家人堅毅、勇敢、奮發、吃苦精神的最佳詮釋者（鄭惠美，2006：20）。舊時客家婦女的穿著打扮，最常見的上裝是大襟衫，大襟、右衽，配上高豎的領子，精美的布鈕扣，長短以「行不露臀，坐不露股」爲原則；下裝也是大襠褲，少裙裝，顏色尙青、藍、黑色；頭髮喜梳成高髻，以帕包頭，插上金、銀、銅簪（謝重光，2005：200-203）。

客家傳統服飾「藍衫」的特色，大致上可說表現得極爲樸素、節儉，

色彩單調、造型單一，方便、實用、耐穿，只求蔽體禦寒而不尚浮華。其特色如下：(1) 就服裝色彩上的特色：顏色固守青、黑之傳統。淵沉的深色、素淨的暗色，予人素雅嚴肅的印象，恰似其沉穩隱斂之民族性；(2) 就服飾使用上，具有經濟性、便利性和長久性的特質（黃永川主編，1995：6-8）。

　　臺灣早期漢族傳統服裝的開襟形式，大致上分為大襟、對襟和琵琶襟三種。琵琶襟大多用於背心類的服裝，對襟則多用於一般男性的外衣或婦女襖裌，而大襟則是衣襟彎曲向右開口一直延伸至腋下，然後順著脇邊與小襟重疊扣合，是臺灣早期漢族婦女服裝的主要開襟形式。客家婦女服裝形制都開右大襟、色彩以藍色為多，所以大多稱為「藍衫」或「大襟衫」。客家藍衫在大襟處、袖口反摺部分都有鑲緄裝飾，年輕婦女再於鑲緄配色布外緣加縫花編織帶，稱之為「闌干」。

　　客家藍衫裝飾非常簡單，以布料鑲緄配色以及花邊「闌干」（或稱為「蘭冠」）貼飾為主。「闌干」是以鑲條代替刺繡的方式，用現成的織帶或配布裁成細條來裝飾。客家藍衫的闌干裝飾大多為提花織帶，寬度約為 2-2.5 公分，也有 1 公分左右的小織帶。禮服與日常服差異不大，日常服裝飾少且大都以棉質布料製作，而禮服材質較高貴或「闌干」裝飾較精緻。藍衫大襟裝飾主要從前領口開始沿大襟鑲緄至腋下，後領與左領緣並無任何鑲緄。襟頭的闌干主要使用花邊或織帶，也有縫上珠子作得很歸鬧（熱鬧、漂亮）的珠邊，普通人家用花布，婦人家用一或二條細窄的白色緄條。謝景來老師傅說：「作藍衫年輕女孩用雙緄，老人家就用單緄、黑布或白布而不使用花布，鑲有珠邊或花邊的藍衫大都是年輕女孩的專利，老人家穿花花的，人家會說不自重。」（轉引自鄭惠美，2006：26）

　　客家婦女穿著傳統藍衫，都會將前襟提高拉摺塞入褲腰形成「前襟短後襟長」的造型，可以在彎腰工作時衣襟不會垂下弄髒，只有在重大的節慶典禮、家中有喪事或祭祀、拜神時才會將衣襟放平。拉塞前襟時也要特別注意對直前中心線，不可以歪斜，以彰顯端莊整齊。（鄭惠美，2006：22-24）

客家藍衫所使用的材質以棉或麻最多，富有人家的婦女禮服也常使用絲質布料，日據時代則有富光澤且厚實的絨布，一般用來製作細人仔的帽子（童帽）、翹鞋或拖鞋的鞋面，有錢的婦人家則拿來作冬季的藍衫或掛袷（背心）。平常人家大都穿棉布藍衫，富有人家在夏季還有用涼爽的麻布、輕薄的絲料和花喬（香雲紗）。

客家藍衫的色彩以「藍、黑」兩色為主，鮮少採用其他鮮麗顏色。鑲緄配色以深、淺色調互相搭配，最典型者以深藍色或黑色主布搭配青色或較淺的藍色緄邊，青色底部配飾黑色緄邊。近代美濃地區客家婦女穿著藍衫在廟會、舞蹈、歌謠表演時，為增加視覺效果，袖口搭配鮮明的黃色布料、貼邊使用紅色小碎花布的裝飾形式，透過媒體傳播成為大眾所認知的傳統客家藍衫印象。

貳　高雄市美濃區錦興行之客家藍衫創意服飾

客家藍衫是清朝以來臺灣傳統客家人穿著的服飾，不過隨著時代的演進，西洋服飾引領著現代社會衣著時尚的今日，藍衫漸漸變成復古風服飾的搭配品，而在美濃碩果僅存的一家藍衫店，也是全國唯一的一家，兩代翁媳製作藍衫的技術，已經傳承超過一甲子。

一、美濃藍衫師傅謝景來及其錦興行藍衫店

臺灣的客家藍衫，最重要的國寶級大師就是已故的謝景來老先生，以及其位於美濃永安路上極富盛名的「錦興行」。在美濃國小斜對面有家很不起眼的店鋪，裡頭吊掛著各式深藍色的傳統客家服飾，是大多數客家藍衫愛好者與研究者的朝聖殿堂（鄭惠美，2007：41）。「錦興行」，簡單的店面既是工作室也是展示間，二架古老的腳踏式縫紉機以及沉重的老熨斗，透露著悠久的歷史。乾淨的裁剪臺後方放置著二只大型的木製壁櫥，裡面排放著藍布疋、花布以及折疊整齊的完成品，櫃子外邊掛滿了客

人訂做的藍衫、唐裝和花布衫，還有幾件很可愛的孩童「和尚衫」及「蛙褲」。打開抽屜，老先生拿出一本訂做衣服的登記簿，裡面密密麻麻地寫滿來自全島各地訂做藍衫顧客的身材尺寸與姓名地址，老人家年紀雖大但是精神奕奕，量身裁布、穿針引線，身手俐落。

　　筆者 2008 年拜訪謝景來老師傅時，他已經 99 歲，依然耳聰目明，身體健康硬朗（圖 8-2），坐在裁縫機前縫製衣服或裁剪布料，都不須戴老花眼鏡。他老人家還特別跟我介紹德國製的裁縫剪刀，又好拿又耐用，店門前那臺日本製的裁縫機，容易操作又不易故障。尤其是那把德國製的裁縫剪刀，是謝老師傅開始學習裁縫的第一把裁縫剪刀，換句話說，這把裁縫剪刀跟隨景來師已經 70 幾年了，可見景來師不只是技藝絕倫、寶刀未老，從這把裁縫剪刀還可以看到他老人家惜物愛物的美德。

　　謝景來老師傅，民國前一年（1910 年）出生於臺灣美濃，祖籍廣東梅縣。年少時務農，發現靠天吃飯不穩定，後來爲了謀生，到高雄販賣水

圖 8-2　藍衫老師傅謝景來與作者
資料來源：作者，2008/5/25。

果，因所得有限，又勞累奔波，想另謀生計。就在 22 歲那年，遇到一位上海籍的裁縫師傅，認為做裁縫可不必擔心颱風下雨，而埋下了學習製作服裝的種子，於是投下積蓄當老闆，籌備開設「錦興行」，聘請三個「福州仔」與「溫州仔」裁縫師傅〔擅長於做剪刀（裁縫師）、菜刀（廚師）與剃頭刀（理髮）的工作〕，自己不但當起老闆還兼做總管、廚師，料理一切雜事，一邊經營店鋪、一邊學習裁縫的功夫，同時也學習製作客家藍衫。謝老師傅學習裁縫 3 年 6 個月出師後，至今仍然堅持用手工製作藍衫，以「秉持傳統、遵循古法」為原則。

　　早年客家婦女非常重視女紅手藝，美濃新嫁娘結婚前，一定要學會裁衣縫製的工夫，因此許多待嫁閨秀都會到「錦興行」來學習裁縫，據說全盛時期店內曾經同時擺放幾十部縫紉機，同時有數十位女性一起學習，可真是盛極一時。但是從民國 50 年代開始，臺灣成衣大量生產，大多數人日常生活都穿著西式服裝之後，客家藍衫即逐漸隱退，除了一些老人家還堅持穿著傳統服裝之外，大多數的客家婦女已咸少再穿著藍衫，只有在特殊的活動場合以及舞蹈、戲劇團體表演時，才會穿著藍衫作為彰顯族群特色的表演服裝（鄭惠美，2007：48）。

二、錦興行藍衫店之傳承與文化創意設計

　　美濃錦興行藍衫的染製是以大菁為原料，而與臺北三峽藍染不同的地方，是三峽利用綁染的方法製作出印花圖樣，而客家人的藍染則是以實用為主，因此採用全染的方式，浸入染缸 7 至 8 次方能成功。

　　為了保存這快要被遺忘的客家文化的價值與精神，高雄美濃純樸的小鎮上，謝景來老先生獨自經營著這家客家服飾藍衫店。時代的變遷和外在的變化，卻從未動搖老師傅對藍衫店的執著，70 餘年來一直默默地守著老舊的「錦興行」藍衫店，他的兒子與媳婦則計畫將傳統的客家服飾加以改裝，想要賦予藍衫具備現代感的新生命。現代化的紡織工廠及工業科技的新思維正一步步的衝擊著傳統的藍衫店，在新與舊之間，開啟了一段傳

統與現代的對話，甚至是對抗。

1. 藍衫之顏色決定

傳統的客家衣物，以紅、黑、藍三種色彩為主調，紅色在南臺灣的陽光下，對田裡工作的農人來說太耀眼；黑色太沉悶；只有藍色，能與廣闊的天空相呼應。與藍天同色，寬敞舒適、清爽樸素，謝景來老師傅就是以藍色為主，紅黑為輔，製作客族衣物。

2. 藍衫之布料決定

在太陽下工作的人，穿在身上的衣物必須是能透氣、能吸汗，又耐磨的布料。謝先生到處尋找，終於在臺南永興路二段的「中信布行」找到，就由中信的黃老闆提供布料與染製。經過幾次試染，從不同的藍色系列中，選出深沉的靛藍色。好顏色、好布料，從此開啟了客家族人的藍色風韻。

3. 藍衫之袖子設計

傳統的婦女上衣，是以寬袖、大襟為其特色。謝老先生把婦女的兩個袖子設計得又寬又長。寬的作用是方便，這長的功能卻是暗藏玄機：因為袖子太長，必須把袖子往上捲，捲上去的衣袖裡層，就是個大袋子。雙手忙碌的婦女，只要把一些隨身物件往袖子上一塞，輕鬆方便又安全。除了袖子的妙用外，謝老先生把女性的長衫也加上巧妙，那就是長衫的前後兩片下襬長短不一：正面的較短、後身的較長，如有需要，例如採茶或購物時，可把衣衫的前襬往上褶起，提高到腰際處，再用兩邊的細帶子在裡層打個活結，一個不用手提的袋子就這樣成形了！

4. 藍衫的「闌干」創意設計

「闌干」是婦女上衣大襟處的窄小花邊，這裡有謝景來老師傅設計的三個圖樣，並親自刺繡，有其代表意義：(1) 第一個圖樣是金黃色的太陽光線，這陽光表示「日出而作、日入而息」，藉太陽鼓勵年輕婦女太陽出來努力幹活啦！(2) 第二個圖樣是綠色的杉柏葉子，這個葉子是「松柏長青」的意思，明顯地表達出客家人的堅忍個性；(3) 第三個圖樣是繡在

闌干上的紅菊色的蝴蝶，這個蝴蝶的出現是因爲美濃是個美麗情濃的地方，族人在田間工作的同時，蝴蝶在田間飛舞。蝴蝶在美濃客家人的心目中，是浪漫的、有生命力的象徵。有些觀光客也許會問：爲什麽只有客家人的未婚女性才能穿上漂亮的「闌干」呢？那是因爲客家細妹仔運用身上的「闌干」，暗示著未婚男性，這位「窈窕淑女」是可以追求的對象；同時也告訴已婚的男性規矩點，不要意亂情迷，族人都在看，別招惹這位女孩，離她遠些！

5. 藍衫之腰帶設計

男性的衣著與腰帶，比起女性的肚兜來講就比較簡單，只以寬鬆透氣方便爲宜，重點在那根腰帶。古早以前的內褲或外褲，不論男女，都是寬腰、寬褲管，當時還沒有拉鏈，只是用細繩或布帶在腰部將褲頭束緊，以防褲子滑落。謝老先生靈機一動，想起有句古話叫「腰纏萬貫」，試想錢怎麼會纏在腰部的呢？腰上只有一條纏腰帶啊！終於想出來啦！謝老先生把褲帶設計成一條細細長長的袋子，將銀錢或銅板放進細長的褲袋裡，爲了防止銀錢在裡面流動搖盪，兩頭打個活結，然後把褲帶纏在腰上，這就是謝老先生「遵循古語，另創新意」的藏錢腰帶。

曾經榮獲「薪傳獎」肯定的謝景來老先生，自 1932 年創立「錦興行」以來，到現在已有 80 餘年，謝先生有生之年從未離開藍衫製作的工作，在他的默默耕耘中，把傳統的藍衫特色：寬袖、大襟、寬褲管推廣到臺灣各個角落，成爲客族人的主流服飾。景來師的高明處，是在傳統中加進新的構思，爲南臺灣的客族人量身訂做！

謝國耀與鍾鳳嬌爲了繼承父親的志業，也爲了保留這個珍貴的美濃客家資產，毅然決然回到美濃，開始了 60 歲不退休的「藍衫學徒」生活。接下這間高知名度的藍衫老店，媳婦鍾鳳嬌表示，最大的壓力其實是來自於自己，尤其在創新與傳統間的拿捏，是比較困難的部分。謝國耀與鍾鳳嬌互相分工，通常改良式的衣服多由謝國耀負責設計，太太鍾鳳嬌負責裁縫製作，開襠褲、肚兜、圍巾、頭巾等傳統衣件，則多由景來師指導，當

時謝老師傅雖然仍能製作一兩件衣物，但主要還是謝國耀夫婦掌握大多數的製作任務。

三、客家藍衫服飾文化產業的經營現況及其困境

根據筆者與錦興行創始人謝景來老師傅，以及其兒子謝國耀先生與兒媳鍾鳳嬌女士多次的深度訪談，了解到俗諺所謂的「創業維艱、守成不易」，錦興行真是如此。

1988 年 12 月 28 日，臺灣部分的客家有志之士推動了「還我母語運動」，要求政府正視臺灣客家族群的發展危機。2001 年 6 月 14 日，我國政府成立了「行政院客家委員會」，是全球唯一的中央級客家事務專責主管機關，以振興客家語言文化為使命，以建構快樂、自信、有尊嚴的客家認同為信念，以成為全球客家文化研究與交流中心為任務，以「牽成客家、繁榮客庄」為目標，以「榮耀客家、藏富客庄」為願景。自 2012 年 1 月 1 日起，配合行政院組織再造，升級改制為「客家委員會」（客家委員會，2014）。

根據錦興行謝國耀先生親筆撰寫給筆者的「錦興行手稿」（暫且稱做「錦興行手稿」），記載著：「本店主打商品為客家傳統服飾，市場並沒有對手（一般消費者認同本店是唯一正宗傳統代表）。傳統百貨景觀等設專櫃，沒有考慮布點，因人員訓練，各布點之費用，金額頗大，不符效益，只配合各縣市展示活動展銷。本店為因應流行消費者需求，以流行時尚配合客家花布、客家文化元素，設計製作新商品，以期許消費者喜愛（例如衣服、帽子、手提包包、生活用品外包裝等）。」

根據「錦興行手稿」，記載著：「2008 年客家藍衫店，為了配合客家文化興起，共投入了近 40 萬資金、人員（主力 3 人，協力代工 10 人，製帽代工 6 人，衣服 2 人，包包 2 人），主力設計老闆娘，協力設計制服老闆，目前負債額 10 萬元左右。」由此可知，錦興行謝家為了因應客家委員會的成立及客家文化傳承的契機，投入藍衫相關產品的設計及製作，

到 2013 年底，謝家認為還是負債！這真是出乎筆者所料！

　　筆者不禁要深思錦興行客家藍衫產業的經營現況及其困境的問題所在。到 2014 年初為止，就筆者的長期觀察，這其中可能的原因之一是：錦興行只是「樣板」——客家委員會標示的重要景點及代表著客家文化傳承的樣板。

　　分析如下：

1. 假日時有一些遊覽車由導遊先生／小姐帶團參觀，透過文化志工或導覽人員或解說員現場介紹，但參觀旅客不一定會消費購買藍衫，只是偶發性地購買藍衫（往往肚兜較為便宜、較為暢銷），並不一定成為顧客，甚至於成為固定型或定期型顧客。平日時遊客並不多。

2. 錦興行周圍並無形成「藍衫街」或「藍衫圈」而帶動周邊商店及商品，而且店裡擺設的藍衫樣式並不多，庫存亦不多。謝家是接到訂單才會做藍衫。

3. 有些代工式藍衫生產工廠，雖不打商標（trademark），依舊可以接受藍衫意象的訂單（枕頭套、小錢包、頭巾……等），機械性大量生產，由商店或攤販在市場、夜市販賣。

參　經濟學角度分析客家藍衫文化創意產業

一、經濟學之市場結構分析

　　經濟學（Economics）是一門研究人類如何將有限或稀少資源進行合理配置的行為，包括對產品和服務的生產、分配以及消費進行研究的社會科學。經濟分析（Economic Analysis）是指西方經濟學中所採取的分析方法，是藉助生產者利益優化模型所進行的邊際效率分析。本文是運用經濟學理論與經濟分析方法來探討客家藍衫文化創意產業，特別是運用市場結

構來探討高雄市美濃區錦興行。

　　一般來講，經濟學所說的市場（Market），概約分爲兩種：完全競爭市場 vs. 不完全競爭市場；細分可區分以下四種市場結構：

1. 完全競爭市場（perfect competition market）：ex. 民生食品。
2. 壟斷性競爭市場（monopolistic competition market）：ex. 菸酒公賣局。
3. 寡占市場（oligopoly market）：ex. TOYOTA、NISSAN、FORD。包括雙占市場（duopoly market）：ex. 中油＋台塑。
4. 獨占市場（monopoly market）：ex. 台電、臺灣省自來水公司、微軟公司。

　　舉當前臺灣爲例，「台電」與「臺灣省自來水公司」都是獨占廠商。但以臺灣目前的交通運輸市場來說，「臺灣高鐵」並不是獨占廠商，因爲有其他的近似替代品，例如「臺灣鐵路管理局」、「國光客運」、「統聯客運」等。

　　那麼，文化創意產業屬於哪一種市場結構？這需要檢視廠商數目、產品性質、進出障礙、基本特性等因素（如表 8-1 四種市場結構的比較），再加上供給需求法則（the law of supply and demand）以及邊際效率（MU, marginal utility）之成本效益分析。

表 8-1　四種市場結構的比較

市場結構	廠商數目	產品性質	進出障礙	基本特性	舉例
完全競爭	衆多	同質	自由進出	價格接受者，短期利潤爲正；長期則爲零	小麥稻米
壟斷性競爭	較多	異質	自由進出	價格有部分影響力，長期利潤爲零	小說電影
寡占	少數（含雙占）	同質或異質	有進入障礙	價格有相當影響力，但須考慮對手策略	網球香菸

（續上表）

市場結構	廠商數目	產品性質	進出障礙	基本特性	舉例
獨占	一家	同質	難以進入	完全控制價格	自來水 有線電視

資料來源：施建生，2005；熊秉元等，2010；N. Gregory Mankiw、王銘正譯，2011；作者整理。

二、錦興行客家藍衫之市場結構分析

　　前文提到經濟學的「供給需求法則」，供給（supply）和需求（demand）是一個經濟學的基本概念，需求指大眾因需要一件產品而產生的購買要求；而供給就指企業響應大眾的購買需求而提供的產品供應。供給需求法則被應用來決定市場均衡價格和均衡產量，需求價格或供給價格分別跟消費者的需求量和生產者的供給量掛鉤，形成市場兩種力量，決定價格和產量的均衡。然而，這個模型比較適用於完全競爭性市場，而比較不適用於市場存在壟斷或者寡頭壟斷的不完全競爭性市場情況。因此，供給需求法則就比較不適用於獨占市場之分析（例如錦興行藍衫店）。

　　以上完全競爭、壟斷性競爭、寡占、獨占等四種市場結構，最為特殊的情況是獨占市場。為何會有獨占呢？

　　假若一家廠商是某商品的唯一賣者，且該商品沒有近似的替代品，則該廠商為獨占廠商。獨占形成的原因為市場存在「進入障礙」（barriers to entry），亦即其他廠商無法進入市場參與競爭。進入障礙的來源有三：

1. 資源壟斷的獨占

　　單一廠商擁有某項關鍵資源。例如：南非的鑽石開採公司 DeBeers，它控制了全球 80% 的鑽石產量。當你看到「鑽石恆久遠，一顆永流傳」的電視廣告時，你看不到這支廣告的廣告主店號（如 Tiffany 之類的），因為全世界大部分珠寶店的鑽石是由 DeBeers 所供應的。

2. 政府造就的獨占

政府授予單一廠商專賣權。例如：《專利權法》與《著作權法》是政府造就的獨占，當一家藥廠發明一種新藥時，它可以向政府申請專利權，如果政府通過其申請，它在未來某一段時間內會是這項藥品的唯一賣者；又如：《郵政法》禁止人民從事信函郵遞業務，所以只有「中華郵政」一家公司可以開郵局。

3. 自然獨占

生產具規模經濟性質，且其成本要比數家廠商同時供應時來得低，使得市場只容得下一家廠商。例如：自來水公司為供應全市居民的用水，必須在市區各地埋設水管，如果有兩家或以上的廠商提供自來水服務，則每家廠商都須負擔水管埋設的固定成本，且由於每家的供水量只占市場的一部分，所以其平均固定成本要比在只有一家自來水公司下高出許多，從而很有可能會發生虧損。在此情況下，除非市場需求夠大，否則不會有第二家廠商加入自來水市場。

錦興行會成為客家服飾藍衫產業的獨占市場情況，就筆者的分析，比較符合上述進入障礙的第三種「自然獨占」的部分條件因素，分析如下：

1. 不符合資源壟斷的獨占

藍衫產業所需的土地、資本、勞動、技術……等，尤其是藍衫原料、藍染技術，並非是難度很高的關鍵資源，任何單一廠商都能夠擁有。

2. 不符合政府造就的獨占

錦興行藍衫雖然擁有商標權，但並非是政府授予的藍衫單一廠商專賣權。因此，當任何一家藍衫工廠生產傳統客家藍衫（或花布），或是研發一種新式樣藍衫服飾時，它可以向政府申請商標權來加以大量生產。

3. 部分符合自然獨占

到目前為止，錦興行藍衫生產並不具備規模經濟性質，且因強調純手工製作故供應成本亦不低，然而錦興行卻是臺灣唯一一家藍衫店，何以會如此造成藍衫獨占呢？那是因為現代社會的臺灣居民，日常生活幾乎都

是普遍性地穿著西洋服飾，西式服裝充斥著臺灣社會的百貨公司與服飾店面，衣服工廠在平均固定成本與成本效益分析之下，不願意大量機械生產藍衫，在此情況下，除非臺灣人民平日居家穿著藍衫而造成市場需求夠大，否則不會有第二家廠商會不計虧損的加入藍衫市場，因此，自然而然地，使得市場只剩下了一家藍衫廠商——錦興行。

當你走進美濃市區，你可以看到各式各樣的服飾販賣店，但你會發現整個美濃區只有一間藍衫販賣店，那就是「錦興行」。錦興行藍衫價格分為好幾種，例如：短版藍衫價格約為新臺幣 NT$3,800，長版藍衫價格為 NT$4,200，背心價格為 NT$1,500 和 NT$2,000 兩種。這些強調純手工織法製作的藍衫相關商品，其「邊際成本」（marginal cost）甚高，邊際成本是指廠商每增加一單位產量所增加的成本；換言之，錦興行的邊際成本就是每增加生產一件藍衫所增加的成本甚高。因此，錦興行藍衫店符合經濟學所提到的「獨占」市場的部分條件，獨占性競爭廠商面對的是一條負斜率的需求曲線，價格往往高於邊際成本。

在完全競爭市場，廠商不可能有差別取價的做法。這是因為完全競爭廠商可以依市場價格賣出其所想要銷售的數量，所以沒有必要以低於市場價格的水準賣產品給任何一位顧客，而且如果要以高於市場價格的水準賣產品給某一位顧客，則該顧客會轉向其他廠商。因此，如果廠商想要實施「差別取價」，則它必須要有某種程度的市場影響力，例如獨占。然而，如果獨占廠商調漲產品價格，則消費者的購買量會減少，從另外一個角度來看，如果獨占廠商減少它的銷售量，則產品價格會上漲。如果可能的話，獨占廠商會希望以更高的價格銷售更多的數量，但由於市場需求曲線是負斜率的，所以獨占廠商無法這麼做。換言之，負斜率的市場需求曲線對獨占廠商的利潤構成限制。獨占廠商只能選擇市場需求曲線上的某一點價量組合，但不能選擇此線以外的組合，來進行「差別取價」。

肆　錦興行客家藍衫文化創意產業的 SWOT 分析

　　強弱危機分析（SWOT Analysis），在現在的戰略規劃報告裡，是一種企業競爭態勢分析方法，是市場營銷的基礎分析方法之一，通過評價企業的優勢（Strengths）、劣勢（Weaknesses）、競爭市場上的機會（Opportunities）和威脅（Threats），用以在制定企業的發展戰略前，對企業進行深入全面的分析以及競爭優勢的定位。

　　因此，SWOT 分析實際上是對企業內部、外部條件各方面內容進行綜合和概括，進而分析組織的優勢和劣勢、面臨的機會和威脅的一種方法。通過 SWOT 分析，可以幫助企業把資源和行動聚集在自己的強項和有最多機會的地方，並讓企業的戰略變得明朗。

　　根據 SWOT 分析，找出美濃區「錦興行」的藍衫投資理財與經營管理的規劃方式，如表 8-2 客家藍衫產業的 SWOT 分析。

表 8-2　客家藍衫產業的 SWOT 分析

S	W
Strength：優勢 客家藍衫推廣的內部優勢分析： ◎ 客家人所特有的服飾 ◎ 保留了客家文化印象 ◎ 技術與樣式具有獨創性	Weakness：劣勢 客家藍衫推廣的內部劣勢分析： ◎ 服裝款式變化性不大 ◎ 年輕族群接受度不高 ◎ 資金不足
O	T
Opportunity：機會 客家藍衫推廣的外部機會分析： ◎ 政府大力的推廣支持 ◎ 民間社團的支持	Threat：威脅 客家藍衫推廣的外部威脅分析： ◎ 現今服裝款式多樣性太高 ◎ 學習製作藍衫的人很少 ◎ 技術成分太高，無法量產

一、Strength：客家藍衫推廣的內部優勢分析

1. 客家人所特有的服飾

透過設計，藍色與黑色的運用表現出客家純樸、勤儉的特色，而藍衫為一般大眾所熟知之客家服飾，也表現著客家人傳統的本性。

2. 保留了客家文化印象

客家人節儉、樸素、勤勞、固執的性情。而從色目、款式、布料的選用，到衣著和行動之間，都表現出客家人特有的「硬頸」精神。

3. 技術與樣式具有獨創性

客家藍衫和原住民服飾都十分具有民族特色與民俗特性，不同於一般市售的西洋服飾，可達到市場區隔。

二、Weakness：客家藍衫推廣的內部劣勢分析

1. 服裝款式變化性不大

因礙於保存客家傳統服飾的概念，因此在服飾的變化上有一定的限制，例如在衣服領襟、滾邊的花樣及袖口的部分，都不能做大幅的修改，不然容易流於世俗，而失去藍衫原有的味道。

2. 年輕族群接受度不高

由於傳統服飾流行度不足，比較無法得到年輕人的認同，因此，不容易得到青年族群的青睞。這一方面，若不思突破，恐會造成惡性循環，藍衫產業的經營會更加困難。

3. 資金不足

因為都是獨資經營，並且製作藍衫的成本和人力十分昂貴，尤其是「邊際成本」相當高，在經費籌措與資金流通的運用上相當困難。

三、Opportunity：客家藍衫推廣的外部機會分析

1. 政府大力的推廣支持

近年來，客家委員會大力推廣客家相關產業，尤其是服飾方面藍

衫、花布的創意發想與創新設計，以達到「文化創新、設計加值」的文化
創意產業之經濟產值效果。

2. 民間社團的支持

由於臺灣本土文化意識的抬頭，有愈來愈多的民間團體，希望透過相
關產業將客家文化及其客家文化產業，繼續保留傳承下去和推廣出去。

四、Threat：客家藍衫推廣的外部威脅分析

1. 現今服裝款式多樣性太高

現今社會服裝款式充滿了多樣性特質與多元化元素，琳瑯滿目，因
此，假若客家藍衫服飾設計與創新，不能真正的打動消費者的購買欲望，
一般民眾很難立即的接受並且購買。

2. 學習製作藍衫的人很少

一般大眾對藍衫的接受度不高，很多人都覺得經營藍衫產業不會賺
錢，製作藍衫也無法從中獲利，因此學習藍衫製作的人愈來愈少。這可以
從藍衫師傅的凋零情形得知。

3. 技術成分太高無法量產

在藍衫的製作上，由於剪裁和鈕釦的打法都需要靠手工製作，因此無
法達到機械化大量生產，以達到「經濟規模」。

伍　客家文創產業的推廣：有賴經濟動機，更需文化動機

根據大衛・索羅斯比（David Throsby）的《文化經濟學》著名命題：
「經濟的驅動力是個人主義的（individualistic），而文化的驅動力是集體
的（collective）。」（David Throsby、張維倫等譯，2010：18）在此一
命題中，經濟的驅動力是社會成員依其本身利益所展現出來的個人欲望；
文化的驅動力是社會群體為了展現各類文化而結合在一起的集體欲望。

據此，筆者結合經濟學中獨占市場結構概念來思考客家藍衫產業，得

到一個結論：客家藍衫產業的廠商利潤（例如美濃錦興行），取決於臺灣社會群體對於客家文化的集體欲望，亦即是取決於臺灣人民對於客家文化的集體驅動力；客家藍衫產業之提升，取決於臺灣社會群體能否願意支付更高的價格（即是獨占價格）來購買客家文化傳統手工服飾——藍衫，換句話說，筆者認為：消費者願意購買客家藍衫的這種經濟行為，並不純然是經濟動機，而更多的是文化動機（陳運星，2015：18）。因此，臺灣客家文創產業的推廣，除了有賴於增加消費大眾的經濟動機誘因，更需要提高消費大眾的文化動機。

由上可知，縱然美濃藍衫錦興行比較符合客家服飾產業的「自然獨占」的部分條件因素，按照一般經濟學理論，長期來看，錦興行應該是獲利甚多，然而，由於在現代社會的衣著服飾，不論是材料、品質、樣態、設計、色澤……等，創新變化既多元又快速，傳統的客家藍衫產業，若不致力於增加消費大眾購買藍衫的經濟動機誘因，特別是提高消費大眾購買藍衫的文化動機，實在是很難跟科技工業化下的現代服飾產業競爭，以至於最終遭到淘汰的命運。

關於客家文創產業的推廣，最重要的是「客家元素」的保存與創新，將客家傳統文化「經濟動機化」，也將客家傳統產業「文化動機化」，結合現代美學的設計，創造客家產業之加值乘數，透過智慧財產權的保障，達到品牌建立及行銷加值。而且要使客家文創產業得以在地化又全球化的永續經營，「說故事」是值得投入的創意發揮，也就是說，客家特色商品是客家產業之文化定位，創意是商品的設計創新，其核心是企業文化的故事化與包裝媒體行銷化。

因為臺灣本土的客家產業內需市場未達「最適經濟規模」，所以客家文化創意產業有必要與具有國際品味的跨國性企業合作，達成既能結合客家文化元素又能行銷國際市場的雙贏局面，這方面當然需要政府和客家委員會的協助，例如鼓勵臺灣學子投入客家文化元素的設計研發，參加臺灣新一代設計展、高雄青春設計節，進而參加全球四大設計獎：德國 iF、

RedDot、美國 IDEA 及日本 G-Mark。

　　另一方面，為了使客家產業的行銷更具有優勢之競爭力，具有文化創意思維的經營觀念的提升是勢在必行，例如加強「文化經濟學」的供需法則、市場區隔概念與產品異業結盟，由「產品觀念」提升至「行銷觀念」，甚至是「社會行銷觀念」；或由「傳統通路」提升至「網際網路通路」，甚至是「無國界雲端通路」（陳運星，2015：20-21）。

結 論

　　2011 年 3 月 19 日下午，客家藍衫的守護者 —— 謝景來老師傅，在自家中安祥辭世，享壽 102 歲。人稱「景來師」的逝世，代表著臺灣的客家服飾的傳承進入到新的轉捩點。

　　隨著時代的演進，臺灣客家人已經不再人人穿著藍衫出門，不過最近興起的復古風卻又讓客家藍衫重新颳起一陣流行旋風，也有些客人買回家吊掛牆上作為裝飾，不管如何，美濃錦興行依然秉持著客家「硬頸」的精神，將傳統藍衫的樸實素雅傳承下去，實屬難能可貴。美濃鎮永安街 177 號的「錦興行」，是間樸實寧靜的店面，敞開的大門兩邊貼著紅色的自撰對聯：「錦繡製成長壽福、興能裁剪巧心機。」這幅對聯是謝景來老師傅於 1932 年成立「錦興行」時對自己的自我期許，也充分顯現他一生對藍衫工法的執著及對傳承客家文化的貢獻。世居美濃的謝景來老師傅，一生可說是見證了客家藍衫的興衰歷史，更正確的詮釋應該是：「客家服飾『藍衫』之守護者。」

　　從客家人的衣服穿著「藍衫」，所襯托出來的勤儉耐勞、不畏艱困的精神，以及保有的客家傳統文化、生活態度、服飾形式、色彩模樣……等，我們可以說：「藍衫」是一個客家精神的象徵符號。然而，「藍衫」和許多傳統工藝技術一樣，面臨到傳承的危機。或許，「藍衫」及其「藍

染」技術,一個傳統產業的沒落,象徵著一種社會的變革,一種時代的進步。我們不禁要深思:在保留客家傳統文化、提倡客家文化創意產業的革新過程中,應該如何做到「創造性的詮釋」以闡揚客家文化呢?在思古幽情中,如何在傳統與創新之間取得一個「文化平衡點」呢?這是 21 世紀客家文化創意產業的時代課題。

1. 臺灣是一個多元族群的國家,在族群與文化上呈現多樣性與多元化,請舉出一個關於衣著服飾方面的族群文化特色的個案。
2. 請運用經濟學中完全競爭、壟斷性競爭、寡占、獨占等四種市場結構,分析臺灣文化創意產業的不同產業類別,並舉出一個具體個案說明之。
3. 請依照 SWOT 分析,對於自己將來大學畢業後想要從事的工作職場或是公司行號,進行企業內、外部條件各方面,組織的優勢和劣勢、面臨的機會和威脅的初步評估。

一、中文

王銘正譯(2011)。Mankiw, N. Gregory 原著。**經濟學原理**。臺北市:新加坡商聖智學習。

林炯任(2008)。**藍金傳奇——三角湧染的黃金歲月**。臺北市:臺灣書房。

施建生(2005)。**經濟學原理**。臺北市:三民書局。

唐淑芬(1991)。客家傳統服飾初探。**史聯雜誌**,18,124-125。

高本莉(1995)。**臺灣早期服飾圖錄 1860-1945**。臺北市:南天書局。

連橫(1977)。**臺灣通史**。臺北市:幼獅。

陳玲香、李瑞宗(2000)。**臺灣的民族植物與消失的產業**。臺北市:陽明山國家公園管理處。

陳效能（2001）。香港服裝西化的歷程及其社會學意義。朱燕華、張維安編著，**經濟與社會：兩岸三地社會文化的分析**。臺北市：生智。

陳運星（2015）。躍上國際 · 世界的客家——以文化經濟學論客家產業。**新北好客都**，秋季刊，27，16-21。新北市：新北市政府客家事務局。

陳運棟（1978）。**客家人**。臺北市：東門。

張維倫等譯（2010）。David Throsby 原著。**文化經濟學**。臺北市：典藏藝術家庭。

黃永川主編（1995）。**臺灣早期民間服飾 1796-1932**。臺北市：國立歷史博物館。

熊秉元、胡春田、巫和懋、霍德明（2010）。**經濟學：21 世紀全球視野**。臺北市：雙葉書廊。

劉還月（1999）。**臺灣客家風土誌**。臺北市：常民文化。

鄭惠美（2006）。**藍衫與女紅——客家女子的衣飾美學**。新竹縣竹北市：臺灣客家文化中心籌備處。

鄭惠美（2007）。**藍衫一襲……**。屏東市：屏東縣政府。

戴寶村編著（2006）。**藍布衫油紙傘：臺灣客家歷史文化**。臺北市：日創社文化。

謝重光（2005）。**客家文化與婦女生活：12-20 世紀客家婦女研究**。上海：上海古籍出版社。

二、網路資料

客家委員會（2014）。http://www.hakka.gov.tw/（最後瀏覽日 2019/05/04）

第9章

崛起中的微型影像創作
以婚禮攝影與記錄業為例

葉晉嘉

Creative

Cultural

Industry

前言

　　結婚無疑是人生中最浪漫且重要的日子，也是整個家族中的一件大事。在結婚當天拍照留念是各國文化都會做的事情。然而臺灣在經歷 40 年的轉變之後，發展出一套具有創意的微型產業，這就是婚禮攝影與記錄。在過去的 10 年內，這項產業悄悄的在崛起與發展，它可以視爲臺灣婚紗攝影的轉型與改變，卻又發展出與婚紗攝影不同的經營方式。因此，談婚禮攝影與記錄就必須先從婚紗攝影開始談起。

　　臺灣最早的婚禮攝影主要是在結婚前夕所拍攝的婚紗照，從而演變成爲婚前拍照的一種習慣。這項服務隨著結合了禮服與彩妝之後，發展成爲婚紗攝影店，也成爲結婚禮俗上一項必要的過程。結婚前夕拍攝二、三十組婚紗照，在繁瑣的結婚儀式項目中成爲不可或缺的結婚風尚。蓬勃發展的婚紗攝影創造了極高的經濟產值，也帶動了婚禮產業的發展。而臺灣這項服務業經驗更隨著臺灣市場的成熟逐漸推展至中國、香港、新加坡一帶的華人社會。相當多的海外華人因爲臺灣所提供的完善婚紗攝影服務，而願意遠渡重洋來臺進行婚紗拍攝。

　　臺灣婚紗攝影公司規模的分類，主要分成三個類型，首先是「大型連鎖店」，此類的婚紗攝影公司較注重企業形象；其次是較爲常見的「中型婚紗攝影公司」，這一類是市場上較爲普遍的；最後是規模最小的「攝影工作室」，該類型較重視個人化服務，較具有彈性，更注重創意個性的拍攝手法。而攝影工作室的型態，因爲婚紗需求的逐漸飽和，轉型開闢另一項市場，也就是婚禮記錄。

　　婚禮記錄與婚紗攝影不同之處在於著重婚宴當天的現場狀況，同時拍攝家族的大合照，而不是在結婚前拍攝的婚紗攝影。外國人通常只有一套婚紗，在結婚當天穿著；而臺灣的婚紗攝影則能夠租借多款婚紗。外國人多半重視婚禮記錄而鮮少拍攝婚紗照；相反的是，臺灣過去重視婚前拍攝

婚紗照，卻對於婚禮記錄較不重視，主要原因是相機不夠普及，加上婚宴場地的空間、光源與人物走動相當複雜，使得拍攝的結果無法令人滿意。即使在現今數位相機普及的時代，沒有專業的單眼相機，一樣很難獲得良好的畫面。藉由專業相機以及電腦修圖軟體的進步，愈來愈多的攝影工作者結合拍照的前製工作，加上電腦的後製工作，創造出更加多元的畫面，此時的攝影工作者的角色成為具備構圖、美學、色彩呈現的專家，呈現更加豐富的視覺效果。

　　另一個發展的角色，深化成為動態錄影，在產業劃分上，也被稱之為攝影。有時候為了區別平面創作，這些工作者被稱之為動態攝影，或稱之為錄影，然而其工作仍然是進行婚禮記錄。攝影或者錄影這項工作，並沒有所謂的證照制度，這項專門技術的養成，已經跳脫學校課程的教授，而是利用自學或者付費課程自主學習，包括對於器材性能的掌握以及實際經驗的磨練，並能掌握新人的需求以及市場的流行趨勢等。再者，由於器材的進步，現在的數位相機已經能夠進行平面影像的拍攝以及動態的錄影功能，使得不少的攝影工作者兼營平面與動態的拍攝服務。

　　無論是平面的拍照或者是動態的錄影，其主要工作已經從拍攝婚前的婚紗照，轉為講求當下氣氛與情境的婚禮記錄。本文藉由 SCP 模式，從市場結構、廠商行為與經營績效三方面，解釋當前蓬勃發展的微型影像創作產業。

壹　婚禮攝影與婚禮記錄

一、婚禮攝影與記錄的類型

　　婚禮的影像作品大致可分為四種類型：

(一) 婚紗攝影

也就是所謂的婚紗照，拍攝的時間在婚禮進行之前完成，由婚紗公司進行服務，並且以包套制的方式最為普及。所謂包套制就是將禮服、彩妝造型、攝影、影像輸出四個服務項目結合在一起。新人能夠在包套的服務之下，獲得一整組具有浪漫美感與精緻輸出的作品。

臺灣的婚紗攝影產業可說是居亞洲龍頭的產業，許多周遭的國家常會組團來臺灣觀摩學習，而身為臺灣婚禮產業中的領航者，婚紗產業的變化也常牽動著整個婚禮產業。蘇菲雅婚紗集團總裁洪品蓁強調，過去一組10萬元的婚紗包套，是鮮少人願意接受與負擔的價格，因此乏人問津；但今日時下的年輕人追求獨特性、創造性，使得連婚禮禮服也要求與眾不同。因此，只要能滿足準新人對結婚的憧憬，金錢已不是問題了（邱莉燕，2005）。臺灣的婚紗業，從早期的老式照相館的黑白照片、室內拍攝，到現在數位化的拍攝、結合渡假的戶外攝影，臺灣的婚紗攝影產業更力求整合式的服務，結合「攝影」、「禮服」及「造型」的「包套制」服務，一直是市場的主流。

(二) 創意婚紗

或稱之為個性婚紗，主要由影像工作室接受新人的委託，由於資本額小，難以負擔禮服的投入成本，因此無法以包套的方式服務新人。這些微型影像工作室的作品，相較於婚紗照以唯美取向的風格，更增加了新人的想法，不一定要身著全套禮服，而以生活化的攝影風格，強調新人之間的互動，利用畫面來陳述新人相識的過程、共同的記憶、俏皮的互動。作品有更加深入的劇情與氛圍，也能夠透過影像的記錄感染周圍的人。這種有別於婚紗業者的服務，針對比較有想法的新人，能夠提供彈性的攝影需求，單純的回歸到影像的創作本身，因而能產生許多有趣新鮮的作品。

表 9-1　婚紗攝影公司與微型影像工作室比較表

	婚紗攝影公司	微型影像工作室
風格	傳統、規矩、唯美	活潑、創意、故事性
首飾道具	樣式很多，但整體更新不是很快。拍攝組合首飾是固定的，拍攝用的道具也相同。	建議客人帶自己喜歡的或者很多有意義的東西來當道具。
工作量與拍攝質量	每天要拍 10 多對新人，讓人感覺是在趕工作，外景時間一般都比原定的時間短。保證拍出來的動作不難看，但難免千篇一律。	依據新人的個人特點進行量身訂作。全程採一對一的拍攝服務。
服裝	名氣大、前期投入成本高，衣服和布景比較多。服裝分為貴賓區、高檔區、中檔區、低檔區。	選擇的範圍小，但更新速度較快。建議客人帶自己的衣服，提倡個性和適合自己。
收費	因為是品牌經營，一般價格不菲。	消費水平不等，但收費都比較透明。
後期製作	單一、模板方式、商業流程、大同小異。	人性化服務，滿足新人「一切我做主」的心態。
服務	十分標準化。	拍攝氛圍輕鬆，交流親切自如。

(三) 婚禮記錄

　　包括靜態的平面拍攝與動態錄影，主要是結婚過程的婚禮記錄。這項工作在早期也是由微型影像工作室為主，近期也有部分婚紗業者切入這項工作委託。婚禮記錄的工作與婚紗攝影不同之處在於婚攝師的角色著重在記錄當下的事實與情境，而婚紗攝影則多了各種角度、採光、構圖的條件要求，因此婚攝師會積極的介入引導，然而婚禮記錄就是自然的將迎娶宴客的過程透過影像製作記錄下來。婚禮記錄之後，會將整個過程剪輯與配樂，然後縮短成為 40 分鐘到 60 分鐘不等的成果。

(四) 創意 MV

　　主題包括新人相識的過程，或者剪輯成為一段單曲，或者一段故

事。這一類的影音製作，多半是較具規模的影像記錄團隊，因為要撰寫劇本、安排分鏡，以及畫面的剪輯與後製，攝影器材動用了攝影棚內所使用的攝影機、滑軌、收音棒等工具，完成作品需要動用到一整組工作人員，因此收費高昂，新人的接受度還有待開發。較常見的 MV 製作是採用照片配合影像，這些平面與動態的記錄由新人提供，攝影工作室僅提供編排、剪輯與配樂的工作，若採用這個方式製作成本較低，也比較多人能夠負擔。部分婚宴會館或者婚紗公司甚至提供新人 MV 的製作，其中的主題包含了新人感謝父母、新人相識相戀過程、訂婚迎娶的記錄，希望藉由 MV 的製作，創造出現場感動的氛圍。

二、婚禮攝錄的供給面

　　提供婚禮攝影與記錄的供給面，主要來自於兩種經營形式，其中一種是較為熟知的婚紗公司，另一種是微型工作室。婚紗公司，又可再細分為「大型連鎖婚紗」與「中型婚紗攝影」，這一類是市場上較為普遍的。而微型工作室，通常是由一位或者兩位攝影師組成，也有一位攝影師帶一位到兩位助理的型態，而最多的是獨立工作者，透過合作的方式互相協助。該類型較重視個人化服務，較具有彈性，更注重創意個性的拍攝手法。相較於已經飽和的婚紗攝影市場，攝影微型工作室能夠兼營個性化婚紗的拍攝，也能夠拓展婚禮記錄的潛在市場，因此在短短幾年之間，關於攝影教學的書籍與開班授課的市場也伴隨著大幅成長。

　　目前並沒有針對婚禮攝影師的正式統計，依據同業的工作者表示，臺北與新北初步估計至少有 500 人，中部約與南部相當，大約有 200 人，總計全國從業者就至少有 1,000 人。若按照全國新人結婚對數中，有 6 萬對新人需要委託婚禮攝影或者婚禮記錄，平均一個婚禮攝影一年可以接到 40-70 場，平均一場以 16,000 元預估，大概會有 80 萬元左右的收入。雖然這是一個粗估的平均值，業界中不乏一年接到近百場的婚禮攝影師，通常在這樣的收費之下，要創造年收入百萬也不是不可能的事情。

　　這幾年因爲結婚人數不斷的下降，所以攝影師跨區接案的機會不大，因爲跨區拍攝需要給付交通費與住宿費，對消費者形成另一項額外的負擔。此外，也有許多攝影師加入到如同經紀公司的攝影團隊，共同接案再予以分配，而團隊的成員亦可各自接案，形成彈性的合作模式。

三、婚禮攝錄的需求面

　　繁忙的生活步調讓新人準備結婚時有著沉重的負擔，臺灣目前每年都有約 13-17 萬對的新人結婚，若以 40% 的比例作爲預估，則每年約有6 萬對新人需要婚禮記錄，尤其在傳統觀念裡要選擇好日子結婚的前提之下，熱門的婚攝師幾乎是滿檔。這項需求隨著愈來愈多人重視記錄婚禮過程，使得未來仍舊有成長的空間。

　　婚宴的主導者從過去的長輩，到現在新人也參與其中，甚至轉爲新人全權規劃與籌備，加上婚宴活動的本質從慰勞協助婚禮的親朋好友，到具有交際意味的社會禮俗，一直到現在的分享感動與喜悅，在過程中新人的活動與互動增加，整個婚宴過程變得更加趣味，呈現出「秀」的濃厚意味，因此婚禮記錄的元素和畫面就會更加豐富，使得新人願意花費用記錄下最浪漫與感動的一刻。

　　婚禮產業有趣的地方，就是參與婚宴的賓客往往是未來的「潛在消費者」，這種一邊服務現有顧客，一方面又能創造新顧客，是最適合口碑行銷的行業。所以婚禮攝影不太需要花大錢去行銷，只要在服務的場合盡力完成工作，就有一定的機會再次被詢問。

貳　外部環境的影響

一、消費者的價值觀

　　過去結婚宴客對於影像記錄的需求，就是在會場的定點架設攝影

機，記錄有哪些賓客來訪和簽名，再加上逐桌拍攝大家吃飯的樣子，所有的畫面沒有剪接、沒有配樂，更不用談到如何運鏡，如何創作出具有故事性的畫面。然而隨著消費者接觸到更加生動的創意影像作品，往往會被深刻的現場氣氛所感動。新人逐漸的將婚禮記錄的目的，從利用影像來認親戚，變成記錄主角的情緒與互動。

　　結婚宴客的主角，在過去傳統社會中是新人的雙方父母親，因此長輩將重點放在宴請親友的社交場合，新人多半由父母親做主，能參與的意見較少。然而隨著社會價值觀的轉變，愈來愈多的父母將婚宴的主導權交給新人處理，因此新人開始花費更多的時間在籌備婚禮，也願意在整個婚禮過程中，花費部分費用來記錄辛苦籌劃與準備的點滴，作為日後的留念。

　　為了滿足新人的需求，婚禮記錄的老路子已經行不通了，年輕的婚攝師開始思考如何拍出兼具記錄與美感的作品，因此開始強化運鏡的技巧，懂得適度的剪接，能夠放入配樂、必要的字幕，力求婚禮攝影的作品也能如同電視上的浪漫情節，而主角正是新人自己。婚攝師的任務要能夠精準的達成新人心目中的理想畫面，因此拍攝技巧也愈來愈精緻化、如同偶像劇般的情節走向。婚禮記錄者成了影像創作的導演，其差別在於婚禮記錄無法重頭來過。

二、器材的進步

　　近 10 年之間，攝影器材有相當迅速的更新與成長，數位解像能力不斷的在進步中，除了像素本身成長了 10 倍之多，對於色彩的強化，以及光源不足或光線差異度過大的複雜光源環境，都有了改善的技術出現。產品生命週期的快速更迭，也讓數位相機的入門價格降低不少。愈來愈多的人有機會接觸到影像拍攝，加上網路即時的分享與流通，這個世代的新人是處於 3C 產品蓬勃發展的世代，因此對於影像交流平臺的熟悉度相當高，便於瀏覽眾多婚攝師的作品。早期的攝影必須扛著重達 3-4 公斤的專業攝影機，因為當時的數位相機發展尚無法進行高畫質的拍攝工作，一直

到了相機畫素推升到了 1,000 萬以上的等級之後，開始以全片幅單眼相機進行影片拍攝的人逐漸增加。以 Canon 相機為例，Canon 5D2 問市以後，動態錄影的選擇已經逐漸取代過去傳統的專業攝影機，除了機身輕巧不到一公斤以外，以記憶卡儲存的方式相較於磁帶要方便得多。器材的進步讓更多的人有能力投入，也讓更多的人有機會接觸到影音作品。現今進展到各家廠商都有針對錄影的高階機種進行開發，成為必爭之地。當前正流行以空拍機的畫面增加剪輯後的可看性，或者採用縮時攝影，增加作品的趣味性。

三、網路媒介的更迭

網路媒介的更迭是環境衝擊的第三項重要因素，主要是影像傳輸日益便利，雲端存取與 youtobe 的興起，網路上更能夠自由的分享影像創作，讓準新人能夠便利的觀看到攝影作品，藉此與婚攝師溝通時能更加具體的描述影像創作的內容與期望。

昔日因為網站架設成本高，攝影師通常不會自行架設工作室的網站，而使得婚禮入口網站平臺風行一時，許多攝影師都要透過入口網站的平臺拓展與潛在消費者的溝通，網站內部整合了婚禮產業相關的資訊，讓新人能夠立即搜尋到合適的婚攝師。舉凡婚禮的習俗、婚禮記錄、婚紗攝影、新娘祕書、喜帖製作、婚禮布置、婚禮主持、婚禮顧問等各式與婚禮產業有關的行業，都整合在一個入口網站上面。然而自臉書出現之後，愈來愈多的攝影師捨棄入口網站，而直接在臉書上經營粉絲專頁，藉此做更有效的消費者連結管道。

目前臺灣最大的兩個婚禮入口網站分別是「非常婚禮」（http://verywed.com）與「婚禮 168（後更名為婚禮情報）（http://www.wed168.com.tw/）」，這兩個入口網站是最早切入婚禮入口網站市場，同時網站的資訊與合作的廠商也是最多的。其餘規模較小的網站現在多已退出市場，但也有部分新增，例如好婚市集（https://www.weddingday.com.

tw/）。而「新娘物語」則是與雜誌同時經營的網路平臺（https://www.
weddings.tw/）。

隨著通訊方式的轉變，智慧手機使用日益普及，愈來愈多的從業人員
不需要經過平臺就能接觸到顧客，使得平臺的媒合業務能力逐漸降低，潛
在消費者能利用粉絲專頁直接找到從業人員。

參　婚禮攝錄的市場結構

一、消費者特性分析

一般仍以北部新人願意聘請的比例較高，這一點可以從目前在國內婚
禮產業最大的網路平臺「非常婚禮」中登錄的婚禮記錄數量比例得知。因
為在婚禮產業中，無論是婚禮顧問或者婚禮攝影，都依賴與新人的溝通，
因此服務地點也會位於顧客附近，再者，婚禮記錄的服務需要全程跟拍，
一般迎娶習俗上須在上午前完成進房的儀式，因此婚禮記錄就必須在清晨
準備完成，趕赴男方或者女方家準備拍攝。若路程遙遠除需要額外的交通
費用之外，對於婚禮記錄也是體力和精神的負擔。所以消費的傾向而言，
還是以在地服務比例較高，因此這項特性讓平臺以「地區別」來登錄婚禮
攝影，在本質上也表示消費者的所在地。

隨著社會環境的變化，北部宴客的場地多半以飯店或者餐廳為主，現
在維持流水席請客的方式並不多見；南部雖然也多半以飯店和餐廳為主，
但仍有一定比例的宴客是採用流水席的方式。新人通常會選擇婚禮攝影與
記錄的也會受到場地的影響，例如場地若在自宅附近的流水席，多半會認
為沒有特別的場景好拍的，自然選擇婚禮記錄的意願就會降低。

另外在聘請婚禮記錄的類型上，選擇平面攝影（拍照）的比例又比
動態錄影的比例較高，一方面是平面攝影的費用較低，一方面是從事平
面攝影的選擇性較多。新人在教育程度上，以大學和研究所以上較多，所

得收入在 6 萬元左右較多。以整場婚禮的花費而言，一般而言在 80-90 萬元之間，宴客的部分大概約在 40-50 萬元。若新人選擇平面與動態錄影的費用，含儀式和宴客一整天下來大約需要 5 萬元，約占婚宴費用的十分之一。至於婚紗攝影這項服務以女性較爲注重，女性的想法通常會主導婚紗攝影的方向，而在婚禮記錄的喜好上，性別就沒有明顯的差異。

二、婚禮攝錄的成本結構

(一) 固定成本

微型的婚攝工作者，在固定成本上，一是攝影器材的購置，包括相機、鏡頭、腳架、閃光燈（或簡易棚燈）、穩定器、滑軌、背包、防潮箱、記憶卡、麥克風、空拍機、自拍棒等。二是後製需要的軟硬體，包括電腦以及儲存設備與修圖軟體，以上兩項的成本加總起來通常約爲 20-30 萬元不等，若資本不夠的婚攝師有些設備會採用租借的方式。至於工作室的位置，通常是以住家作爲工作室使用，因此沒有店面租金的問題。

(二) 變動成本

時間成本是相當重要的，提供攝影的服務就一定需要從頭到尾出席婚宴或者結婚儀式，拍攝完畢之後再加上後製的處理時間。爲了減少人事成本，攝影師多半是獨立工作者，部分業務量較大的婚攝師配有助理，然而助理多半是論件計酬而非固定薪資，在人事成本上相對較爲節省。若爲剛開始有意願跨足這行的婚禮攝影師，則會有參加專業課程的需求，一般費用在 3,000 元左右。至於行銷方式與費用則採用下列方式：(1) 於婚禮產業入口網站刊登，費用每個月約 5,000 元；(2) 部落格，多半是免費的；(3) 拍賣網站，需要負擔刊登與交易完成之費用；(4) 臉書，需要負擔廣告費用，一天約幾百元；(5) 口碑行銷，這部分屬於免費。

⒊ 產能與規模

　　整體來說，成本結構上婚禮攝影與記錄屬於低固定成本、高變動成本的微型產業，因此規模不可能太大，規模較大的工作室將難以負擔人事成本，也會因為空間不足而需要增加租金，因此具有「規模不經濟」的特質。這些工作室多半以一人為主，規模愈大反而不利於發展。由於每提供一場服務所需要額外支出的成本相當低，因此邊際成本相當低，然而產能會受到時間的影響，也就是同一個時間無法服務兩對新人，因此所有的婚禮攝影與記錄都是固定產能的模式。通常影片的交件為兩個月左右，照片的交件約為兩個月到三個月之間。一個委託案件的影片總錄製長度約在 2 小時左右，剪輯後會成為 40-50 分鐘的紀錄片。而平面攝影的工作量，約在 600-1,000 張照片，整理過後能給新人約 400-500 張照片不等。上述之數量依據拍攝時間的長短與新人的額外要求、婚禮記錄拍攝和後製手法的不同而有所變動。

三、婚禮攝錄行業的進入門檻

　　婚禮攝錄的進入障礙並不高，主要受限於三者，第一項是器材的購置，至少需要基本的攝影器材以及電腦設備處理後製及剪接等工作。第二項是拍攝技術，這部分需要學習，有些屬於影音傳播科系較具有基礎，然而也有更多的人是透過自我學習的方式累積經驗而來。目前也有不少教授婚禮攝影的書籍與課程，學習的費用與時間會是進入這行的主要成本。最後一項是後製技術，平面的攝影需要熟悉修圖軟體的操作，能夠將畫面調整到最佳的狀態交給新人，而動態影像的技術在於剪接以及字幕與聲音的處理，對於成果的創作更能融入自己的想法。

四、婚禮攝錄的產業關聯性

　　婚禮攝影和記錄主要的產業關聯以新娘祕書、婚禮顧問、婚禮布置為主，因此也跟一般的婚禮產業相同，具有明顯的淡旺季。7 至 9 月為淡

季，10 至 3 月則爲旺季。淡季時並不會降低價格，旺季也不會漲價。主要是因爲影像的作品具有主觀性，而且好日子就只有那幾天，所以能夠預約上的天數其實是有限的。婚禮記錄多半重視的是盡快敲定時間，以便安排場次，同時也沒有所謂的贈品或者附帶的服務。以下整理所有與婚禮產業有關的行業別（表 9-2），以及結婚過程中相關產業的運作關係（如圖9-1）。

表 9-2　婚禮產業類別一覽表

階段	需求項目	內容與活動	業種／業態
婚前準備	喜帖	內容設計與印製	印刷業、廣告設計
	喜餅喜糖	喜餅喜糖訂製	食品零售業、糕餅業
	結婚資訊	資訊蒐集、電子喜帖與相簿、婚禮規劃	資訊業、婚禮顧問、雜誌業
	禮俗物品	服飾（洋裝、西裝、皮夾／包、皮帶、手錶、領帶、襪子等）	服飾業、鐘錶業、百貨業
	婚戒珠寶	婚戒、飾品（項鍊、手鐲等）	珠寶業
	婚紗攝影	婚紗造型、婚紗照、相本製作	婚紗攝影、婚禮顧問
	美容美髮	美容保養、塑身、剪髮／護髮／燙髮	美容業、美髮業
婚禮舉辦	造型設計	婚禮造型／化妝	美容業、美髮業、婚紗攝影業
	婚禮場所租借	教堂、宴客場所預定	婚宴會館、教堂、餐廳
	婚禮布置	汽球／花卉訂製	結婚百貨業、花店、婚禮顧問
	禮車安排、交通接送	禮車租借、親友交通安排	汽車租賃業（汽車、遊覽車出租）
	婚禮過程安排	婚禮主持	婚禮顧問業
		新娘秘書	婚禮顧問業
		婚禮記錄／攝影	婚禮顧問業、婚紗攝影業
		MV 製作與播放	
	婚宴	餐飲、宴客	飯店業、餐飲業
	婚禮小物	回客小禮物	婚禮顧問業、結婚百貨業

資料來源：整理自臺灣經濟研究院（2008），消費與生活型態研究與訓練之策略計畫。

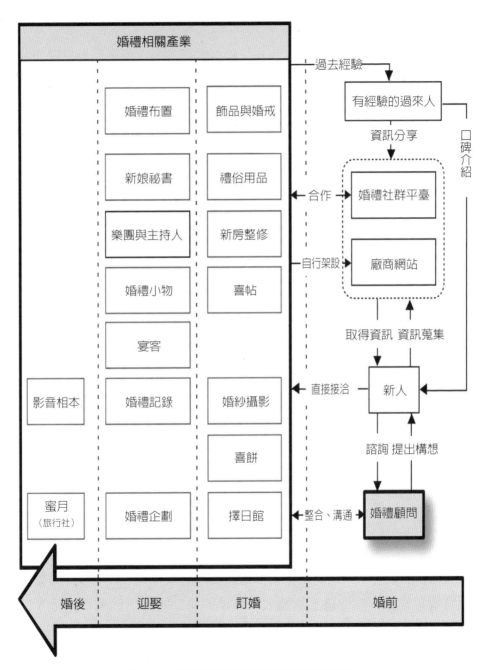

圖 9-1　婚禮顧問與相關產業網絡關聯圖

五、獨占性競爭市場

由於婚禮攝影與記錄的收入比一般行業為高，在過去設備昂貴的狀況之下，許多攝影師的養成需要經由一定時間的培養。如今設備門檻降低，網路行銷容易，使得很多經驗不足的攝影師也草率的接起案子，由於不是所有的新人都具備攝影方面的基本認識，很容易就被一些話術或者少部分的照片或影片給蒙混過去。這些潛在的競爭者進入市場容易，退出市場也十分容易，然而婚禮攝影所提供的品質具有相當大程度的差異，品質良莠不齊，加上主觀成分存在，故婚禮攝影市場在經濟學上是一種「獨占性競爭市場」，類似餐廳、髮廊這一類提供的服務。

近年來有愈來愈多的接案攝影師採用器材租用的方式，藉此降低購置器材的進入門檻，因此也導致價格上的競爭，低價搶市的情形仍然非常盛行。一整套的器材租金約 2,000 元，對於攝影師負擔不大，因此這個作法也逐漸受到新進攝影師的喜愛。

肆　婚禮攝錄的商業行為

一、婚禮攝錄定價模式

㈠ 口碑與經驗影響收費高低

婚禮記錄在國外的收費十分昂貴，換算成臺幣約需要 5-6 萬元不等，相對的臺灣的婚禮記錄收費顯然便宜許多。婚禮記錄的市場定價模式受到幾項原因影響，第一是口碑，第二是經驗。一般來說，資歷較深的攝影師通常收費較貴，然而真正影響收費標準的是口碑。口碑來自於新人在網路上的推薦所累積出來的評價。一場婚禮記錄，平面攝影價格約在 6,000-15,000 元不等，南北價差大概在 3,000-5,000 元左右。原則上攝影師不議價，主要是溝通拍攝風格與確認日期。定價過高、品質不佳或技巧不成熟

的攝影師，在網路上的評價就不高，因此會影響接案量，部分就是退出市
場。

(二) 服務時間與人數

　　婚禮記錄的定價方式，主要是取決於服務時間，例如攝影時間是否包
含迎娶儀式，拍攝時間為午宴或者晚宴，甚至全天的服務。一般來說，沒
有包括迎娶的話可以在 8,000-12,000 元左右，包括迎娶的費用則可能將近
20,000 元。其次取決於服務人數，主要婚禮記錄多半為獨立的攝影工作
者，少部分有助理協助。有些攝影師會互相合作，稱之為雙人雙機，表示
有兩位攝影師分別持兩臺相機拍照或錄影，若為雙人雙機之費用會將超過
20,000 元。更頂級的服務會增加成為一個團隊協助，包括錄影與拍照的
攝影師，以及負責空拍機畫面的攝影師，依消費者的需求而定。

(三) 低價策略的風險

　　剛出道的婚攝師往往採用低價策略，因為在整體市場上，仍有比價之
心態，特別是兼職人數一直不斷的成長，顧客的選擇性增加了。然而並不
代表費用愈高者品質愈好，由於影像的呈現具備主觀性，所以一直到最後
才能得知作品是否符合需求，然而此時所有的服務工作均已經完成，並沒
有所謂不滿意退費的規定，因此部分會先簽訂契約，約定雙方付費的規定
以避免引發爭議。

二、婚禮攝錄行銷策略

(一) 借重影像分享平臺

　　由於攝影記錄主要建立在過去消費者的口碑，然而文字的推薦僅是
網路資訊的一部分，若想要了解婚禮攝影的品質，還是眼見為憑的觀賞過
婚禮記錄的作品。因此婚禮記錄為了要讓潛在消費者具備信心，願意將一

輩子僅一次的婚禮記錄交給攝影師，因此攝影師透過網路建立的新人推薦之外，也需要自己經營網路平臺。攝影師可透過婚禮產業的入口網站進行服務資訊的行銷，也可以自行架設網站，或者利用網站連結至可放置影片的影片網站（YouTube）或者專業的相簿分享網站（Flicker），有興趣的新人可直接點閱過去曾經服務過的案子，看看是否符合自己的需求。由於facebook愈來愈普及，已經有不少的婚攝將行銷的重點放在 facebook 上，facebook 廣告的優點就是可持續性的針對潛在顧客進行行銷，而且是具有畫面的方式。

(二) 部落格式微

在過去，婚攝師通常較少自行經營網站，以部落格的形式經營的人較多。自設網站的形式與入口網站不同之處在於，入口網站的流量較大，通常具有較完整的經驗談與討論區，資訊完整，可供消費者互相比較，但是婚攝師需要額外付費給入口網站。若是採取自行架設網站的方式，則需要支付網路空間的費用。因此相對之下，以部落格的形式就成為較為節省的方式，但是部落格的網頁架構無法自行修改，因此相較於入口網站與自行架設而言，比較缺乏彈性。

(三) 臉書與其他行銷管道

然而在臉書出現之後，情況有了很大的改變，首先是衝擊到部落格，間接導致無名小站的關閉，許多使用無名部落格的婚攝師，紛紛轉為其他平臺。由於沒有時間與技術去自行架設網站，剩下較為可行的方式就是利用臉書廣告和婚禮入口網站。然而臉書粉絲專頁的經營相對簡單，廣告收費較為便宜，對於商家的規範較寬鬆，又具有持續性行銷的功能，婚攝師只要一發文，所有曾經按讚的人都能夠在動態消息中看到，日積月累之下，當自己或者親友有婚禮記錄的需求時，自然就能夠想到這位婚攝師。目前已有不少的婚攝師轉為以經營臉書為主要平臺，定期發布影像作

品，效果比加入婚禮平臺要便宜得多。以非常婚禮爲例，婚攝師的年費高達 6 萬元，平均每個月要繳交 5,000 元，但不能分月簽約，必須採取年繳的方式。臉書則是按日計費，可自行設定預算，相對彈性許多。入口網站除了費用較高以外，廣告效益也不如臉書精準。臉書廣告能針對年齡、性別、喜好、工作、婚姻狀況加以設定，特別是婚姻狀況的選項，這很容易將資訊揭露給潛在消費者，而且能持續的傳遞訊息，進而達成行銷的目的，這是目前所有的網路平臺無法做到的功能。

三、婚禮攝錄的顧客管理

㈠ 單純但關鍵的顧客管理

婚禮記錄的顧客管理相對簡單，因爲多半所有的顧客不會有「再購意願」。但是對於顧客的管理就是將現有的服務做好，然後有機會再次推薦給自己的朋友和親人。由於服務階段的顧客管理相對重要，因此面對面（face to face）的討論有其必要，透過互動的過程能增加服務的共識，同時也能創造出具有故事性的拍攝話題。一般新人尋找婚禮攝影與記錄的過程如下：(1) 詢價；(2) 討論；(3) 觀看作品；(4) 簽約；(5) 現場拍攝；(6) 後製；(7) 交件。新人與婚禮攝影與記錄之間的互動，從詢價就開始接觸，以服務接觸的性質而言，交件後新人若滿意，則會主動在網站、臉書或者婚禮平臺上面發布推薦的訊息，當然若服務不佳也可能有負面的評價被推到網路上面。由於新人結婚人生就這麼一次，因此對於負面評論都會特別注意，儘量避免負面評論產生，是婚禮攝影與記錄非常重要的顧客管理原則。

㈡ 服務缺口的產生

婚禮攝影與記錄在拍攝之前，很強調與顧客的溝通，然而影像的創作過程中，顧客端與廠商之間可能存在的認知落差，是造成服務缺口的主要

原因。例如有些新人表示自己想要「古典風」，然而新人心中所想的可能是「典雅簡約」的方式，他使用了古典風一詞；而在攝影師的認知裡，可能會認為古典風是「宮廷奢華」的意思，導致彼此之間的認知落差，形成服務缺口。另一項服務缺口的產生，是技術層面的問題，這受限於婚攝師的能力與手法。剛踏入此行業的婚攝師的能力落差極大，有不少吹噓自己但是實際能力及掌握度不足，無法達成新人所想要的成果。這是第二種可能產生的服務缺口。

(三) 顧客抱怨的處理

部分婚禮攝影對於顧客抱怨的處理，由於無法重新將所有儀式、賓客、場地都重新復原再拍一次，因此不容許有錯誤發生。當顧客對於作品不滿意的時候，已經完成了所有的結婚過程，此時的補救方式通常採取退費，或者部分退費的方式。然而在「爆料公社」盛行之後，不少對於服務品質不滿意的消費者，也會將相關資訊或不良的服務經驗對外分享。

四、婚禮攝錄的創新

(一) 故事性的創新

婚禮記錄的創新，主要在於服務過程是否提供較具創意的構想，這些反應在攝影師對於現場氣氛、環境與新人互動的掌握，在拍攝的同時也是創作影像的過程，對於作品的要求，也是婚禮攝影追求的。故事性的產生就會有自我特色，也是新人所想要的，而好的婚攝師也能挑戰自我對於影像的想法，能深入到了解新人的故事與需求，才有機會創造出打動人心的作品。

(二) 器材與拍攝技巧的創新

此外，就是在輔助器材的更新，這包括了周邊攝影器材的改良與進

步，還有愈來愈多的廠商進行周邊器材的開發。早期使用數位相機進行婚禮記錄的攝影師，並未使用如滑軌、穩定器等輔助器材，然而愈來愈多的婚禮記錄開始使用，並成爲標準的配備。也有愈來愈多的婚禮記錄工作室願意多增加人手，助理的任務在於捕捉不同角度與場合的情景，避免流失重要的畫面，甚至採用空拍機、縮時攝影機等等。除此之外，也包括打光、安置器材、協助收音等工作。

五、法律行爲

(一) 資訊不對稱

這個市場存在著嚴重的「資訊不對稱」，亦即顧客對於產品的本身無法清楚的認識，即使有網路的相簿和影片，這也可能只是作爲宣傳較好的一部分作品，甚至借別人的作品宣傳的不道德行爲也可能存在。然而這些問題只能透過消費者多比較、反覆查詢確認、避免僅以價格選擇等方式克服。另外，婚禮攝影與記錄存在一個最大的特徵，那就是「不確定性」，婚禮過程的所有人、事、物，都會有相當多的突發狀況，包括人的走位、光線的改變、表情的變化、稍縱即逝的互動等等，全部都需要依賴「經驗」克服，而攝影也無法單靠反覆的練習就能勝任，除此之外，還需要有對於構圖、美感、情緒的敏銳天分，這些皆難以藉由練習來完全克服。因此，在市場中能夠站穩腳步的婚攝師，都曾經下過相當程度的努力，也必須相當有天分。

(二) 合約與履約項目

一般而言，婚禮的合約較爲簡單，主要規範的履約項目包括：照片電子檔（含原圖與編修後圖檔）、影片 DVD（目前已經進展到藍光畫質），或者採用隨身碟存取交件。交件的光碟外包裝，或者精緻相本輸出等等，都是可能提交的項目。然而服務的重點仍是影像創作的品質，因此婚攝師

在提供服務前，雖然都能提供合約，然而並不是所有的婚攝師都一定會簽約。簽約的內容主要載明顧客資訊以及拍攝地點、日期的確認，作爲婚攝師排定工作時間的依據之外，也會提醒新人使用的器材、交件的格式、服務費用、訂金收取、爭議事項處理等。

伍　婚禮攝錄帶來的績效

一、影像創作人才培養

　　過去大部分的攝影師會經歷過攝影助理的階段，有些來自於婚紗攝影公司。若要成爲專業的攝影師，大概需要 2 年時間的培養，打穩專業基礎，充實本身實力，準備充分之後再出來自己創業。攝影工作者在平常要累積一些案例，過去這些所累積的成功案例都是未來接案的助力，爲日後的客源鋪路，因爲有些客戶並不明瞭你可以拍到什麼地步，這時可以讓他看一下案例。如今的婚禮攝影與記錄，提供了學校以外的學習管道，同時也有別於師徒制的培養方式，婚禮攝影與記錄通常在同好之間學習，部分也從攝影助理做起，或者參加專業的講座與課程。與學校教育最大的差別，就是直接能夠接觸目前業界的發展狀況與師資。

二、就業機會的提供

　　對社會而言，婚禮攝影與記錄提供了一項重要的就業機會，無論是以兼職方式參與或者專職的婚禮攝影，都提供了相當多的就業機會。年輕人可以藉由對影像的天分和努力，以獨資的方式開設微型工作室，開創自我的事業，甚至未來能有機會繼續轉換跑道至影視產業發展。由於這個市場進出容易，也提供了不少成功的機會，讓年輕人能實踐自己的想法，創造自我財富，並讓許多人能夠兼職增加收入。

三、影像創作的可能性

　　微型工作室的誕生，提供了許多可能性，包括影像創作、剪輯、運鏡的方式，對於紀錄片的拍攝方式能有更多交流，並發展出不同的表現手法，例如影像的色調、運鏡取景的方式、對於氣氛的掌握、音樂音效的運用等。不同的工作室所呈現的創作作品，都是與新人共同激盪想法所產生。雖然產品的本身有平面與動態的差別，然而每一次的委託服務都是最重要的一次，在這項行業之中，讓有想法的影像工作者，能夠用鏡頭記錄下令人動容的一瞬間。

1. 為什麼婚禮攝影與記錄屬於微型工作室，若增加規模對其發展是否有益？
2. 請試著解釋婚禮記錄的服務特性，與其他一般的服務業有何不同？
3. 婚禮攝影與記錄對於顧客不滿意的處理方式，您認為何者較為可行？

一、中文

陳正桓（2011）。「拍下感動的瞬間」──婚禮記錄攝影中的紀實性探討。臺中科技大學商業設計系碩士論文。

陳安儀（2012）。臺灣婚禮攝影記錄之研究。亞洲大學數位媒體設計學系碩士論文。

陳曉鷗（2006）。以「婚紗產業」為例探討文化創意事業產業化關鍵成功因素。中山大學企管管理學系碩士班碩士論文。

經濟部商業司（2009）。結婚產業研究暨整合拓展計畫（草案）。

葉書瑜（2009）。婚禮攝影表現研究。臺灣師範大學設計研究所在職專班碩士論文。

二、網路資料

邱莉燕（2005）。精緻行銷搶千億元幸福商機。http://www.busiuesstoday.com.tw/Index/index.aspx（查詢日期 2010/11/29）

國家圖書館出版品預行編目資料

文化創意產業之個案與故事／周德禎等著.
－－二版.－－臺北市：五南, 2019.10
　　面；　公分
ISBN 978-957-763-697-3 (平裝)

1.文化產業　2.創意　3.個案研究

541.2933　　　　　　　　108016246

1ZEM

文化創意產業之個案與故事

主　　　編 ― 周德禎(112.1)

作　　　者 ― 周德禎、賀瑞麟、朱旭中、李欣蓉
　　　　　　　施百俊、林思玲、陳運星、葉晉嘉

發 行 人 ― 楊榮川

總 經 理 ― 楊士清

總 編 輯 ― 楊秀麗

副總編輯 ― 陳念祖

責任編輯 ― 黃淑真　李敏華

封面設計 ― 姚孝慈

出 版 者 ― 五南圖書出版股份有限公司

地　　　址：106台北市大安區和平東路二段339號4樓

電　　　話：(02)2705-5066　傳　　真：(02)2706-6100

網　　　址：http://www.wunan.com.tw

電子郵件：wunan@wunan.com.tw

劃撥帳號：01068953

戶　　　名：五南圖書出版股份有限公司

法律顧問　林勝安律師事務所　林勝安律師

出版日期　2014年 8 月初版一刷（共二刷）
　　　　　2019年 10 月二版一刷

定　　　價　新臺幣400元